百年经典 文化传承

百年家族

徐列 唐健 蒯乐昊◎主编

南方日报出版社
NANFANG DAILY PRESS
中国·广州

图书在版编目（CIP）数据

百年家族 / 徐列，唐健，蒯乐昊主编. — 广州 : 南方日报出版社，2015.10

ISBN 978-7-5491-1262-3

Ⅰ. ①百… Ⅱ. ①徐… ②唐… ③蒯… Ⅲ. ①家族－史料－中国 Ⅳ. ①K820.9

中国版本图书馆CIP数据核字(2015)第125913号

BAINIAN JIAZU

百年家族

编　　者：徐　列　唐　健　蒯乐昊

出版发行：南方日报出版社

地　　址：广州市广州大道中289号

经　　销：全国新华书店

印　　刷：佛山市浩文彩色印刷有限公司

开　　本：889mm×1194mm　1/16

印　　张：19.5

字　　数：280千字

版　　次：2015年10月第1版

印　　次：2015年10月第1次印刷

定　　价：48.00元

投稿热线：（020）87373998-8503　读者热线：（020）87373998-8502

网址：http://www.nanfangdaily.com.cn/press　http://www.southcn.com/ebook

《百年家族》编委会

目录

下 文史通人

前言

1887年，大清外交官曾纪泽在伦敦《亚洲季刊》上发表《中国先睡后醒论》一文，称中国“似入酣睡，固非垂毙”。

同光年间，由恭亲王奕䜣和文祥在北京主持，由曾国藩、李鸿章和左宗棠在京外推动的自强运动，是中国在西方坚船利炮的棒喝和日本咄咄逼人的威胁下最初的觉醒。从咸丰十一年恭亲王和文祥聘请外国军官在天津训练新军，到光绪十四年李鸿章成立北洋海军，中国积极致力于国防的近代化，而国防的近代化又必然要求交通、教育和经济的进步，于是同时有了建铁路、设新式学堂、设招商局、开采煤矿金矿等一系列的新举措。

自强运动只是在科技层面上学习西方，该运动的五大领导者都认定中国的政治制度和内在精神完美无缺，完全没有想到要去借鉴他人的政治体制和经济制度。遗憾的是，技术进步远不能解决一切，甲午海战，排名世界第八的中国海军败给了排名第十一的日本海军。梁启超对于自强运动的批评可谓一针见血，“知有兵事而不知有民政，知有外交而不知有内治，知有朝廷而不知有国民，知有洋务而不知有国务”。

中国两千年历史上著名的两次变法——王莽变法和王安石变法，都以失败告终。1898年，光绪亲政，在康有为的上书下，推行了冒犯太多既得利益者的百日维新。很快，戊戌变法以惨败告终。

庚子之变后，慈禧太后推动了一系列几乎与戊戌变法雷同的改革。

1905年，日本在日俄战争中大败俄国。实业家张謇说：“日本的胜利和俄国的失败是立宪主义的胜利和专制主义的失败。”梁启超也开始大力鼓吹君主立宪思想。1905年12月，五人考察团赴国外考察宪政。

1908年8月27日，清政府颁布“宪法大纲”，但规定宪法生效以前，仍有9年预备期。这个“大纲”实际上给了皇帝比日本模式更大的权力，它规定行政、立法和司法权统统属于皇帝。1910年，末代皇帝溥仪的父亲醇亲王将宪政筹备期缩短为6年，但是很快他就组织了一个“皇族内阁”，13个受命者中皇亲国戚占了5位。几个月后，辛亥革命结束了清政府的统治。

20世纪的中国以如此轰轰烈烈的剧变开始，随后的百年，有更多的轰轰烈烈，更多的迂回曲折——民国兴起、袁世凯复辟、军阀割据、新文化运动、国共角逐、八年抗日、国共内战和新中国建立。1949年以来的历史，复杂性和丰富性并不因为距离我们更近而被穷尽，它的深处，深处的更多真相，仍在被人们不断挖掘。

回顾历史，惯常的做法自然是从第一年说起。这样一种做法有它的方便之处，但是也有可能斩断近代史这一处处因果相联、难以机械拆解的活体。当我们回顾历史，我们最想弄清楚的，是我们从哪里来，以便知道我们想要和可以往哪里去；我们可以知道，我们在哪儿前进了，又在哪儿倒退了，哪些方面超越了前人，哪些方面却原地踏步。

自创刊以来，《南方人物周刊》一直忠实于自己的办刊宗旨——“记录我们的命运”。2009年，无疑是一个挖掘中国和中国人之命运的富有意味的年份。不久前，国外有人说，20年后，中国将成为第一经济大国、第二政治大国，而有关中国崛起的言论已经持续了很长一段时间。1949年距今是一个甲子，再往前推进一个甲子，恰是百日维新的重要时刻，并且可以衔接由奕䜣和曾国藩等人主导的自强运动，将近代中国的梦想和今天的光荣打通，将百年前的激荡与今天的现实联结，通过一个个影响过中国的著名家族的故事，来完成我们对于百年中国的回望。这是我们推出“百年家族系列”的缘由。

上

政商巨子

曾国藩家族

李宗陶/撰文

曾国藩是晚清至关重要的两位人物之一（另一位是李鸿章），堪称革新和守旧的典型。从清末开始，曾国藩生前最看重的名声已经“毁誉参半”。从民国章太炎所称的“民贼”，到解放后范文澜所说的“汉奸、刽子手、卖国贼”，曾国藩顶着这些帽子进入历史。新中国建立后，老一代史学家在“曾国藩是刽子手还是近代化先驱”这个命题上，耗费了不少心思。

20世纪八九十年代，岳麓书社推出的30册《曾国藩全集》引起外电评议：“其重要性可以和中国发射一枚新的导弹或卫星相比。”

曾国藩：守旧的国家栋梁

将书包斜挎在身后，像鸭群一样走在小路一边的小学生，在往富厚堂去的路上遇见好几拨。初春的双峰县荷叶镇正下雨，空气清甜，柳条抽出嫩芽，远山笼在薄雾里，曾国藩百年后的湘乡依然是农耕样貌。

1875年7月初，《伦敦日报》北京通讯员报道：

> 大清国的教育从孩子们很小时就开始了。在大街上，你可以看到稚嫩的小男孩们抱着满满一包书去上学，他们的书包通常只是个蓝色的布袋。

这位英国记者参观过的一所乡村小学堂里放着一具新的柏木棺材，上面贴着红纸，纸上写着“喜”字，取升官发财之意。

升官的路径是获取功名，发财倒未必，清代穷困潦倒的京官每天啃烧饼之类的事迹就躺在那些笔记、书信里。各省乡试，竞的是秀才、举人。竹亭公曾麟书一生乡试17次不第，最后只比儿子曾国藩早一年考中“准秀才”（补生员）。曾国藩24岁那年中了举人，入省学岳麓书院。

在清朝，如果一个男人穷经皓首，坚持赶考到80岁，皇上会授予他一定的荣誉。而他们作为晋身之阶的作品，在英国记者看来，“包含了数不清的引经据典，都是些以华丽词藻堆砌而成的空泛文章”。

曾国藩书写过父亲所作的一副联语：“有子孙，有田园，家风半耕半读，但以箕裘承祖泽；无官守，无言责，世事不闻不问，且将艰巨付儿曹。”61年的生命中，曾国藩实践了“耕读”，却从未在士大夫经世济国的理想面前停下脚步，他的官运也随着政绩的卓著日渐亨通，直至位极人臣。他在道光、咸丰、同治三朝获取的一连串功名，如今镌刻在富厚堂一块长4.35米、宽1.7米的“篤親錫祜”匾额上：赐进士出身，诰授光禄大夫、钦差大臣、太子太保、体仁阁大学士、兵部尚书、两江总督，特赏黄马褂、双眼花翎、一等毅勇侯。从小在富厚堂附近长大，如今是讲解员的廖静告诉记者：这相当于今天的名片。

历史学家徐中约认为，清朝接受了传统儒家秩序，招纳汉族士人进入官场与满人共事，二元种族体制是清朝的特色，但通常皇帝信任满人胜过汉人。

从1852年在家乡组建1万多人的团练，到1860年5月授职两江总督统帅湘军，曾国藩没有实权地征战了8年。在他的政治生涯里，相当一部分压力来自朝廷的疑忌，这使得他战战兢兢，如履薄冰。咸丰年间，朝廷两天内下发两道诏书，一道是任命，一道是取消任命。曾国藩曾对同乡知交刘蓉说过：我浴血奋战，受此猜忌，令人心寒；若被谋害，墓志铭里一定要替我鸣冤，否则死不瞑目。九帅曾国荃率吉字营攻下天京1个月后，曾国藩便开始裁军。一年后，他能调遣的兵力只有6000人。远在紫禁城的慈禧终于松了一口气。1870年曾国藩60寿辰，同治帝亲题“勋高柱石”4字，送到两江总督府。

书生带兵

1858年10月23日的《纽约时报》刊登过一则新闻专稿，记录了《天津条约》得到咸丰帝批准后，法国公使葛罗及其秘书、卫队12人初探长城，路遇清国骑兵的经历。

> 这些在首都门户安营扎寨的清国军人们，竟不知道自己的国家一直与英国和法国处于战争状态。……这些鞑靼骑兵没有弓箭，但每人肩上都背着一杆火枪。他们的火药显得很粗糙，在他们的弹夹里除了子弹还有一些小小的铅块。每个人的长统靴内都插着烟斗和扇子。

按清代的兵制，八旗兵实行世兵制，其退化在史料中多有记载；绿营兵（各省由汉人组建的常备军）主要实行余丁制。所谓“余丁”，就是在军队中省口饭将未成年的穷孩子养起来，他们平时打杂，也出操。当守兵不够时，从余丁中选拔，步兵不够时，从守兵中选拔，骑兵则出自步兵，是清朝最好的兵种。在长期无战事的情况下，余丁制导致绿营兵数代“吃官粮”，战场上“兵不识将，将不识兵；胜者争功，败不相救”已是一种常态。

曾国藩很清楚，绿营和乡勇都不是太平军的对手。他采用了明朝戚继光发明的兵制，组建了一支体制外的新军，并为其注入捍卫传统、驱逐异端的使命。书生有血性，书生带起了兵。曾国藩首先集聚同乡师友，量才而用为营官——湘军的幕府一度多达88人；再招募“朴实山农”，拒绝市井油滑。他对最早的湘军将士说，大刀长矛，好比四书五经。杨国强认为，如果说聚集在洪秀全理想下的农民显示出小农精神世界的一半，那么曾国藩与诸儒生用卫道意识唤醒的，是小农精神世界的另一半。这场战争，是农民与农民的交战。

胡林翼行军必讲《论语》；在奔赴战场的路上，曾国藩坐在轿子里读杜甫、韩愈的诗文；左宗棠“出山十余年，跃马横戈，气扬心粗，恐善源日涸，得暇即亲六籍”。钱锺书的父亲钱基博在《近百年湖南学风》里，讲述了这些前清进士（胡、曾）、举人（左）带兵打仗的有趣

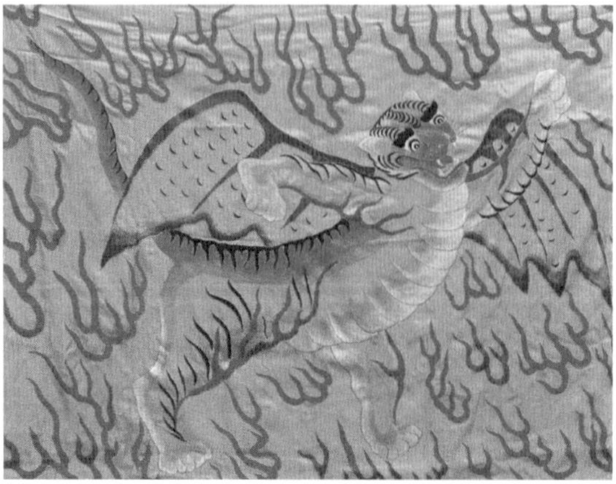

<< 总督飞虎旗

情形。

这些私募军队还有一个特点，就是只听一个长官的号令，而每个营官又只听命于一个统帅。长江上，到处飘扬着湘军水师那面长12.4米、宽7.85米的“帅”字旗。从曾国藩的湘军到李鸿章的淮军，再到袁世凯的北洋新军，都表现出“将在营在，将死营散”的特征。唐浩明对记者说，中国军阀的缘起，恐怕要追溯到曾国藩；而杨国强教授则指出：清廷冲破祖制从建立湘军始，它直接导致了中央权力的下移。

京城做官十余年，曾国藩是琉璃厂旧书肆的淘书客。10多年军营生涯，曾国藩一直没有放下经史子集。他在道光年间得邓显鹤、唐鉴、欧阳兆熊的引导，醉心研读王夫之的著作，同治初年在安庆江南官书局（后迁往金陵，改称金陵官书局）大规模刊刻《船山遗书》，使得藏于四库馆的王夫之文稿，终在世间传播，并且深深影响了整个湘军集团。

78岁的钟叔河先生在他位于长沙某小区廿层的“念楼”，背诵起曾国藩的另一《得胜歌》：“起手要阴后要阳，出队要弱收队强。初交手时如老鼠，愈打愈狠如老虎。”

曾国藩并不讳言自己身上的血腥气，他在家书中说，“吾家兄弟带兵，以杀人为业，择术已自不慎”，“乱世须用重典”。他在长沙审案局时赢得了“曾剃头”的名声——4个月里杀了230多个所谓“数十年应杀不杀之人”。

曾国藩曾因战败3次想自杀。其中长沙靖港之战，是他刚任大帅一年多时一次仓促的上阵。当败局已现，曾国藩投水自杀，被幕僚李元度安置在他身边的章寿麟救起。史料载，曾帅当时披头散发，满脸泥沙。左宗棠因此专程到长沙，痛斥他的“虚荣心”。

1864年12月18日，《纽约时报》刊载《清军攻破天王府，忠王李秀成束手就擒》：

> 天王府布置得非常华美，尽管它在南京城陷落的第二天就被烧毁了，但仍留下充分的证据证明它是何等富丽堂皇。天王的玉玺——总共三枚，也都被找到，现落到了曾国藩的手中。其中一枚用纯金打制，约重30磅。

忠王李秀成在离城几英里外被一伙村民抓获，并被洋洋得意的村民带回南京。据说，当忠王判定这队人马无法全部逃脱时，坚持把自己的坐骑让给天王的儿子……年轻的王子逃走了，而忠王束手就擒。忠王现被关押在曾国藩帅部的一个小房间里，严加看守，但未受虐待。他被剃了头，但未上镣铐。……他正在撰写自传，同时等待北京的裁决……

唐浩明曾从曾国藩2000多道存世的奏折中精选了47道给予评点。他认为，曾国藩平生最为重要的一份奏折，是同治三年六月二十三日奏报攻下南京，生俘李秀成和洪仁达。他将报功隐于平实叙事，不做夸饰，将成就归于皇家，为朝廷歌功颂德，却不露讨好的痕迹。同治四年，曾国藩再次奏请朝廷收回节制三省的任命，推出僧格林沁，表示不敢与皇亲相比，对剿捻之战已心存厌弃和恐惧。

自从史家范文澜在1947年给曾国藩下了“汉奸、刽子手”的定语，曾氏后人没能过上安稳日子。但今天，荷叶镇的老人们用外语一般的双峰话说，他是个文化人，读了很多书，他不是贪官。

洋务之痛

正同太平军血战于长江中下游的曾国藩同时面对的，是挟《天津条约》北上的西方人。当他接到中国同英、法、美三国签订的和约条款时，“阅之不觉呜咽”，以“五胡乱华”相比拟。

曾国藩的内心，是鄙夷、憎恶“奉洋若神”的。当买办起家的杨坊被打，他在信中说“足使挟洋人自重者爽然自失”，称心而快意。然而，“洋船上下长江，几如无日无之”，这样的胁迫，让士大夫在仓皇之中不得不产生紧迫感，由此催生出近代中国的一个关键词——自强。

1840年前后，林则徐和魏源已见及“师夷长技以制夷”的重要性；1842年，魏源还完成了带有操作性意见的《海国图志》初稿50卷。但直到20年后圆明园被一把大火燃尽，大清国人才重新看到这个主题。咸丰

>>江南制造局翻译馆。经徐寿、华蘅芳等人建议，由两江总督曾国藩奏请，成立翻译馆，这是近代中国第一个由政府创办的翻译西书机构

十年岁末，曾国藩在一道奏折中说“将来师夷智以造船制炮，尤可期永远之利”。次年，他附和奕䜣向洋人买船炮以剿洗太平军之议。“不怕柴狗子，只怕洋鬼子”，他在家书中的心里话道出了真正的威胁不是太平军，而是西方列强。当他在书札中写下“海国环伺”四字时，应该已经意识到这是“二十四史”里从未出现过的大危机。

湘军攻陷安庆第二年，曾国藩就开办了中国近代第一家军工厂——安庆内军械所，“制造洋枪洋炮，广储军实”。

1862年2月19日，安庆城下停泊了一艘待售的洋船。曾国藩带着李鸿章登上洋轮，仔细察看，盛赞其“无一物不工致”。曾国藩决心制造中国第一艘轮船，委派幕府中精于制器的徐寿和数学家李善兰去实现这一伟业。1862年，他们造出了轮船发动机。1865年，中国第一艘火轮船制造完毕，尽管长不过3丈、时速不过30华里，却是本国自造的最先进轮船。

稍后，毕业于耶鲁大学、精通西学的幕僚容闳奉命出洋采办机器，从美国购得百余种机器，位于上海虹口的江南制造总局渐渐有了规模。很快，曾国藩又在城南高昌庙购地70多亩，建造了汽炉厂、机器厂、熟铁厂、洋枪楼、铸铜铁厂、火箭厂等，江南制造总局迅速成为中国最大规模的近代化工业基地。

1868年9月，江南制造总局造出了中国第一艘真正意义上的现代化火轮，船体长约61.7米。曾国藩以“恬吉”为之命名，向慈禧汇报说，“恬吉”号“坚致灵便，可以远涉重洋”，“中国自强之道，或基于此”。

“师夷智”从议论转化为实践，曾国藩是最早的领袖和开创者。

仿造洋器的过程让清人看到“夷智”的精妙并不仅仅在于器物，于是又有了送幼童“赴泰西各国书院学习军政、船政、步算、制造诸书”的举措——是洋务经验奠定了他采纳容闳教育计划的思想基础。但在清朝这样一个依祖法旧例办事的王朝，一桩没有先例的大事要获得通过，

<< 中国首批留美幼童

相当艰难。1872年2月27日，他第5次就“派遣留学生一事”上奏朝廷，终于获得恩准。14天后，他死了。

他在给次子曾纪泽的信中说：“予生平有三耻，……独天文算学，毫无所知……尔若为克家之子，当思雪此三耻。”后来三子曾纪鸿精研数学，著有《环率考真图解》《对数详解》《粟布演草》等，可惜33岁就过世了。如今，这些专论静静躺在富厚堂藏书楼架上的6册“白芙堂算学丛书”里。

杨国强教授说，曾国藩是一个识时务者，但又背负着几千年历史的沉积。在今日统称“洋务派”的人中，他是第一个师法西洋新文化的人，心中又眷恋着旧文化。他第一次看到西洋千里镜，惊羡之余，联想到的是如何“超凡入圣”的进德之功。一面开风气之先，一面又恪守着士大夫的传统情感，这种矛盾一直延续到他生命的最后一年。1872年他在日记中留下这样的话：“内人病日危笃，儿辈请洋人诊视，心甚非之而姑听之。”

但岌岌可危的大清国不是他的一厢情愿所能挽救的，更不是夷人之长技所能挽救的。1894年12月13日的《伦敦每日新闻》报道过清廷深入骨髓的腐败和列强的恣肆：

> 现代化的武器装备、防御工事以及铁路的引进一夜之间给大清国的官员们带来大量侵吞公款的机会，只要外国公司引诱或贿赂他们，再老掉牙的枪支或陈旧的弹药他们都会购买。……一次，有一家商号以每支3两白银的价钱为大清政府买进一批数量巨大、几近报废的毛瑟枪，指望清政府能支付每支80两白银，结果他们只得到了每支9两白银。看看这些枪是什么货色吧：外观上还像那么回事儿，但托盘根本没有加工好，枪口也锉得十分粗糙，螺丝上得敷衍了事，有些螺帽都掉了，以致连接处都松开了。

而此前，曾国藩的九弟曾国荃、曾国藩的学生李鸿章无不中饱私囊。记者在曾国荃的大夫第遇到土改时搬进来的刘老伯，他听上辈人讲过，曾国荃攻下南京后，往老家运东西的船队在湘江上走了一个月，

“把国库搬回来了”。而民间称李鸿章为“李合肥，真的肥”，据说李家当年在合肥城里拥有一条街的店铺。

1863年，已升至中校的戈登在位于安庆的两江总督府与曾国藩会面，随行的丁美绅记下了他对曾的印象：

> 他在各个方面都与李鸿章成对比。后者身材高大、举止稳重、神态威严，眼睛里闪烁着智慧，每句话、每个手势都表现出他思想敏捷、行动果断；他的服饰也显示出了他的家财和修养。曾国藩却是中等个子，身材肥胖，脸上皱纹密布，脸色阴沉，目光迟钝，举止行动表现出优柔寡断的样子——这与他过去的历史是不相符的；他的穿着陈旧，衣服打皱，上面还有斑斑的油渍。他们两人的个性也是截然不同的。李鸿章是出名的贪得无厌，在这方面他们几个弟兄——尤其李瀚章——是素享盛名的，他们一家在长期的官宦生涯中搜刮了大量的财富。而根据一般的报道，曾国藩的勒索是颇有节制的，他的开支也较为适中，甚至有些吝啬……

曾、李的不同还表现在他们用人上，他们的幕府里聚集着完全不同的两类人。唐浩明告诉记者，早期的曾国藩不喜欢用官气重的人，奉“德大于才”为第一要旨；中期开始发生变化，以“了事”为才干。按《曾国藩通鉴》的梳理，他的幕僚有200多人，他从中选定了李鸿章；李鸿章的幕僚也有百余人，他选择了袁世凯。晚清的中国，事事燃眉，事事须了，义理的伸张、德行的坚守只能暂搁一边。曾国藩终其一生，都在这种矛盾纠缠中彷徨。

杨国强教授说：“晚清最后50年，曾国藩和李鸿章是前后相连地面对内忧外患，是士大夫中自觉的首当其冲者。曾国藩试图以人格超越事功，而李鸿章因事功而淹没了人格……他们在几十年强毅力行之后，都是带着一腔不甘心的悲哀离开这个世界的。这种悲哀超越了一己之私，成为中国近代历史的一部分。”

天津教案

杨国强教授在他的晚清史课上详述了教案在近代中国的缘起。从鸦片战争到20世纪20年代的80多年间，大小“教案”600多起。其中《辛丑条约》后10年，高达225起，教会势力与民众冲突达至鼎峰。以法国为代表的天主教主要在下层民众中传教，为了发展教徒，常将中国社会中最不受欢迎的人引入教会；他们修教堂、做弥撒、开医院、收留孤儿等等，深深地卷入了民众的日常生活，也不可避免地跟地方绅士、宗族和传统文化产生冲突。到了义和团时代，“大毛子”（传教士）、“二毛子”（教民）均是被仇视、扑杀的对象。

1870年6月20日，天津百姓几千人聚集在法国天主教堂前，声讨外国传教士拐婴、害婴。次日，法国领事丰大业在混乱中向天津知县刘杰开了枪，击伤随从高升。愤怒的中国人当场将丰大业殴毙。随后又烧了教堂，捣毁法、英、美等国的教堂和领事署，打死了16个外国人。关于这次教案，时任美国驻华公使娄斐迪在6天后向美国政府发回的一份较为客观的报告中提到流行病、死婴，刘杰与丰大业的会晤以及丰的傲慢——“知县级别低于领事，不能举行任何谈判。”也就是说，这次冲突本可避免。

法、英、美、俄、意诸国随即提出联合抗议，他们又找到了伺机寻衅的理由。

清朝官员在应对时分成两派，一派以醇亲王奕譞为代表，反对抑民奉外；另一派以曾国藩、丁日昌为代表，主张妥协议和。最后，清政府一面从陕西调李鸿章的淮军备战，一面诏谕59岁、右眼已失明、正在家养病的曾国藩赶往天津。他备好了棺材，写好了遗书，一到天津就定下查办方针，“但冀和局之速成，不顾情罪之当否”，也就是说，只求迅速达成妥协。结果是：天津知府张光藻、知县刘杰革职充军，判处20人死刑、25人流放，并赔款49.7万余两白银。李鸿章急赴天津，通过几道奏折保下死刑犯中田二、张帼顺、段大、项五4条人命。曾国藩事后也对发配黑龙江的张光藻、刘杰多有关照，他在家书中承认：这两个人是好官，没有错，但我没有别的办法。

曾国藩的处理方式，朝野哗然，在京的湖南同乡把他在湖广会馆所题的匾额砸碎烧毁。曾国藩在天津，曾纪泽在保定，父子俩几乎每天通一封信；曾纪泽在信中说："照会洋人，不能做十分承允之词。"他指出父亲将天津道、府、县官都迅速处置，没了退路。李鸿章也写信给曾氏父子，说曾国藩办外交"太老实"。曾国藩怕洋人再开战，火烧圆明园的事件再上演，以声败名裂的代价，为大清国扛下一个"软弱、媚外、有失国体"的污名；他曾经准备牺牲性命，结果却牺牲了他更看重的名声。他在"内疚神明，外惭清议"中度过生命中的最后两年。

（参考：《曾文正公全集》《曾惠敏公手写日记》，王闿运《湘军志》，容闳《西学东渐记》，梁启超《清代学术概论》，徐中约《中国近代史》，内藤湖南《中国史通论》，伯纳特·艾伦《戈登在中国》，郑曦原编《帝国的回忆》，王尔敏《中国近代思想史论》，陈旭麓编《近代中国八十年》，杨国强《义理与事功之间的徊徨》，钟叔河编"走向世界"丛书，唐浩明《曾国藩》《唐浩明评点曾国藩奏折》，以及曾国藩故居管理所胡卫平、黄鹤鸣、刘建海提供的第一手资料）

直系后裔很少做官

57岁的胡卫平原是双峰县图书馆员，一介书痴。据说，他收集的湖南省各地的方志比省图书馆还全。当他在长沙新民路、定王台、清水堂、窑岭一带的旧书店转悠时，店主会迎上来。

就在记者采访的当儿，一本民国三十二年（1943年）由正中书局刊印的薄薄小册子《博物馆》寄到了，编著者是曾昭燏（曾国潢的曾孙女）和李济。这是胡卫平主持的曾国藩研究会从孔夫子旧书网上以380元的价格买来的，原价1元2角。富厚堂要为这位优秀的考古女学者、南京博物院前院长开一个研讨会。

曾国藩五兄弟的后裔绵延至今已到第八代，凡在大陆能访到的在世者，胡卫平和同事都上门见过面。有些后裔一开始淡而疏远，渐渐被他的诚意融化。在荷叶镇那间阴冷的宿舍里，他随手从一个马夹袋或蛇皮袋里抖出来的，是曾家某位后人的日记影印件，或各家珍藏的书信、手迹和照片。曾宪琪（曾国藩直系第五代，曾纪鸿的玄孙女）说："曾家的好多事，胡所长比我们都清楚，都戏称他是我们家的大管家。"

这五房里出过的有成就者大约240多位：光禄大夫、建威将军曾纪官、曾广銮，清末翰林曾广钧，资政大夫曾广江，署理湖北按察使曾广镕，女界诗人曾广珊（曾与陈寅恪唱和，女儿俞大絪是曾昭抡夫人，儿子俞大维是哈佛大学哲学博士，曾任国民政府"交通部"部长），教育家曾约农、曾宝荪，翻译家曾宝菡，高教部副部长、化学家曾昭抡，考古学家、博物馆学家曾昭燏，湖南广播电视台工程师曾昭棉，湖南大学电机系主任、教授曾昭权，北平交通博物馆主任曾昭亿，园艺学家曾宪朴，全国妇联副主席曾宪植，中国人民大学教授曾宪楷、曾宪柱、曾宪森，轻工部造纸研究所研究员曾宪榛，出版家曾宪元，画家曾厚熙（宪杰），导演曾宪涤（代表作《乔太守乱点鸳鸯谱》）等。

曾国藩与欧阳夫人生有三子，长子曾纪第，早殇；次子曾纪泽，51岁过世；三子曾纪鸿，33岁英年早逝。曾纪泽这一脉，刘氏育有三子三女，其中两子一女夭折，由纪鸿过继的广铨及次子广銮传递香火。

曾广铨跟随曾纪泽在英国多年，精通英、法、德语及满文，后来出任过驻韩、日大使，驻英三等秘书之职；参与过《金陵书局刻书章程》的拟定；1897年与叶翰、汪康年、汪钟霖等联名创办主要译述西方通俗儿童作品的《蒙学报》，1898年任《时务报》（后改名《昌言报》）总翻译，与主笔章太炎合作翻译英国社会学家斯宾塞的著作《短论：科学的、政治的、思辨的》；还创办过《中外日报》等，算得上是中国第一代报人中的活跃分子。

他这一支，到曾约农（终身未娶）一辈断了；曾广銮这一支，有洛阳第三人民医院内科主任医师曾宪文（曾昭权次子）及其一子一女；曾广銮的女儿曾宝苏在美国，如果在世，也有100多岁了。相比之下，曾纪鸿这一脉的垂丝图比较丰茂。

君子之泽，五世未斩

曾国藩在家书中讲过自己的曾祖父竟希公俭省的事迹："少时在陈氏宗门读书，正月上学，辅臣公（高祖）给钱一百，为零用之需，五月归时，仅用去一文，尚余九十九文还其父，其俭如此。"还提到祖父星冈公在他进了翰林院之后，"犹亲自种菜收粪"。

星冈公传下治家八字诀"书蔬鱼猪早扫考宝"，即读书、种菜、养鱼、喂猪、早起、扫屋、祭祖、睦邻。富厚堂正厅取名"八本堂"，现有曾纪泽手迹："读书以训诂为本，诗文以声调为本，事亲以得欢心为本，养生以少恼怒为本，立身以不妄语为本，居家以不晏起为本，居官以不要钱为本，行军以不扰民为本。"曾氏后代均奉行不懈。此外，曾氏家训中还有三不信——不信僧巫（和尚师公）、不信地仙（风水先

>>藏书楼一角

生）、不信医药（凡药三分毒），三致祥——孝致祥、和致祥、恕致祥，以及“勤俭孝友”等等。

曾国藩说过，“家中要得兴旺，全靠出贤子弟”，“子弟之贤否，六分本于天生，四分由于家教”。还说：“银钱、田产最易长骄气逸气，我家中断不可积钱，不可买田，尔兄弟努力读书，决不怕没饭吃。”他一年俸禄2万两银（含养活众幕僚），过世前家人清点遗产，钱银恰好2万两，他大吃一惊，没想到自己“存款”这么多（李鸿章身后仅白银一项达4000万两）。

他平时着土布衣，仅有的一件天青缎马褂礼服要逢重大活动才穿，穿了30年。每顿只吃一个菜，“决不多摄”。族人花七千串钱（一串一千文，约合5000两银）修缮富厚堂，被他痛斥一顿，并说“新宅一次不踏其门”。

后人大多规矩、老实、谨慎、勤奋

曾国藩的直系后裔，目前国内能访到的约有十余位，分布在长沙、北京、沈阳、济南、洛阳和大同，多为宪字辈。中国艺术学院原副院长张庚的母亲曾宝菱是曾国藩的长曾孙女，其夫人张玮现居北京，张玮的母亲是清末著名书法家黄自元的外孙女，在京的曾氏后裔常在张家聚会。其中，曾樾（人民大学教授曾宪森之子）是曾国藩的直系第六代，北京双榆树小学校长，一个在教育上很有想法和建树的人；他的儿子曾沐在北京某公司工作。

海外的有曾汝剑（曾纪鸿曾孙女、曾昭桓之女），病毒学家，现居美国底特律，她丈夫王定明的父亲王东原曾任国民党湖南省政府主席；曾群（曾纪鸿玄孙、曾昭杭之孙）从北京大学毕业，现正在美国哈佛大学攻读博士；曾力（曾樾之妹）现侨居加拿大。

笔者在长沙登门拜访了两位：63岁的曾宪华（曾纪鸿曾孙、曾昭棉之子，字小岑）和73岁的曾宪琪（曾纪鸿曾孙女、曾昭楗三女）。

像家族中同辈人一样，曾宪华和曾宪琪的命运都被笼罩在那个一度沉重的“曾”字底下。曾宪华报考湖北艺术学院声乐系，到最后一关被

<< 曾广珊

>>曾昭棉全家

告知“你没考取，水平不够”，19岁下到农场，一待14年。从“四清”到“文革”，家里没安宁过。他的4个姐姐各有一份不易的经历。他回城后在长沙园林局工作，1987年被动员入党。他笑着回忆道：“那个评议会很有意思，有个老工人站出来说：‘小岑这个同志平时表现还可以，但他家里的成分蛮高的嘛。’领导发话说：‘现在还说这些干嘛，都什么时代了！’”

曾国藩的直系后裔少有做官的，用曾宪华的话说，他们大多规矩、老实、谨慎、勤奋。“我不会应酬，不愿去领导家，见了领导不会点头哈腰，也做不到说假话不怕丑。”在几十年的阅人历事中，曾宪华找到了默守尊严的诀窍：“见了领导，你不理他，他就尊重你；你老往前凑，那就是讨骂。”

记者也见到了曾宪华的大女儿曾梦佳，一个谦和而柔美的女子。她现在是长沙市某区法院的副院长，有个5岁的女儿。她从唐浩明的小说开始对先祖有了了解，这些年，才读了文集和书信。在她心里，这个姓氏是一种荣耀，但不需要宣传。“曾家人的性格和素养，让他们对权力和财富的欲望没有那么强烈。因为时世，我的几个姑姑没有受过很好的教育，但她们身上都没有市井味。”

曾家很多女性终身未嫁

曾家的女性终身未嫁的比较多，如开办长沙艺芳女校的曾宝荪、专注于考古的曾昭燏，按照荷叶镇富圫村的习俗，后辈尊称她们为“伯伯”“爷爷”。湖南省化工医药设计院退休高级工程师曾宪琪也是独身，她说：“几个姑姑是榜样。”

曾宪琪外高祖父是两江总督陶澍（左宗棠长女孝瑜许配陶澍独子陶桄为妻，其孙有女，嫁给曾家。陶澍、曾国藩、左宗棠先后任过两江总督）。7—9岁，因抗战避难，她在富厚堂度过两年的时光。当时的大宅内，住着二伯曾约农、三姑曾宝荪，他们两位早年留学英国；三伯曾昭权和伯母、五伯曾昭桓都是留美归国；长沙有名的化学教师袁鹤皋先生当时也寄居在思云馆。据藏书楼的管书人王席珍回忆，曾家女婿叶剑英（娶曾国荃玄孙女曾宪植为妻）在抗战期间，曾到富厚堂与曾宝荪、曾约农相叙。

（上）民国五年（1916年）曾宝荪毕业时与曾约农在伦敦合影
（下）曾宝荪

三姑曾宝荪回国后与二伯曾约农在长沙开办艺芳女校，同时担当起教育子侄之责，每天会向适龄子弟教授语、数、英等课程；三伯曾昭权则教授国文。九姑曾宝菡当时看的都是原版小说，九姑爹在英国大使馆工作，二人有共同的译著。曾宪琪还记得到无慢室汇报学业，坐在三姑腿上背诵，之后得了一件小奖品的事。

富厚堂那两年，她从长辈那里获得的认知是：做人要正直，读书很重要，不读书，不明理。她也记得那些令人不安的日子：书读不好，没脸见长辈；而那些学习较好的兄弟姊妹，才有资格上藏书楼。

“曾家第三代、第四代，绝大多数留学海外，潜心做学问的多，做官的很少。曾家不重男轻女，曾家的女人不缠足。我这些姑妈素质都很高，她们从小就被教育要自强，不能只做男人的附庸。”曾宪琪比曾宪华长10岁，青春期适逢20世纪50年代，因此成为第五代中不多的上过大学的人。许多年里，她在各种登记表的“成分”一栏里，填的是“职员”。受到不公正待遇、心里不痛快的时候，她会“找几道数学难题来解解”。

“这一百多年里，对文正公的评价反反复复变了好几次，我认为现在的比较接近历史真相。作为曾国藩的后代，我觉得欣慰。”曾宪琪说。

每当有人对曾国藩的第五、六代未能出一个显达人物表示惋惜时，曾宪华会略低了头，缓缓地说：“可是，曾家那么多代，你找不出一个坏人。”

李鸿章家族

蒯乐昊/撰文

要读懂近代中国，就不能不读晚清史：要读懂晚清史，就不能不说李鸿章。

这位乱世枭雄在政治上大红大紫的40年，也正是中国封建王朝走向衰亡、近代社会启蒙生发的转折点。

他的政治对手梁启超在李鸿章去世后作传纪念他："吾敬李鸿章之才，吾惜李鸿章之识，吾悲李鸿章之遇。""李鸿章必为数千年中国历史上一人物，无可疑也；李鸿章必为十九世纪世界史上一人物，无可疑也。"梁启超甚至把他与古今中外的大政治家逐一相较，认为李鸿章与诸葛亮、王安石、俾斯麦等人都大有一较高下之处。

李鸿章自嘲"破屋糊裱匠"，因为镇压太平天国运动、甲午战败、代表清政府签订一系列不平等条约，百余年来，吐血而亡的李鸿章头上始终难以脱掉"刽子手""卖国贼"两顶罪臣高帽。

千秋功罪付史评。对于历史，我们无意重新评论，也无权贸然改写，我们只想还原大时代背景下的关键人物。还原一个既勤勉忠直又圆滑狡黠，既权倾朝野又万般无奈的晚清老臣，以及他身后那个伴随着中华民族百年进程、绵延不息的庞大家族。

李鸿章：舟大水浅无力回天

从李道炯家里新开张的饭店走出来，往西踱去不远，是一眼斑驳的古井，几百年来井绳上上下下地负重运作，已经把石井勒出许多道深深的豁口，仿佛大地上张着一圈缺了牙齿的嘴巴。

这是一个依旧固守农耕方式的村庄，少见的水泥路直通李道炯家门口，其他的地方，多是深一脚浅一脚的泥土路，黄色的油菜花在空气里迸发出略带土腥的苦香。李道炯家饭店的匾额写得谦虚谨慎：“乡村饭庄”。

李道炯没有在匾额上大书他与李鸿章之间的关系，毕竟他的高祖与李鸿章是堂兄弟，这层关系解释起来还是相当拗口。但方圆几十里内许多八竿子打不着的房地产开发商都在高挂鸿章招牌推销楼盘，相形之下，李家后人反倒显得低调。

李道炯的二儿子刚从城里学成厨艺，原先给别人打工，现在回家自己单干。磨店乡没有什么工业，也没有多少乡镇企业，当地政府希望发展旅游业，李道炯脑子活络，回家把房子粉刷粉刷，就替儿子开起了饭店。但这里的农家游似乎远未成型，仅凭一口古井、几段残碑，吸引不了远方来客。饭店大厅里只放了一张圆桌，四壁空空。

合肥以东30里地的磨店乡，100多年前是个了不得的地方，无人不知这是清朝中堂大人李鸿章的老家——“宰相合肥天下瘦”就影射着李鸿章的籍贯与人品。当地人说，这方水土历朝历代出过不少官员，就拿这口古井来说，开凿者是明朝一位姓熊的侍郎，所以它的官名叫“熊砖井”，是一口“很有水平的井”。相传这井有法力，曾经有一位官员为求庇佑，从井栏上敲下石头，回去刻了官印，所以熊砖井有一处豁口特别大。村人们相信，李鸿章一家就是喝了这井水，才一路发迹荣升，家道中兴，这方水井润泽了李家起码八代人。如今还生活在井边的李道炯，是当地的支书——祖上为相国，后代是村官，形成一种对比式承继关系。

“若不是40多年前那场狂飙式的群众运动，这儿很可能会出现一个晚清传统式官宦大宅门的博物馆，因为现在人们收集到的李家各式碑刻，仅仅拓片，堆在地上也有半人高。”《李鸿章家族》一书中这样写道。祠堂与石碑已经被砸了个稀巴烂，只有那口古井，因为还有日常供水的实用价值，在浩劫中保存了下来。

^^李鸿章

李道炯指着家门前的水塘告诉我，李鸿章小时候在这里洗过澡，私塾先生把他换下来的衣服挂在树上，随口吟了一句“千年古树为衣架”，少年李鸿章开口就接“万里长江作浴盆”。

在李鸿章故居陈列馆里，故事变成了李鸿章的父亲随口吟出“风吹马尾千条线”，年仅6岁的李鸿章朗声应对：“日照龙鳞万点金。”折射出胸中气象的下联让父亲吃了一惊，当即决定送他去私塾念书。

这些对联已经不止一次地被引用了。在另外一些野史中，是朱元璋小时候对出了这对联。所以“日照龙鳞”等句，是否真的出自幼年李鸿章之口，现在已不可考，但是这位官至一品的北洋大臣，确是一位文采斐然的诗人，同时还是位出色的书法家。6岁时的“日照龙鳞”也许是杜撰，但20岁时他的自述诗，已经可以一窥他冀望少年得志、扶摇直上的自我期许：

> 蹉跎往事付东流，弹指光阴二十秋。
> 青眼时邀名士赏，赤心聊为故人酬。
> 胸中自命真千古，世外浮沉只一鸥。
> 久愧蓬莱仙岛客，簪花多在少年头。
>
> ——《二十自述》

他的野心与抱负并未等待太久，21岁，李鸿章中举人，24岁中了第25名进士，殿试二甲，朝考一等，成绩名列前茅，年纪轻轻就进了翰林院。曾国藩因此写信给李鸿章的哥哥李瀚章："令弟少荃（李鸿章字），自乙丙（指道光二十五、二十六年）之际，仆即知其才可大用。丁未馆选后，仆以少荃及筠仙（郭嵩焘字），帅逸斋（帅远燡字），陈作梅（陈鼐）四人皆伟器，私目为丁未四君子。"

曾国藩果然目力过人，他冷眼相中并热心扶持的这4个青年人里，郭嵩焘后来成了中国第一任驻英大使，而李鸿章一生纵横捭阖，位极人臣，历任江苏巡抚、湖广总督、两江总督、直隶总督、北洋大臣等职，被梁启超尊为"当时中国第一人"。

暗中同情变法的老臣

"天下惟庸人无咎无誉……"翻开梁启超的《李鸿章传》，开宗明义第一段，如果翻译成大白话，是这样的：

> 天下只有庸常之辈既没有骂名，也没有美名……誉满天下的，未必就不是滥好人；谤满天下的，也未必不是真伟人。老话说：盖棺论定。可有的人盖棺了几十年、几百年，却还没有定论……且不管此人是大奸雄还是大豪杰，他的位置与行事，不是庸常之眼可以借烛窥探，也不是庸常之舌可以信口雌黄的。懂得这个道理的人，才有资格读我所写的李鸿章。

梁启超自己承认，他跟李鸿章“于政治上为公敌，其私交亦泛泛不深”。所以李鸿章赢得梁启超的褒奖是颇为难得的，因为这是来自一个敌人的赞美。

其实，在内心深处，李鸿章是支持维新变法的，但他作为一个老谋深算的官僚，懂得在斡旋的同时自保。他在后宫听到荣禄跟慈禧法办维新派的对话，马上私下传给了康有为，暗示他们有所准备。

康有为等人提出的很多举措，如废八股、建新式学堂等，都是李鸿章以前在奏折中提过却没能办成的，所以他对康颇有惺惺相惜之意。戊戌六君子被杀，慈禧对维新派进行彻底清算，很多人揭发李鸿章实际上是“康党”。慈禧也想趁机敲打敲打他，就拿着别人揭发他的信给他看：有人说你是康党。

李鸿章答：“臣实是康党，废立之事，臣不与闻，六部诚可废，若旧法能富强，中国之强久矣，何待今日？主张变法者即指为康党，臣无可逃，实是康党。”慈禧听后默然不语。李鸿章干脆承认：如果说支持变法就是康党，那我确实是康党。但是李很明白：戊戌变法一方面是政纲的斗争，另一方面是光绪的“帝党”和慈禧的“后党”之间的夺权斗争。这一点上李鸿章特别圆滑，他说不与闻“废立之事”，即表态：“我无资格过问皇权”。慈禧也因此放了他一马。

天津教案扶上青云

李鸿章的父亲李文安，快40岁才中进士，他这个进士中得不早不晚，正好与曾国藩同一年考中。这种关系那时称为“同年”，是一种极其微妙而重要的人际关系，从“实惠”上说，远超过同乡、同学、同族……因为同时考中进士，就意味着要同时做官，初为京官的他们有着共同的联系与参照，无形中成为一个整体。

李文安做了刑部司法官，有清廉正直之名，他性格内向，资质平平，但眼力不差，在“同年”中始终跟曾国藩走得近。当时的曾国藩不过是一员普通京官，而李文安却早早地安排两个儿子李瀚章与李鸿章去

<< 淮军

拜曾为师，学“经世之学”，这大概是李文安贡献给家族的最高智慧。

1851年，洪秀全金田起义，在天子脚下摇了6年笔杆子的“翰林”李鸿章，也被拖回老家干起了“绿林”。他的淮军体系，就在这个过程中逐渐建立起来。

1870年天津教案，一边是外国人打伤天津知县，捣毁衙署；一边是中国人焚烧教堂领馆，打死了二十几个洋人。七国连衔抗议，扬言要把天津化为焦土，外国军舰集结大沽口，直接威胁北京。慌乱的清廷马上把最强悍的淮军调到天津，顺手把李鸿章推上了外交前线。

李鸿章手段圆滑许多，他知道事不宜拖，快刀斩乱麻：赔偿洋人近50万两，条件是军舰立即退兵。杀掉主要“打教”的16人，充军发配25人，就双方死伤人数来说，基本是一命偿一命。据说到了真正处决之时，拉出去砍头的并不全是杀洋人烧教堂的人，其中一些是从监狱里拉来的死刑犯冒名顶替的。

清廷一看李鸿章这个安徽人本事不小，又会带兵打仗，又会跟洋人周旋，奏折写得又好，那就别让他走了，留在天津吧，以后跟鬼子别扭的事还多着呢。于是很快，李鸿章就接到任命，接替曾国藩出任直隶总督，后兼北洋大臣，至此，他的权势和声望，已在曾国藩之上了。

英国大船商之妻立德夫人在她的《李鸿章的生平与时代》中，这样描写李鸿章："有些话题他不愿意触及，但一旦不得不谈，就表现出惊人的坦率。……有这样一个仪容伟岸、极富个性的人在身边，作为一个女人，慈禧太后一定会更有安全感……"

御用火车太监拖

在中国近代史上，有许多项"第一"与李鸿章直接相关：第一支完全由洋枪装备的部队；第一支独立的洋炮部队；第一家大型综合军工企业——江南制造总局；第一个官办专业译书机构——江南制造局翻译馆；第一个语言和工程技术学校——广方言馆；第一次公派留学生——1872年留美幼童；第一家轮船航运企业——轮船招商局；第一个近代平等条约——1874年《中秘条约》；第一个电报局——1880年设立于天津的中国电报总局；第一条自建铁路——唐胥铁路；第一所陆军军官学校——天津武备学堂；第一支近代远洋海军——北洋海军；第一部海军军制；第一面中国近代国旗；第一家机器棉纺织厂；第一个海军基地……

是他推着中国走上了现代化进程的第一步，但这些"第一"阻力重重，有时甚至进两步，退一步。

第二次鸦片战争之后，中国边境只是短暂地平静了几年，到了19世纪70年代，沿海再度吃紧。在晚清文武之中，最早提出兴办铁路的大员也是李鸿章，他的原始出发点仍是为了加强海防。在1874年清廷组织

（左）江南制造总局

（右）江南制造总局仿造的克虏伯大炮，李鸿章是洋式枪炮的终生崇拜者

海防大讨论时，李鸿章第一个递上奏折，全面地提出了他的洋务自强战略，其中格外强调了铁路的军事意义："火车铁路，屯兵于旁，闻警驰援，可以一日千数百里，则统帅当不至于误事……"而朝廷内反对派的理由则是："开铁路，山川之灵不安，即旱潦之灾易召。"

李鸿章的聪明与狡猾，就在于他懂得阳奉阴违的艺术。据传，1880年，李授意唐廷枢上奏要求修筑运煤铁路，为免朝臣非议，还特意声明：这条铁道不设火车机头，以驴马拖载，才好歹得到了恩准。

李鸿章当然不会满足于马拉驴载的车皮在铁路上缓缓滑行，他一直伺机争取更进一步。1881年，唐胥铁路通车时，是有机头的，由英国工程师设计、中国工人制造的"龙号"蒸汽机车头，成为中国第一条铁路上的第一台机车头。但通车没多久，"机车直驶，震动东陵，且喷出黑烟，有伤禾稼"，机头被下令禁止使用，运煤的车皮再次被驴马拖载所代替，这大概是中国近代化进程中的大笑话。李鸿章迂回前进，6年后，当铁路大讨论再次提上清廷的议事日程，他要了个小心眼，决定设法送慈禧一个小礼物，让西太后亲眼见识一下火车的魅力。

送礼是没有阻力的。于是，1888年，古老的皇宫西苑，从中南海紫光阁起，经北海阳泽门北行，直到极乐世界东面的镜心斋，出现了一条

<< 李鸿章等在火车上留影

由法国人全额赞助的1500余米的微型铁路，与此配套的还有一台小火车头和6节小车厢。这个可以快速行进的“玩具”，成了皇亲国戚们在深宫后院的游览花车，大开眼界的慈禧转而明确支持铁路修建，长达十余年的铁路大论战，最终洋务派取得了胜利。

李鸿章精心策划的那条中南海里的小铁路（紫光阁铁路），后因慈禧厌烦了宫闱中时有机车声响，又将机车头驱动改为由太监们拉着车厢在轨道上缓缓滑行，成为晚清末年荒诞滑稽的另一幅插图。

甲午战争一败涂地

李鸿章曾自比“破屋糊裱匠”，时代危艰，清廷风雨飘摇，他能做的不过是东修西补，挽回不了颓局。

作为西洋枪炮的终生崇拜者，李鸿章一直致力于中国军事力量的振兴，为北洋海军建设耗尽了后半生。从1875年到1888年北洋海军正式成军的十几年中，中国在数千公里的海防线上装备了25艘舰艇，其中从国外定购的有14艘，包括2艘巨型铁甲舰和7艘装甲巡洋舰，而“定远”“镇远”两艘铁甲战舰，为东方第一巨舰。

但这支海军命运多舛，先是撞上千年罕见的“丁戌奇荒”，然后又遇上慈禧太后的“万寿庆典”，使这支舰队的有限经费多次被挪用。据姜鸣先生在《龙旗飘扬的舰队》一书中考证：慈禧的颐和园工程共挪用海军经费750万两，等于吞掉半支海军舰队。

甲午战争之初，在一片主战声中，李鸿章处境甚为孤独。陈寅恪的弟子石泉先生在他的《甲午战争前后之晚清格局》中认为：当时对中日军事实力悬殊，以及对自身军备的弱点，其他官员都不如李鸿章清楚，北洋海军的军力仅够自保，完全不足以应付境外开战。而以清流党人为代表的士大夫集团，对李鸿章的隐忍妥协，不肯增兵备战，惟事寻求外援的做法，已经不能忍耐。

这场战争几乎还没开打就注定了败局。“清流”翁同龢跟李鸿章是多年的冤家对头，在海军的经费问题上对李多有牵制，最要命的一次是

<< 李鸿章会见日本大使图

1891年，翁作为户部尚书（相当于现在的财政部长），居然让清廷停发海军两年的购船经费。所以李鸿章在战争爆发时怒对翁同龢：“你还有什么话说？”

国内“主战”“主和”两股政治势力相持不下，影响到作战的指挥与策略。开战以后，丁汝昌奉李鸿章之命，因海军快船不敌日本，不可轻试，故颇慎重，惟“游弋渤海内外，作猛虎在山之势”，以防护北洋海口，牵制日本海军行动而已。国内主战派则认为他拥舰自保，“偷生纵敌”，向清廷嚷嚷要临阵换帅，惩办丁汝昌。

类似例子在甲午战争中俯拾皆是，可以说，中国人一边在与日本开战，一边自己在窝里掐架。

甲午战败，李鸿章经营多年的北洋海军全军覆没，《马关条约》一签，“卖国贼”这顶帽子就死死地扣在了他的头上。事后李鸿章对人说，他一生事业，至此扫地无余。李常常自叹：“吾被举国所掣肘，有志焉而未逮也。”

马关谈判期间，李鸿章遭日本浪人行刺，弹中左颊，血流不止，这次颜面尽失的马关之行深深刺痛了他，他发誓“终身不履日地”。两年后他出使欧洲回来，在日本换船时，怎么也不肯乘上摆渡的日本小船。最后人们只好在两条大船之间架起一块跳板，扶他过去。

两年之后，李鸿章的忠实幕僚吴汝纶赴日本考察教育，当他来到签订《马关条约》的春帆楼上，看到当年李鸿章谈判时坐的椅子比别人矮了一截，不由悲从中来。同行的日本人请他留下墨宝，吴汝纶写了4个字："伤心之地"。

《中俄密约》的骗局

在李鸿章签署的丧权辱国的条约里，有一份代表清廷跟俄国签订的《中俄密约》，当时极为保密。清廷的目的，无非是想与俄国建立防御同盟，但沙俄开出条件：你得让我在东北修建铁路。铁路一旦修到了海参崴，无疑将大大增强俄国在远东的实力。

《中俄密约》的真正内容，在签订后的几十年中一直是个谜，舆论沸沸扬扬，各国间谍无孔不入想得到情报，上海的英文报纸《字林西报》甚至刊出伪造的版本，清廷则因为这份说不清的密约承受了巨大压

>>李鸿章与俄国公使

力……其真实情况直到清王朝和沙皇俄国政府都被推翻后，两国政府从前朝档案卷宗里发现了《中俄密约》原件，将之公布于众，密约条款才大白于天下。

1979年，北京商务印书馆翻译出版了俄国财政大臣维特伯爵回忆录，维特是当年李鸿章的谈判对手，也是签订密约的主要当事人之一。这些知情人在世时不便发表的真相一旦公布，人们这才知道，原来当年李鸿章被骗了。

照维特回忆录里的描述，沙皇俄国提交给李鸿章签署的密约是被暗中调了包的，中国方面完全蒙在鼓里：

> ……他（主持签字仪式的外交大臣洛巴诺夫）看了看表，那时是十二点一刻。他轻敲了几下，招呼侍役，然后转向会场道："时间已经过正午了，我们去吃午餐吧，然后我们再在协定上签字。"
>
> 我们于是都去进午餐。只有两个秘书在我们进午餐的时候，又将文件誊录了一遍，并作了必要的改正。午餐前已经传阅过的两份文件，被悄悄地用两份新的抄本换掉了。在这两份新的抄本上，正式由一方李鸿章、另一方洛巴诺夫和我签了字。

维特还在回忆录中这样评价谈判对手："李鸿章是十分率直而且认真的"，"以李鸿章的智力和常识来判断，他要算这些人中很卓越的一个"。他同时承认，"那时登位不久的尼古拉皇帝，正急欲在远东扩张俄国的势力……被一种夺取远东土地的贪欲迷住了心窍"，"是我们自己违反了协定，才造成今日远东的局面。这是一件背信和昏聩奇怪地混合在一起的事"。

李鸿章万没想到自己的谈判对手是这样一群背信弃义的虎狼之辈，欧美之行回到天津时，他还以为做了一件好事。他对来访的黄遵宪不无得意地说："（此约可保）20年无事，总可得也！"但事实上，不要说20年，连两年的无事也没有保住。

临事方知一死难

78岁高龄的李鸿章，在《辛丑条约》签订之后，内外交煎，累月发烧吐血，卧床不起。在他咽气之前数小时，俄国公使还不放过他，来病榻前纠缠，逼其画押把整个东北作为俄国的“保护地”。李鸿章这次再也不肯上当，抵死不签，继而引发大吐血。

俄使走后，李鸿章知道自己将不久于人世，即刻向儿子李经述口述遗折，呼吁自强。在遗折中，李提出了“举行新政”的政治观点：

> 伏念臣受知最早，荣恩最深，每念时局艰危，不敢自称哀痛，惟冀稍延余息，重睹中兴，赍志以终，殁身难瞑。现值京师初复，銮辂未归，和议新成，东事尚棘，根本至计，处处可虞。窃念多难兴邦，殷忧启圣，伏读迭次谕旨，举行新政，力图自强。庆亲王等皆臣久经共事之人，此次复同更患难，定能一心勰力，翼赞讦谟，臣在九泉，庶无遗憾。

临终，他嘴里还在痛骂向慈禧力荐义和团的前任山东巡抚：“毓贤误国！”

正如毛泽东评价李鸿章的那一句：“舟大而水浅也。”他是个强人，但他所处的那个时代已经是末路了，大舟被小水所误，徒劳搁浅，是个人在时代中的悲剧。

忠心耿耿跟随了他40年的老臣周馥守在李鸿章床边，见李已经咽气，但双目炯炯不闭，遂哭出声来：“未了之事我辈可了，请公放心去吧！”李鸿章“目乃瞑，犹溜涕口动欲语，可伤也”。（周馥《李文忠公七律诗》注）

所谓“未了之事”，在临终病榻上，李鸿章曾口占一绝。在这首绝笔诗里，诗人兼政治家李鸿章不但道出自己孤身一力难扶大厦的悲凉，也似乎预见到了自己将背负骂名，成为祭坛上代人受过的牺牲品，一些意象甚至暗伏了清朝的没落与衰亡：

劳劳车马未离鞍，临事方知一死难。三百年来伤国步，八千里外吊民残。秋风宝剑孤臣泪，落日旌旗大将坛。海外尘氛犹未息，请君莫作等闲看。

最终笔锋一转，把对个人悲剧的伤痛转向了对国家命运的担忧，他对后继者的叮嘱——“海外尘氛犹未息，请君莫作等闲看”，其情怀与语气，几乎与著名的“革命尚未成功，同志仍须努力”如出一辙——当然，李鸿章与孙中山，所代表的阶层不同，所维护的政权不同，所崇尚的政治理念也大有差异，但中堂大人临终时流露出来的对中华民族自强不息的热望，也许跟中山先生一样真诚。一代人有一代人的任务，一代人也有一代人的局限，作为晚清老臣，无论李鸿章受到怎样的臧否，他都确实尽力把自己的这一棒传递了出去，一代一代中国人，就是秉着这股自强的心劲，各执信仰，各走一程。

（感谢徐中约《中国近代史》，蒋廷黻《中国近代史大纲》，梁启超《李鸿章传》，石泉《甲午战争前后之晚清格局》，刘广京、朱昌峻《李鸿章评传》，宋路霞《晚清第一家——李鸿章家族》，冯祖贻《百年家族——张爱玲》，感谢合肥市李鸿章故居陈列馆程红馆长、帅艳华馆员提供的无私帮助）

李氏后代：从外交官到科技人

李鸿章和他兄弟的下一代还能沾到祖宗的光，当官的不少，第三代也可以享受到祖先的遗产，有人经商，有人出国，到第四代、第五代，因为出身问题，他们得靠学习改变命运，倒是密集地出了许多专业性人才。

在合肥最繁华的步行街淮河路上，灰瓦黛墙的晚清建筑与周围热闹的霓虹拉开了距离，曾经“半个合肥都是李家的”，现在只余下了这座“李府”。

这座房子是合肥市文物管理处在1983年全国第二次文物普查中发现并接管下来的，现任的文物管理处处长程红当时刚从大学毕业没多久，据她的回忆，当时这座房子里挤挤挨挨住了十几户人家，一些为了临时需要搭建起来的违章建筑，像各色补丁拼接在这座昔日相府的四角，但是房屋的外观和内部格局保存完好，并未遭到太大破坏。

老宅旧主人身份如此特殊，所以，当这所宅子变成“李鸿章故居陈列馆”并正式对外开放的时候，承受了许多误解。“许多太平天国的后人写了小字报贴在门口，说这是屠杀我们祖先的刽子手，现在怎么纪念起他来了？”

有人甚至把状告到了中央，程红就请告状者来参观馆内陈列的李鸿章生平资料，最后特别告知：我们是“陈列馆”，而非“纪念馆”，不管历史如何评价，把这一段历史真实地“陈列”出来，这总没错吧？

长子李经方曾想扶老爹当皇帝

按照李家的族谱，从李鸿章的父亲李文安开始，这八代人的辈分依次是“文、章、经、国，家、道、永、昌”。现在合肥还能觅到不少道字辈、永字辈的李家后人。“真正李鸿章这一族的后人，国内已经不大找得到了，很多人去了美国、澳大利亚……国内留下的大多是李鸿章兄弟的后裔。”《李鸿章家族》的作者宋路霞说。

中国首任驻英公使郭嵩焘曾经叙述过自己回乡探亲时的一段经历，在小火轮上，乡人见了就骂他洋奴、洋鬼子。在清朝当外交官，语言不通，生活不惯，“正人君子”动辄以“卖国”相讥，弱国外交腹背受敌。所以干什么也别干外交，是时人共识。

但李鸿章偏要让他的子孙们捡酸果子吃，从小就让他们在科举之外兼学西语，他的3个儿子都从事外交。过继来的长子李经方是职业外交官，次子李经述韬光养晦准备接李鸿章的班，庶出的三子李经迈曾任钦差出使奥国。

李经方为人聪敏好学，名将刘铭传记载过一段逸闻，他曾看见少年李经方一边读书，一边吃菱角蘸糖，因为太过专心，菱角蘸的是墨，吃得两嘴发黑仍浑然不知。他精通五国语言，写一手极帅的隶书与行草，相貌高大英俊，但他一生既没赶上父辈打仗立功的时代，也没在洋务运动中捞个肥缺发财，他当过3年驻美公使参赞、3年驻日公使，但基本是被老爸带在身边，成为李鸿章办外交的重要帮手。沾父亲的光，也分到一顶“卖国贼”的帽子，人称“割台大臣”，一生政治上郁郁寡欢。

有个强势的老爸，李经方并没有太多施展个人才华的机会。马关议和面对伊藤博文的咄咄之势，李经方几次想据理力争，都被李鸿章制止了。他设法影响父亲的思路，叫随员们把见解写成字条递到李鸿章面前，供决策参考，但也未被采用。

马关签约归来，全国舆论沸腾，李家父子成了众矢之的。当时台湾具体画押交接之事还得跑一趟，李鸿章遇刺受伤无法成行，任务落到李经方头上，李鸿章心想这卖国之事不能再让李家人干，想保护孩子的声名，就推说李经方病了。结果光绪皇帝一怒：“李鸿章不得推脱！”李经方不去也得去了。

跟父亲不同，李经方早看出清王朝气数已尽。他多次对他的学生鲁望岩说：“大清朝一定要亡了，光复之日可待矣。”还劝他，“不要做

（上）李经方
（中）李经述
（下）李鸿章的庶出幼子李经迈

官，要教育救国，实业救国”。

庚子议和前夕，八国联军在北京烧杀抢掠，清廷12道金牌急召远在两广的李鸿章进京。曾有人力主李鸿章甩掉慈禧，自立为王，趁清室“西狩”之机，夺回汉人天下。据说李经方也持有这种想法，屡次与李鸿章密谋。李鸿章的幕僚马建忠回忆，当时他就曾看到一封来自英国官方某大员的来电，主张李鸿章千万不要失去这千载良机，拥兵自立，并表示愿意全力支持。但李鸿章置之不理，还关照马建忠赶快把电文烧掉。（据马建忠之甥朱怡声的回忆录）

父亲对清廷的愚忠让李经方失望，他对仕途、对政治都失去了信心。辛亥革命爆发以后，李经方的仕宦生涯彻底结束。

李经方可算妻妾成群，除了原配的两任老婆，还有五房侧室和两个洋太太，一个英国人，一个法国人。辛亥革命后，李经方关起门来当寓公，一大家子坐吃山空，但他凭着外语好，跟洋人狠做了两笔地产和古董生意，大赚一把。这两次成功的投资令他开心，感慨地对人说：“没想到我还有今天！”

梁思成高足李道增一生的遗憾

李鸿章故居陈列馆馆长程红，因为工作关系接触过不少李家后人，她总结了这么一条规律：“李鸿章和他兄弟的下一代还能沾到祖宗的光，当官的不少，办外交的不少，第三代也

（左）李道增和夫人石青

（右）李道增设计的『中国大剧院』模型

基本上可以享受到祖先的遗产，有些人经商了，有些人出国了，到了第四代、第五代，从政的就寥寥无几了，因为出身问题，他们得靠学习改变自身命运，倒是密集地出了许多专业性人才。”

确实，翻看李氏族谱，到了“道”字辈，几乎是一长串卓有贡献的专家名录：高级工程师，桥梁专家，铁路专家，著名医生……他们曾经背负过沉重的历史包袱，有些人甚至在“文革”中受过迫害，但这一辈人都在新的历史条件下，在苦难磨砺中站起来了。

以李道增为例，梁启超与李鸿章之间的渊源，到了后代那里又奇特地续上了。李的后人李道增，成为梁的后人梁思成的门下高足，这也算一种缘分。

李道增是李家老三房李鹤章的后代，曾长期任职清华大学建筑学院院长，工程院院士，是李氏家族中学术地位最高的人物。

1930年，李道增出生在上海跑马厅边曾祖父的豪门大院，三四岁的时候，大家族经济破产，只好变卖老宅，全家几十口搬出来分家另过。走出大宅门的李家人心性依然很高，对孩子的学业尤其抓紧。长期的租界生活，让他们的思想都十分海派，主张学好英语，哪怕没钱将来也要设法让孩子出国留学，而且从小就把孩子送进教会学校。

在清华是另一种严格到冷酷的学术环境。那时清华的老师都是名教授，“上课一律用外国原版课本，每一节都是英文授课”，入学后第一场考试先搞个三分之一不及格，把这些以前全市第一、全省第一的学生全部打蒙，以挫其骄锐之气。李道增就在这样的环境里遇到了授业恩师梁思成。

李道增一生有个最大的遗憾。1958年，国家大剧院的计划一经提出，他就是这个设计项目的主持人，当时正是新中国成立10周年前夕，周恩来总理亲自提出了国家大剧院的计划。清华大学调动了全校精英投入这个国庆献礼的大项目：建筑系、机械系、电机系、土木系等抽调了300名精兵强将，设计方案及图纸全部如期完成。到了破土动工的时候，中央发话：国家经费有限，目前工程不能上马。

这一放就是近40年，十年浩劫中，300人配合完成的、堆得像小山一样的设计图纸，被造反派一把火烧得精光……

“那时没有电脑效果图，全部是手画，要用吹风机来吹干渲染图，一个晚上就只能出一张图，”李道增说，“为了争第一，我们没有一点私心杂念，就是拼命干。”

到了1990年，国家大剧院的项目又被提出来了，李道增代表清华参与其中一个方案的设计。然而这又是一个巨大的空心汤团。

1997年，国家大剧院要动真格的了，李道增在原先1991年方案的基础上，两个月就拿出了模型。这次是国际招标，送到中央首长办公桌上供最后定夺的有3个方案，其中一个就出自李道增之手。

李道增的建筑理念跟梁思成一致，也欣赏北京的故城之美。他认为中国大型公共建筑都讲究对称，而且故宫、天安门是存留在世界人民心中的“中国标志”，在它们旁边建大剧院，就要与这些古建筑协调，避免喧宾夺主，应该“近看有形、远看有势”，不设“虚假空间”。但在评选和后几轮的方案修改时，上级提出了要求：要有“标志性”，“要是国内外所没有的”，“要有说法”。

经过漫长的论证与等待，李道增40年来的国家大剧院设计之梦破灭了，最终入选的是造价几十亿元的法国设计师安德鲁的“水泡”方案——把剧场全部沉入地下，上建一个圆形拱顶——也就是我们今天所看到的中国大剧院，俗称“鸟蛋”。

梁启超家族

郑廷鑫　翁倩　杨潇／撰文

梁启超以“善变”闻名于世。从戊戌年的变法开始，到庚子勤王，再到创办《新民丛报》，宣传“新民”思想，为开启民智鼓与呼。辛亥革命后，他回国参与政治，两次讨伐复辟，再造共和。他继承了晚清思想中儒家经世致用的传统，并将这一传统转变成新的人格和社会理想，在不断的“变”里，其宗旨和目的始终不变，“其方法虽变，然其所以爱国者未尝变也”。

重新打量梁氏家族诸人的命途，可以明显地看到时代的印记：1930年代，东城北总布胡同3号是北平知识界有名的文化沙龙，梁家第二代梁思成和林徽因是这个沙龙的核心；抗战爆发后，梁家兄弟姐妹开始了8年的各自漂泊，最艰辛的日子里，他们也对中国保持着纯洁的信念，对工作保持着最高的热情；新中国成立，梁思懿、梁思礼从海外回到祖国，同船的一些人选择了台湾；“文革”时期，梁思成、梁思顺、梁思达和梁思庄都受到巨大冲击；梁家第三代梁从诫1994年创建了中国第一个民间环保团体“自然之友”，每年他都要在“两会”上发表有关环保的激烈言论……他们的每一个脚印里，都有着这个国家、这个民族的命运的投影，都有着难以磨灭的家族与个体的泪与笑。

梁启超对革命的忧虑在于：以中国之大，国情之复杂，民众之低素质，倘若搞起革命，定会动乱多年，而收拾动乱的人，一定是有极大本领和权术的独裁者，这是他所不愿看到的。

1928年10月12日下午3点，病中的梁启超正在写作《辛稼轩年谱》，恰好写到辛弃疾61岁那年，朱熹去世，辛弃疾前往吊唁，作文寄托哀思。梁启超录下这篇文章中的四句："所不朽者，垂万世名。孰谓公死，凛凛犹生。"这是他的绝笔。

之后，他被送到协和医院抢救，收效甚微。1929年，梁启超卒于北京，安葬在西山卧佛寺，与发妻李蕙仙合葬。这位一辈子都在探求中国富强之道的"行者"，终于停下了脚步。

他的墓碑是长子梁思成、长媳林徽因共同设计的。墓碑上，没有任何表明墓主生平事迹的文字。梁启超曾说："知我罪我，让天下后世评说，我梁启超就是这样一个人而已。"

初识康有为

1890年，在同学陈千秋引荐下，18岁的梁启超拜访了33岁的康有为。此时梁启超已是举人身份，少年得志，康有为却仍是一名监生。

初次见面，两人竟从早上8点聊到晚上7点。梁启超后来追忆这段往事时说，康有为以"大海潮音，作狮子吼"，给了他当头棒喝，觉得以前所学的不过是应付科举考试的敲门砖而已，根本不是学问。梁启超决定拜康有为为师。

此前的梁启超，接受的完全是传统教育。5岁读四书五经，“八岁学为文，九岁能缀千言”，12岁考中第一名秀才，16岁在广东乡试中考取第八名举人，主考官李端棻和副主考官王仁堪都认为他“国士无双”，都有心把妹妹和女儿嫁给他。最后是李端棻把堂妹李蕙仙许配给梁启超。

这个天才少年，18岁入京会试不中，回家路上，在上海买了本《瀛环志略》，才知道世界有五大洲各国。师从康有为，是“善变”的梁启超人生中第一次“以今日之我宣判昨日之我”。梁启超的“善变”是世人的共识，他本人对此也表示认同。

变法前后

对于梁启超的祖父、秀才梁维清来说，孙子最接近光宗耀祖的一次，应该是1898年的7月3日，可惜这时他已经不在人世。这一天，光绪皇帝召见了维新派领袖之一的梁启超。按清代惯例，举人得到皇帝召见，至少也能成为内阁中书。

这次会面并不成功。梁启超不谙官话，将“孝”读成“好”，将“高”读成“古”。皇帝听不懂他的话，大为扫兴，只赏了他一个小小的六品衔。比起康有为与光绪几小时的长谈，梁启超的这次召见非常失败。此后，康有为一直以君王师自居，多少受到此次召见的鼓舞。这也为后来两人思想上的分歧埋下了伏笔。

梁启超第一次投身政治运动，是1895年参与“公车上书”。甲午战争中国惨败，康有为联合3000举人上书请求变法，作为康最得力的弟子，梁启超积极参与了这桩震动中国的大事。

公车上书第二年，黄遵宪在上海办《时务报》，梁启超任主笔，撰写了大量呼吁变法的文章。湖广总督张之洞很欣赏《时务报》，说这是“中国创始第一种有益报纸”。后来，张之洞邀请梁启超到武昌一游，打开中门迎接，甚至问下属“可否鸣炮”。在当时，这是接待钦差大臣的礼节。

1840年鸦片战争后，封闭的中华帝国被迫打开国门。在强大外力的

（左）康有为

（右）光绪与康有为、梁启超

促迫下，寻求强国之路从此成为几代中国知识分子的核心课题。

张之洞以及他所代表的洋务派相信，中国的军事技术不行，于是有了“师夷长技以制夷”；到了梁启超这一代，他们认识到，必须改变文化和政治制度，于是有了“戊戌变法”。

变法提出的各种新政，涉及政治、经济、文化、教育、军事等方面，包括改革官制，裁掉各种无用衙门，废除八股，取消旗人特权，允许平民上书言事等等，每一项改革都将冲击甚至剥夺既得利益者的利益。加上康有为的《新学伪经考》和《孔子改制考》，动摇了传统学者和广大士绅的思想基础，因此，变法受到巨大阻挠并以失败告终，也就不在意料之外。

维新党虽名为改革派，言论却过于激进，连本来可以成为盟友的温和一派都通通得罪。康有为甚至说出“杀几个一品大员，法即变矣”这种书生意气的话。

变法失败后，政局紧张，朝廷大肆捉拿维新党。谭嗣同劝梁启超外逃，因为海外华侨多为广东人，梁启超会讲广东话，便于活动。

伊藤博文也对日本驻华代理公使林权助说：“救他吧！而且让他

逃到日本吧！到了日本，我帮助他。梁这个青年对于中国是珍贵的灵魂啊！”

梁启超剪掉辫子，穿上西服，东逃日本，一去14年。他有一个日本名字——吉田晋，结束流亡回国下榻的第一站，是日本驻奉天领事馆，由此可以看出日本对他的影响和帮助。到他回国的时候，清王朝已经葬身在革命的滔天巨浪之中。

革命与改良

20世纪我们使用频率最高的一些中文词语，比如“政治”“经济”“哲学”“民主”“宪法”“组织”等，都是梁启超最早从日本引入中国的。在日本和欧美流亡期间，他被当作中国新的政治和知识领袖来接待。在梁启超的故乡广东新会茶坑村，至今还流传着一个故事：抗战时期，扫荡的日军经过茶坑村，听说这是梁启超的故乡，就绕道而去，因此保全了整个村庄。

>>1945年6月12日，中华民国参政院合影。二排左八为梁启超

刚到日本的梁启超，曾与孙中山走得很近。他还一度联合康有为的13位弟子写信给老师说："国事败坏至此，非庶政公开，改造共和政体，不能挽救危局。今上（光绪）贤明，举国共悉，将来革命成功之日，倘民心爱戴，亦可举为总统。吾师春秋已高，大可息影林泉，自娱晚景，启超等自当继往开来，以报师恩。"

康有为得知梁启超的革命倾向后，非常生气，立即令其离开日本，到檀香山办理保皇会事宜。表面上，梁启超听从老师的话，离开了日本，不怎么与革命派来往，但在心里，逃离康有为羽翼的想法日渐增长。

梁启超流亡海外十余年，主要靠卖文维生，生活相当清苦。而康有为出逃国外后，声称自己持有光绪帝的"衣带诏"，从东南亚到北美，一路以保皇为名向广大华侨募捐，大肆聚敛钱财，掌握了保皇党捐助的百万美金巨款。梁启超认为，康对自己的接济并不充分，对此颇为不快。

到檀香山组织保皇会后，梁启超又对当地华侨说，他组织保皇会，名为保皇，实则革命。一下子得罪了改良、革命双方，大家纷纷指责他"挂羊头，卖狗肉"。1903年，梁启超到美国游历考察数月后，言论再次大变，从前所深信的"破坏主义"和"革命排满"的主张完全放弃，从"思想上的迟疑不决"，转变为"坚定认同改良主义政治目标"。

梁启超对革命的忧虑在于：以中国之大，国情之复杂，民众之低素质，倘若搞起革命，定会动乱多年，而收拾动乱的人，一定是有极大本领和权术的独裁者，这是他所不愿看到的。

声讨袁世凯，讨伐张勋，与康有为决裂

1905年，日俄战争爆发，立宪成为大势所趋。清政府令五大臣出洋考察宪政，并暗中请身在日本的梁启超做枪手，起草考察报告《世界各国宪政之比较》。梁启超以通缉犯身份流亡海外，却直接介入最高层的政治决策。

辛亥革命爆发，清政府被推翻之后，知识分子大多满怀憧憬。鲁迅曾回忆说，民元之时，他也"觉得中国将来很有希望"。梁启超也回国

了，并介入政权内部的实际操作，自称“非国务大臣不做”，两度出任阁员，先任司法总长，后任财政总长，一战期间还曾参与外交，从“理论的政谭家”变为“实行的政务家”。

对于梁启超在民国的政治表现，许多人并无好评。有人说：“任公当财长，任内未能兴一利，革一弊。”周善培认为原因在于，“任公有极热烈的政治思想、极纵横的政治理论，却没有一点政治办法，尤其没有政治家的魄力”。

民国财政史专家贾士毅在梁启超决意不再做官后拜访他，梁的一段话可看作他告别政治回归学术的原因：“从民国二年秋间参加熊内阁主持司法部，直到民国六年夏天在段内阁担任财政总长，对于政事都没有一件收到积极的效果，可说是自己没有做好，所以也就不愿再发表什么政论，免得给人家说闲话。”

与袁世凯的合作让梁启超背上了“卖朋友，事仇雠”的骂名。起初，他对袁世凯抱有共和及立宪的希望，因此做了袁世凯政府的司法总长，等到洪宪帝制复辟，他又联合自己在湖南时务学堂时的得意门生蔡锷，发动讨袁的护国运动，迫使袁世凯下台。

袁世凯宣布称帝后，梁启超写了著名文章《异哉所谓国体问题者》。袁世凯得知消息后，派人给梁启超送来一张20万元银票，给梁的父亲祝寿，交换条件是这篇文章不发表。梁启超将银票退回。后来他回忆说：“袁世凯太看人不起了，以为什么人都是拿臭铜钱买得来。我当时大怒，几乎当面就向来人发作。”

两年后张勋复辟，康有为是其最依赖的军师。当康有为在《上海周报》上发表《为国家筹安定策者》，公开主张清帝复辟时，梁启超立即发表《辟复辟论》，矛头直指康有为，明确指出此文的实质是“党袁论”“附逆论”“筹安新派”。复辟一发生，梁启超立即随段祺瑞誓师马厂，参加武力讨伐。他不仅代段祺瑞起草了讨逆宣言，而且以个人名义发表反对通电，斥责其师为“大言不惭之书生，于政局甘苦，毫无所知”。

至此，康梁公开决裂，康有为当着梁启超学生的面痛骂“梁贼启超”，并在诗中怒斥其为专食父母的枭獍。1927年康有为去世后，梁启超见他“身后萧条得万分可怜”，赶紧电汇几百块钱，才草草成殓。之后，又戴孝守灵，大哭三日。

“知我罪我，让天下后世评说”

梁启超的最后10年，多在书斋与大学讲坛度过。这时候的他，已经把精力放在培养“新民”上。对于民主制度建设与民主素质教育孰先孰后的问题，他最终选择了改造国民性。

一战后的欧洲之旅，让他对于西方的态度再次改变。他没料到，曾让无数国人艳羡不已的欧洲物质文明，竟在自相残杀中毁于一旦，陷入“一片沉忧凄断之色”。在伦敦，他下榻的高级酒店连暖气也没有，甚至连火柴与糖也成了稀罕物品。好吸纸烟的他，自叹“没有钻燧取火的本领”，“只好强迫戒掉了”。

年近50的梁启超，用了大半辈子的时间，试图从西方的强盛中寻找中国的救亡之道，最终却感叹：“谁又敢说我们素来认为天经地义尽善尽美的代议政治，今日竟会从墙脚上筑筑动摇起来？”“欧洲人做了一场科学万能的大梦，到如今却叫起科学破产来。”又想到，东方文化中重视精神文明的传统，或许可以补救西方过度崇拜物质文明的观念。他又回到自己起步的地方，试图从古老的道统中寻找新的药方。

随着新文化运动对旧文化的批判，向来立于时代潮头的他，似乎成了新时代的遗老。他的身体也每况愈下，家人屡劝就医，总嫌“费事”。直到1926年初，尿毒症加剧，小便中时常带血，才去协和医院治疗。协和当时是中国最好的西医医院，却在梁启超身上进行了一次失败的手术。最初的检查中，医生发现其右肾有一黑点，诊断为瘤，遂以手术割除，但仍未好转。之后才发现，手术割掉的是健康的肾，这是导致梁启超早逝的最重要原因。不到3年，梁启超在协和医院病逝。

手术失败后，舆论一片哗然，反对西医的声音越来越大。梁启超写了一篇题为《我的病与协和医院》的文章，详述了自己手术的经过，公开为协和医院和西医辩护：“我还是继续吃协和的药，病虽然没有清楚，但是比未受手术之前的确好了许多。”

医史学家程之范说：“梁启超主要是考虑到当时西医刚进中国，老百姓对西医还缺乏认识，如果这时对协和医院大加鞭笞，最终吃亏的恐怕是老百姓。”

梁启超的确抱着“愿为众生病”的想法。他说过：“我的乐观，却是从一般人的悲观上发生出来。我觉得这五十年来的中国，正像蚕变蛾、蛇蜕壳的时代。变蛾蜕壳，自然是一件极艰难极苦痛的事，那里能够轻轻松松的做到。只要他生理上有必变必蜕的机能，心理上还有必变必蜕的觉悟，那么，把那不可逃避的艰难苦痛经过了，前途便别是一个世界。”

作为过渡时期影响最为深远的人物，梁启超之死，与谭嗣同的断头类似，或许就是一种不可逃避的艰难苦痛：维护自己所坚持的信念，即使自己是受害者，并为之付出了生命——梁启超一生善变，但“变”的宗旨和目的却不变：“我的中心思想是什么呢？就是爱国。我的一贯主张是什么呢？就是救国。”

（参考书目：《饮冰室合集》，丁文江、赵丰田编《梁启超年谱长篇》，夏晓虹编《追忆梁启超》，勒文森《梁启超与中国近代思想》，张朋园《梁启超与清季革命》《梁启超与民国政治》，桑兵《庚子勤王与晚清政局》，张灏《梁启超与中国思想的过渡》，吴其昌《梁启超传》，李喜所、元青编著《梁启超传》。感谢羽戈的大力帮助）

梁家第二代：遭遇漫长的时代风浪

1927年11月24日，梁启超给留学海外的孩子们写信："有顶好消息报告你们：我自出了协和以来，真养得大好而特好，一点药都没有吃……"

一年多前，他在协和医院接受手术，切掉了一只肾，企盼能将宿病断根，看起来，他的身体状况也确实在往好处走，不过，却"还是睡不着的时候多"。他当然想念孩子们，也当然惦记着"政治问题或学问问题"。

1927年是中国政坛的多事之秋，梁启超在痛感军阀之黑暗的同时，也对南方的革命形势满怀疑惧："现在南方只是工人世界，智识阶级四个字已成为反革命的代名词（两湖、江西大小公私学校完全封闭）……将来我们受苦的日子多着呢，现在算什么！"

他让身边的孩子思达、思懿等休学一年，请人在家上课，期望他们的成长能免遭时局干扰，又叮嘱人在海外的孩子们："你们回国后职业问题大不容易解决，现在那里有人敢修房子呢，学校教授也非易，全国学校除北京，几乎都关门了……我想你们这一辈青年，恐怕要有十来年——或者更长，要捱过极艰难困苦的境遇，过此以往却不是无事业可做，但要看你对付得过这十几年二十年风浪不能？"

梁的9个子女，若按年龄划分，梁思顺年纪最大，出生于1893年；思成、思永、思忠、思庄出生于20世纪初，彼时梁启超正流亡日本，"双涛园群童"日后集体留学北美，成绩斐然；思达、思懿、思宁、思礼均出生于1910年以后，梁启超在世时，他们年龄尚小，没有机会出国。

若按术业划分，思顺并未进过正规学校，而是随父亲接受"家教"；思成、思永、思庄受教于西方，

所学大抵属文史科，文人气质浓厚；思达从南开经济研究所毕业，而经济学这门学问要到他退休若干年后才成为“显学”；思懿、思宁投奔革命；出生于1924年的思礼是梁氏第二代中如今惟一健在者，也是9位子女中惟一的工科毕业生。

梁启超准确地预言了子女将要遭遇的时代风浪，但他并未料到这风浪持续时间竟会如此漫长。

1930年前后，梁家留学海外子女归来

1928年的一个夏日，一列火车从莫斯科缓缓出发驶向西伯利亚。一对美国夫妇在“粗鲁、发臭的旅客群”中发现了一对迷人的年轻夫妇，“就像粪堆上飞着一对花蝴蝶一样”，于是他们立刻开始了热烈的对话。

这对年轻的中国夫妇用流利的英语解释，他们1924年一起赴美留学，在宾夕法尼亚大学学习建筑，毕业后丈夫又到哈佛大学研究生院进

（左）梁启超与思庄、思忠

（右）1920年代，梁启超与思永、思达

修。这一年的3月，他们刚刚在温哥华举行了一场西式婚礼，婚后即遵父亲建议游历欧洲考察建筑。现在，他们正“满载着美国的体验”，急于回到国内“把它们付诸实践”。

和梁思成、林徽因一样，1930年前后，梁家留学海外的子女陆续归来。梁思永获得哈佛大学硕士学位后回国，受邀到中央研究院历史语言研究所（史语所）考古组工作。梁思忠在留学子女中政治热情最高，1927年初他一度想终止学业回国参加北伐，被梁启超劝阻：“这种过度的热度，遇着冷水浇来，就会抵不住。”思忠继续在弗吉尼亚陆军学院和西点军校学习，毕业后回国，加入了国民革命军，很快升任国民革命军第十九路军炮兵上校。梁思庄在加拿大麦基尔大学获文学学士后，考入哥伦比亚大学图书馆系，毕业回国，在北京图书馆及燕京大学工作，后远嫁广东。

1928年8月，梁思成、林徽因回到天津，按照梁启超的设计，他们赴沈阳创办东北大学建筑系。27岁的梁思成出任系主任，上课第一句话便是：“建筑是什么？它是人类文化的历史，是人类文化的记录者。”“九一八”事变之前3年，东北局势相对稳定，梁思成及建筑系

^^梁思成与林徽因

同仁利用这夹缝中的时间，培养了中国最早一批建筑专业人才。

1929年1月29日梁启超的去世，对梁家是一个沉重打击——既是心理上的，又是经济上的。“我们的生活基本是靠他的稿费，他去世以后，家境就下降了，顶多属于中等水平。”（梁思礼自述）17岁的梁思达没能按照原计划赴日本留学，他去读了南开大学商学院经济系。梁思成与林徽因给父亲设计了墓碑，立于北京西山卧佛寺，这成了他们联袂设计并付诸实施的第一件作品。同年，他们的女儿出世，取名梁再冰，以纪念逝去的饮冰室主人。

1931年6月，梁思成回北平加入中国营造学社，定居北总布胡同3号。

1932年淞沪抗战后不久，在前线的梁思忠便因患病贻误治疗去世，年仅25岁。这一年，四处奔走的梁思永也病倒于荒野，一度“性命几不保”，卧床两年才慢慢恢复。

北总布胡同3号成了京城著名沙龙

进入1930年代，东城北总布胡同3号的梁家已是北平知识界有名的文化沙龙。梁再冰记得那是一个两进的四合院，两个院子之间有廊子，正中有一个“垂花门”，院内栽有丁香树和两棵马樱花树，每年夏秋父母都要出去考察古建筑，那一时期，家中的许多照片都同古建筑物有关，“父亲和母亲有时在房顶上，有时在大梁上斗拱之间”。

当他们回到北平时，周末下午就会有朋友来聚。梁思成后来说，从美国回来至1937年，他有意识地避免与政治人物接触，故来客大部分是清华北大南开的教授，讲起话来中英文交织。多数时候，林徽因不让女儿来打扰大人，但会让她出来叫叔叔阿姨伯父伯母，梁再冰现在还记得这些名字：张奚若、钱端升、陈岱孙、周培源、金岳霖、陶孟和、李济、叶公超……

沈从文也常来。“瘦瘦的，鼻子尖尖的，看起来脸很清秀，”梁再冰说，“他比我父亲小一岁，但我父母叫他沈二哥，也不知道为什么。沈从文的夫人张兆和有时也来，长得非常秀丽。”

梁家的沙龙是“英国化”的，牛津剑桥的知识分子有喝下午茶交流学问的习惯，中国这一批留学欧美的自由主义知识分子也愿意在女主人林徽因的招待下，对时局或者文艺问题各抒己见。以政治学教授钱端升为例，他就常常被要求首先发言，给大家讲一讲当前的政局。沙龙进行到了黄昏，就顺道接上饭局，有时去隔壁金岳霖家，主人管饭，众人笑称那里是“湖南饭店”，有时一块儿坐车去外面吃。“我特别记得我父亲对我说过，周培源这个人很怪，他可以在去饭馆的车上写物理公式。”梁再冰笑着回忆。

常来北总布胡同3号的还有梁思成的妹妹梁思懿、外甥女周念慈（梁思顺之女），她们都在燕大念书，又往往带上一些女同学，这其中的龚澎，后来成了共产党的干部，韩素音则成为名扬海外的作家——30多年后，她以采访者的身份与梁思成再次见面，那是谁也不会料到的场合。

周念慈是如此喜欢她的舅舅和舅妈，以至于要夜不归宿，结果被梁思顺半夜接走，这位梁家的大姐临走时“还扔出最后的炸弹”：女儿在这里会染上激进的婚恋观念，有人激进到连婚姻都不相信！这是影射比邻而居的金岳霖。

梁思懿在燕大思想进步，从1935年下半年就开始投身学生运动，还当过燕大中华民族解放先锋队大队长，是“一二·九”运动中的游行领袖。在得知自己上了当局的“黑名单”后，她跑到北总布胡同3号，林徽因连夜为她烫发，给她戴上耳环，涂脂抹粉，又为她换上旗袍，“进步学生”一夜间变成了“少奶奶”，才得以在掩护下逃亡南方。

1936年，梁思永正主持第14次殷墟发掘；梁思庄被伤寒夺去了丈夫，带着年幼的吴荔明回到北平，仍在燕大图书馆任职；梁思达研究生临近毕业，与同学赴各地考察当时正兴起的农村“合作运动”，在“新生活运动”的发源地，也是“合作运动”最具特色的江西南昌县，梁思达等考察后发表报告认为，此“合作化”名为“自愿”，实为“统制”，这无疑是对当局所树“典型”的一声棒喝。

抗战爆发

卢沟桥事变前，梁再冰和三姑梁思庄、八叔梁思礼及小表妹吴荔明在北戴河避暑，梁思成、林徽因则在五台山寻找曾在敦煌壁画上见过的“佛光寺”，得知抗战爆发，梁、林匆匆赶回北平，林徽因还给女儿写信道：“你做一个小孩，现在顶要紧的就是身体要好，读书要好，别的不用管。现在既然在海边，就痛痛快快地玩。你知道妈妈同爹爹都顶平安地在北平，不怕打仗，更不怕日本。”

天津的家里只剩下了祖母王桂荃和六姑梁思宁——五姑梁思懿参加了平津流亡学生集训班，去南京进行抗日请愿，南京陷落前又一路往南到了江西吉安，从事农村妇女教育工作；五叔梁思达考察完“合作运动”后，又参加了由南开、燕京、清华、协和、金陵五大学联办的华北农村建设协进会，到济宁试验区实习，七七事变后没回天津，直接到了南京农本局工作。

梁思庄随后返回北平，与大姐梁思顺住在孤岛燕京大学中，而大多数知识分子选择举家南下，其中就包括梁思成和梁思永。梁家由此开始了8年的各自漂泊。

“炸弹是飘下来的，好像闪闪发光的银片”

1937年8月底，梁思永一家到达长沙，和史语所其他人员一起借住长沙韭菜园圣经学校。一个多月后，梁思成一家经过“上下舟车16次，进出旅店12次”，也抵达这暂时的后方。

抗战初期大家斗志昂扬，甚至带着点兴奋，林徽因、梁思成晚上常去找那些旧日的“星期六朋友”聚餐、聊天，大家就坐在床上聊国家大事，分析到底怎么打，能不能打赢，聊完就唱歌，唱得最多的是《大刀进行曲》。

在长沙，梁、林第一次学着自己动手做饭。梁再冰记得，有一次母亲烧了一壶水，等了半天不知道开没开，就去问梁思成，“我父亲过来就哈哈大笑，说你连水开了没都不知道。我母亲问你怎么知道？他说我当过童子军，野营时烧过开水”。

大概是11月，窗外开始有飞机掠过，梁思成兴奋得跑到阳台上去看，说没有警报，是我们自己的飞机。说话间炸弹就下来了，“炸弹掉下来的时候，并不是我们想象的那样，它像是飘下来的，看着好像是闪闪发光的一些银片。”梁再冰说。

他们的房子没有了，一家5口从玻璃渣和焦土中挖出家当，借住到张奚若家，随后离开长沙，经湘西、贵州向云南行进。

与此同时，梁思达一家随南京农本局内迁重庆，梁思永一家则取道越南，经滇越铁路进入云南。梁思永之女梁柏有时年5岁，对于这段艰苦的旅程，她只记得在越南的一家商店里看到邓波儿式的洋娃娃，大哭非要买下不可，“后来实在没钱了，离开昆明去李庄前又卖了”。

到了湘黔交界的晃县，林徽因突发肺炎，高烧40摄氏度。县城中并没有医院，梁思成从同车的乘客中找到了一位女大夫，她在日本学的西医，但会开中药，梁思成按照她开的药方去抓药。“我记得还买一些中药的补药，每天一对猪肺，再买一百个苦杏仁塞在猪肺里面，然后熬汤，加上蜂蜜一块吃，就这样两个礼拜后，我母亲就完全退烧了。”

梁思成林徽因：不许女儿听汪精卫老婆演讲

1938年1月，甫抵昆明的梁思成也病倒了。他的脊椎间软组织硬化症加重，背部剧烈疼痛，坐也不是，卧也不是，只能日夜半躺在一张帆布椅子上。

3个月后，北大、清华、南开师生经长途跋涉抵达昆明，三校组成西南联大，“星期六朋友”又在这里重逢。清华校长、联大常委梅贻琦登门拜访梁思成夫妇，并请他们为联大设计校舍。这可能是梁思成设计生涯中最委屈的一件作品，因经费不足，方案一改再改，高楼变成矮楼，矮楼变成平房，平房变成茅屋。

抗战前期云南的主要流通货币是滇币，“我们刚到昆明时，1块法币可以换10块滇币，所以买东西很便宜，但是很快就涨起来了，涨得一塌糊涂。”梁再冰说。为了生活，林徽因要来回爬4次山坡，去云南大学教英文课挣钟点费，而梁思永之妻李福曼，和联大许多教授的妻子一样，在小街边摆地摊变卖家中衣物以补贴家用。

梁再冰与梁从诫就读于昆明的恩光小学，梁再冰读四年级。有一天，学校里来了一个叫陈璧君的广东女人要给学生演讲。当时梁再冰并不知道她是汪精卫的妻子，只是清楚地记得，父母坚决不让她去听这次

>>1932年，林徽因与子女，梁思成摄

演讲。“当时我还跟他们辩，说同学都去了，为什么我不能去？他们说就是不能去。第二天他们又问我，除了我还有谁没去？我说我们班就我和张文朴（张奚若之子）没去，他们就笑了。”

1940年夏，日军施行“疲劳轰炸”，频繁骚扰昆明，梁从诫撰文回忆：“有一次，日本飞机飞到了龙头村上空，低到几乎能擦到树梢，声音震耳欲聋。父亲把我们姐弟死死地按在地上不让动。我清楚地看见了敞式座舱里戴着风镜的鬼子飞行员，我很怕他会看见我，并对我们开枪。”是年冬，根据教育部指令，史语所和营造学社迁往四川南溪县的李庄，一个“地图上找不到的地方”。

梁思永的助手石璋如记得：“梁先生在昆明时，他骂昆明的气候，不冷不热，造成人们不死不活，没有一点进取心。迁四川后，夏天闷热，冬天湿冷，称得上有刺激性。”结果林徽因和梁思永相继病倒。

林徽因是老病复发，肺结核这次来得比往年更加凶猛，连续几周高烧不退，夜间盗汗不止，“李庄没有医院，她瘦得简直可以说不大像个正常的人，手、腿就剩骨头棒棒了。”梁再冰说。而梁思成尚滞留在陪都重庆。后来梁再冰才知道营造学社经费非常困难，父亲是去向教育部要拨款的，“他说他当时就是个叫花子，经常要去化缘”。

这一病，林徽因元气大伤，李庄5年基本是卧床度过，后来抗战胜利返回北平，身体也从未真正康复过。

不顾脊骨硬化　梁思成撰写《中国建筑史》

1941年年底，太平洋战争爆发，在北平，燕京大学不再是安全的飞地，教职员工纷纷撤离燕园，日军禁止民众收听短波，挨家挨户查收音机。当时梁思庄与大姐梁思顺同住，梁思庄之女吴荔明回忆：“查到我们家时，大姨用高级日语严厉地说：‘不许你们动我的无线电，不然我就把它砸烂！’”日本兵听到这日本宫廷语言，不知是何来头，只好作罢。不久，梁思庄带着吴荔明随燕大南迁，到了成都。

在天津，梁思礼高中毕业，王桂荃的好友丁大夫为他在美国明尼苏达州的嘉尔顿学院申请到了全奖，王又费了很大力气凑足400美元给小儿子作为路费和其他开销。

在上海，梁思懿与美籍华侨张炜逊结婚，梁思礼参加了姐姐的婚礼，并跟着他们一起去了美国。刚到美国半个月珍珠港事件爆发，美日交战，梁思礼与国内失去一切联系。

在江苏，投奔新四军的梁思宁加入中国共产党。

在重庆，梁思达进入银行界，就职于重庆中国银行总管理处业务室。

仍是李庄条件最苦。梁思成的背脊骨已全部硬化，好像成了一根棍儿，虽然行动不便，反倒不太疼了，于是开始撰写《中国建筑史》。在给好友费正清夫妇的信中他这样描述自己的生活："在菜油灯下，做着孩子的布鞋，购买和烹调便宜的粗食，我们过着我们父辈在他们十几岁时过的生活但又做着现代的工作。我的迷人的病妻因为我们仍能不动摇地干我们的工作而感到高兴。"

可是，在女儿梁再冰的讲述中，他们的工作褪去了那层浪漫的色彩："他仍然酷爱画图，由于背脊骨的毛病，他的头已经'重'得抬不起来，于是他就找个花瓶来支撑自己的下巴。母亲病情略微稳定后就开始阅读《史记》和《汉书》，以便协助父亲写作《中国建筑史》。"

吴荔明随母亲去李庄看望二舅三舅，发现二舅还是那样乐观和幽默，"当物价飞涨家中揭不开锅时，他就不得不把家长衣物拿去当卖，还开玩笑地说把这只表'红烧'了吧！这件衣服可以'清炖'吗？"

1942年4月18日，傅斯年给教育部长朱家骅写信，请求他为身处困境的梁氏兄弟拨款。"……梁任公之后嗣，人品学问，皆中国之第一流人物，国际知名，而病困至此，似乎可赠以二、三万元。国家虽不能承认梁任公在政治上有何贡献，然其在文化上之贡献有不可没者，而名人之后，如梁氏兄弟者，亦复甚少！"得到这笔拨款后，思成、思永两家的生活得到相当改善。

梁思成："我们围着毛主席高唱国歌"

1945年8月抗战胜利，次年，流散在外的梁氏兄妹陆续返回北平，"因为是从南方飞回来的，一下飞机就觉得北京脏极了，尘土飞扬，大家都蒙着纱巾。"梁柏有说。

1946年，梁思成受邀赴耶鲁大学讲学。1947年6月，意外接到林徽因病情恶化需要手术的电报，他立即动身返回北平。临行前，他将自己用英文所著的《图说中国建筑史》插图部分交给好友费慰梅（费正清之妻）保管，手稿则全部带回。他准备做最后修订，再寄到美国出版。不久北平解放，中美断绝联系，手稿再也没有寄出。要等到1984年，这些手稿才连同配图在美国首次出版，而梁思成已经看不到了。

林徽因手术后身体有所好转，梁家著名的"午后茶聚"又得以恢复，客人仍少不了金岳霖、张奚若、陈岱孙等，因梁思成在清华任教，又增加了清华建筑系的师生。吴良镛先生回忆说："每天中午以后，大概三四点左右，梁家都要准备饼干、花生米之类的茶点，客人是变动的，高兴就来，有事就走，主持人无疑是林徽因，政治社会美学文学无所不谈，也包括对时局的批评。"

1949年终于到来的时候，梁氏兄妹都是翘首以盼的。梁思永卧床不起，但是每天都抱着他那台美国产的收音机收听解放军前进的消息；人在长沙的梁思达也在做同样的事情，梁忆冰清楚地记得，他总是很小声地说"解放军又到哪儿哪儿了"；梁思成一度以为解放军会很快进驻清华，但听到他们说"大学是念书的地方，军队不入驻"时，不禁大为感动。1950年，梁思庄带着儿子吴荔明去香港看望公公。"我祖父希望我们留在香港别走了，以后去美国。其实我妈妈西方习惯还有，再回美国生活完全没问题，但她没有答应……她当时还给她的好朋友写信，动员很多人回国，比如化学家傅鹰，她那时是真心的。"

在美国，梁思懿和梁思礼也面临着同样的选择："所有要回国的学生都面临两种选择，去台湾还是去大陆？"在驶往香港的轮船上，进步学生听到新中国成立的广播，欢欣雀跃，广播中说国旗是五星红旗，学生们不知道五星如何放置，就找出一块红布，中央放一颗大黄五星，四

>>1947年，梁思成在纽约介绍他所设计的联合国大厦方案

角各放一颗小五星，在船上开了庆祝会。船抵香港后，部分学生转往台湾，梁思懿和梁思礼搭船北上天津，与家人团聚。

1949年4月，梁再冰参加四野南下工作团，随部队南下一年，“当时常和父母通信，一年后回家，还担心他们的思想和我的有差距，结果发现他们也非常积极”。

梁思成1949年9月30日写给女儿的一封信可为佐证，这封信是他在前一日参加了第一届政协第8天的会议后写的：

“我得以参加这个开国盛典，实在感到光荣与兴奋。当两个月前我设计改造中南海怀仁堂会场时，实在也想不到自己会来坐在这代表席上的……三个历史性的文件……真是三个真正民主真能代表全国人民意见的文件。

“当晚散会之前，我们围着毛主席高声同唱第一次的‘国歌’，高兴兴奋无比。那是最可纪念的一夕。

“我几个礼拜来，整天都在开会……四面八方去拉建筑师来北京，

<<梁思宁夫妇与长子在1950年代（吴荔明教授提供）

组织公营建筑师事务所，组织都市计划委员会的企划处，等等，技术工作全由妈妈负责指挥总其成，把你的妈妈忙得不可开交，我真是又心痛，又不过意，但是工作一步步的逼迫着向前来，紧张兴奋热烈之极。……妈妈瘦了许多，但精神极好。”

林徽因：“你们拆去的是有着八百年历史的真古董！”

新中国成立后头几年，梁氏兄妹都处在忙碌兴奋的状态中：梁思庄在北大图书馆任职，负责西文编目；梁思成参与了国徽和人民英雄纪念碑的设计，还与陈占祥联合提出了著名的“梁陈方案”，自费刊印一百多份报送上去，希望勿将行政中心放置在旧城之中；梁思达先在政务院外资企业局，后来调到中央工商行政管理局；连卧病在床的梁思永，他的家中也是各路客人络绎不绝。

梁思懿随丈夫分配到山东，一度在齐鲁大学任女部主任，1951年给三姐梁思庄来信，讲述了新时代的气象：“燕京已经改为国立，这里的师生都很羡慕，也向着这个目标努力。我们学习政治虽然是强迫与志愿结合，开始时，是强迫的意味多于志愿，现在从出席人的踊跃来看，二者已经近乎相等了。”

梁思宁也在山东，她丈夫章柯常年从事革命工作，梁氏兄妹一度有点不知如何与他相处，倒是章柯非常大方地给梁思庄写信：“很早就听说三姐是一个很和蔼，长期从事燕京图书馆工作的人，在学识及为人上都很好，像你这样的人才在新中国的建设中是很需要的，尚望努力在工作中加强政治学习，提高自己改造自己，前途非常光明的。”

兴奋之余又带着苦恼。“他们最大的苦恼似乎是不能同有关方面领导在思想上取得一致。”梁再冰说。1953年，一股要扫掉北京古建筑的思潮开始兴起，梁林等专家激烈反对，林徽因强撑病体去找北京市领导：“你们拆去的是有着八百年历史的真古董……将来，你们迟早会后悔，那个时候你们要盖的就是假古董！”尽管如此，对城楼、城墙和牌楼的拆除还是在随后大规模展开。

1954年4月2日，梁思永病逝。临终前，他对妻子李福曼说：“我不奋斗了，我奋斗不了啦，我们永别了！”

1955年4月1日，林徽因病逝。此时，对梁思成“复古主义思潮”（所谓“大屋顶”）的批判已是山雨欲来风满楼。5月27日，梁思成写下“大屋顶检讨”反思自己：“我认为党对革命是内行，对建筑是外行。我竟然认为这个领导六亿人翻了身的党不能领导建筑……我像一个对学校没有信心的母亲一样，‘不放心’把自己的‘宠儿’‘建筑’交给党……”

这时的梁思成还只是困惑，并未被击垮。他的学生萧默说，记得有一次梁先生来到系馆，戴着宽边礼帽，我们一帮同学像孩子似的围着他，梁先生诙谐地指着帽子自我介绍说：“我就是梁思成，你们只要看这顶帽子就能够猜着了，也是个‘大屋顶’。”

也是在这段时间，农业合作化的浪潮席卷中国，梁思达人在经济部门，却再无机会考察合作化政策，更不用说批评和检讨。“他们就跟我说，你爸爸吃亏在他学的不是自然科学，学的是经济，这在比较左的年代属于资本主义的一套。”梁忆冰说。

1956年，国家制订十二年科学规划，五院（导弹研究院）成立，梁家第二代中惟一的工科毕业生梁思礼参与其中。

梁思顺：“我要给毛主席写信，毛主席相信我没罪！”

“文革”以前，梁家每逢母亲王桂荃过生日，或者家里有什么大事，都要聚会。有时在母亲家，有时在西单附近的四川饭店。梁忆冰说：“二叔梁思成要是在，基本上就是他说话，他爱讲笑话，特别有意思。”

“三姑梁思庄也是特开朗的人，放暑假，三姑把我们接到中关村她家去玩。梁家人都爱音乐，我们就去翻她的唱片，听莫扎特的《土耳其进行曲》什么的，我三姑回来看到了，不但不嫌我们小孩烦，还说孩子们我们时装表演啊，就放着音乐，换上旗袍从这头走到那头。”

“文革”来得太快了。

梁思成自受批判以来，“除了‘任务’，没有写过任何有关建筑问题的文章，以为这样总可以不至于再犯错误了”，但还是在1967年成为“混进党内的右派”，并在次年被正式定为“资产阶级反动学术权

1938年，梁思顺与子女摄于北平，后排左起周有斐、周念慈、周同轼，前排左周嘉平

威”，屡遭抄家和游行示众。

梁思顺70多岁了，4个子女或在国外，或流放，或被批斗，都不在身边，红卫兵不许保姆给她做饭。“弟弟妹妹当时也自顾不暇，我同学是她邻居，听说她当时爬在地上，很惨。”梁忆冰说。红卫兵鞭打她时，这位与毛泽东同龄的老人说：我要给毛主席写信，毛主席相信我没罪！1966年，她死在自己家里。

1968年，梁忆冰下乡前去看望祖母王桂荃，走到西单手帕胡同，一拐弯就看见祖母家的窗户纸破了，在风中飘啊飘的。“我看她不在，把我给急的，到处找，后来才知道是被我堂叔接去了。那时她已经得了痔疮，起不来了。”这一年，王桂荃孤独地死在家里，没有子女来向她告别。

梁思达被派到下面的各生产队记账，1971年返回北京时，被迫退休。“一直退到街道，而不是退到本单位。反正这件事情对他来说，一直有心结，去世前一周还在说这件事。”梁忆冰说，父亲被压抑了很多东西。

在北大，梁思庄被抄家3次，因为她说过北大图书馆某领导“只会务虚不会务实”，为此做了无数检查。“有一次，红卫兵把学校的很多善本书线装书放在现在那个大讲堂门口烧，然后把我妈妈押去看。”吴荔明回忆，“红卫兵斗她，让她穿着旗袍拔草，我也只能远远地看着，非常害怕他们打她。”

梁思庄被关在28号楼，每天排队打饭都要偷偷看看墙上的大字报，回家后她笑着对吴荔明说：“他们把我和杜勒斯挂上钩了，多有意思，这辈子第一次有人把我的身价抬得这么高！”

吴荔明的儿子杨念群出生于1964年，上小学时还是“文革”时期，整天拿着红宝书背毛主席语录。梁思庄就拉着外孙和其他3个小朋友，给他们讲英文，讲地理。“她拿着乒乓球，指着那接缝告诉他们什么是赤道，”吴荔明说，“这4个孩子最后都考上了好大学，都很有出息。”杨念群现在是中国人民大学清史研究所的教授。

只有梁思礼受冲击较小。“1968年，我院703所所长姚桐斌被打死，周总理立即指示要保护6级以上的高级工程师。为保护我们，要求我们每天参加科研工作后不能回家，把图书馆一层楼的一半腾出来让我们集中吃住，家里送饭。门口有解放军站岗，谁也不许碰，造反派也没法来揪了。”

梁启超在世时，曾给孩子们写信，希望他们不要浪费光阴，过早卷入国内左与右的争斗，结果换了人间，他的子女却还保持着对政治的天真。梁思庄看不惯图书馆一些人只搞政治，不搞专业，就对女儿说：我比党员觉悟还高，我得给党员做思想工作！整风运动后梁思成写了入党申请，却对入党程序一窍不通，“竟把申请书直接交给周总理转毛主席”。

1966年开始的批斗，比1955年猛烈得多，在一轮轮的揭发、检查、游街中，梁思成的身体先垮了，尔后他又失掉开朗幽默的性格，变得沉默、胆怯，又时时对续弦林洙的子女充满愧疚（他们有一个反动学术权威的后爸）。1969年1月26日，清华大学召集全校师生宣读毛泽东圈阅的《坚决贯彻执行对知识分子“再教育”“给出路”的政策》（后来称之为“清华经验”），这份文件总结对待知识分子的5种政策，其中第4条是针对“资产阶级反动学术权威”的：“……在批了以后，不再让他们在校、系等各级领导岗位上当权，当教授的头衔可以保留；身体好，能做点事情的（如钱伟长）要用，他那一套体系必须砸烂，但在分体上，还有用，应有可取。年纪太大，用处不大的（如梁思成、刘仙洲），也要养起来，留作反面教材。”

从那天起到2月27日，“用处不大的”梁思成在日记本上没写过一个字。

当年10月7日，住在北京医院的梁思成接受了一项重大政治任务——接受英国作家韩素音关于“文化大革命”的采访，组织一再叮嘱他“想到什么就谈什么”，“千万不要像检讨似地谈话”，但他还是失败了。他的谈话只剩下空洞的政治口号。30多年后再次相逢，那个诙谐风趣的梁思成彻底不见了。

1972年1月9日，梁思成去世。

1978年12月，梁思庄复职。在北大，每天人们都看见这个满头白发的老太太，骑着一辆蓝色的小轮子自行车，和上班的人流一起前进。

1983年，梁思宁恢复党籍。早在1948年，她就因为是梁启超的女儿被开除出党。

1987年，国家科委追授梁思成国家自然科学奖一等奖。

1993年，已是火箭专家的梁思礼当选中科院院士，这是继1948年思成、思永兄弟当选中央研究院第一届院士以来，梁氏第二代中的第三位院士。

2004年，为迎接奥运会，北京重修永定门城楼。

梁思庄去世于1986年；梁思懿去世于1988年；梁思宁去世于2006年，她说，我要悄悄地来，悄悄地走；梁思达去世于2001年，老人晚年喜欢看《国家地理》，喜欢看《猫和老鼠》，住在女儿梁忆冰家的时候，尽管腿脚不便，也总想做点事情，“我晾的衣服，他每次都抢着要去收”。

梁思庄和梁思达的后人都希望他们写一点回忆录之类的文字，姐弟俩总是拒绝，不约而同。

（感谢吴荔明、梁再冰、梁忆冰、梁柏有、周有斐、许维馨诸位老师接受访问。参考书目：吴荔明《梁启超和他的子女们》，罗检秋《新会梁氏：梁启超家族的文化史》，窦忠如《梁思成传》，林洙《梁思成，林徽因与我》《建筑师林徽因》，陈学勇《莲灯微光里的梦：林徽因的一生》《梁启超家书》《一个火箭设计师的故事：梁思礼院士自述》，张朋园《梁启超与民国政治》，张灏《梁启超与中国思想的过渡》）

陈独秀家族

徐琳玲/撰文

1933年4月20日，国民党江苏高等法院对陈独秀“叛国罪”案进行第三次公开审判。

在章士钊为他做了长达53分钟的辩护后，陈独秀站在被告席上要求自辩，并发表了自撰的《辩诉状》，对自己三十多年的追求和革命生涯做了一次自我总结。

“弱冠以来，反抗清帝，反抗北洋军阀，反抗封建思想，反抗帝国主义，奔走呼号，以谋改造中国者，于今三十余年”；五四以后，他组织中共之“终极目的”，是“实现无剥削无阶级人人‘更尽所能，各取所需’的自由社会”。

这是陈独秀一生中第5次也是最后一次被捕入狱，距他1919年因在北京新世界商场散发传单的第一次被捕，已14年整。这14年间，他从“新文化运动”统帅，到中国共产党“开山鼻祖”，到头号“右倾机会主义分子”，再到中国“托洛茨基派”首领，大起大落。

他自认，“我的一生差不多是消耗在政治生涯中”，并且以“失败”告终。

陈独秀：一生都消耗在政治中

一根南瓜藤爬在门上，几朵黄花兀自绽放。

东城区箭杆胡同20号门口蹲着一对小石狮子，斑驳的紫黑门开了半扇。从门缝朝里望去，能看到过道里一侧堆积着各类杂物，一侧停着自行车。一个光着膀子的男子走了出来，看到陌生人，“砰”地一声关上大门。大门右手贴着牌子：“居民住宅，谢绝参观。”

这是陈独秀在北京的故居。从1917年初到1920年初，他偕第二位妻子高君曼租下了这座院落，这里也是《新青年》的编辑部，胡适、钱玄同、刘半农、沈尹默、周作人等人经常到这里讨论、争辩。在陈先生的倡导下，以“民主”与“科学”为旗号的新文化运动开始了。

选学余孽，康党，“乱党”

千里之外，安庆老城喧闹、破败，窄窄的老街上，小摩托随时飞驰而过。

这个如今显得有些落后的古城，曾是中国近代化的开端之地。清咸丰十一年，湘军攻占安庆后，曾国藩即着手建安庆内军械所，由此揭开了洋务运动的序幕。

光绪五年，陈独秀出生于安庆一诗书寒门。祖父陈章旭是廪生，为人精明强干。咸丰年间，太平军占领安庆，他与长子衍藩投笔从戎，后获“以盐提举衔候补知县”的空缺。陈独秀生父衍中是陈章旭第三子，衍中33岁客死苏州，那年陈独秀3岁。后因其叔父陈衍庶无子，他过继到四房做了嗣子。陈衍庶举人出身，官运亨通，从知县升至道员，由宦致富。

陈独秀6岁跟着祖父读书。陈章旭在家族中被唤为“白胡子爹爹”，素以威严著称，对天资聪颖的陈独秀管教尤为严格，背不出经书，就拿板子打他。每次被打，他总是倔得不出一声。祖父不止一次骂道：“这个小东西将来长大成人，必定是一个杀人不眨眼的凶恶强盗，真是家门不幸！”

光绪二十二年（1896年），陈独秀参加秀才资格考试，勉强过了县试和府试。院试时，考题是“鱼鳖不可胜食也材木”。他把《昭明文选》中所有鸟兽草木的难字和《康熙字典》中的古文拼凑到一起，“不管三七二十一地填满一篇皇皇大文”。捷报传来，陈独秀被取为院试第一，寡母查氏高兴得几乎掉泪，陈独秀却由此“更加一层鄙薄科举”。

1897年8月，陈独秀随大哥庆元赴南京参加江南乡试。他们背了考篮、书籍、文具、烧饭用的锅炉和油布，挤进脏乱的考棚里。天气奇热，在高墙围住的号门里，士子们熬过3场9天的考试，自己生火做饭。陈独秀吃着半生不熟的怪面，晚上睡在考棚里。

乡试期间，他看到一位从徐州来的大胖子一丝不挂，踏着一双破鞋，手里捧着试卷在巷子里走来走去，摇头晃脑地读着他的文章，念到得意处，用力把大腿一拍，跷起大拇指说：“好！今科必中！”这副怪异的考生形象强烈地刺激着陈独秀，“我看呆了一两个钟头，联想到这班‘动物’得了志，国家和人民要如何遭殃……由此又联想到国家一切制度，恐怕都有这般毛病”。

他在《实庵自传》中说：“这便是我由选学余孽，转变到梁康派之最大动机。一两个钟头的冥想，决定了我个人在往后十几年的行动。”

南京乡试期间，陈独秀结识了来自安徽绩溪的秀才汪希颜。汪习读新学，崇尚维新，此时刚入南京江南高等学堂陆师读书。从此，陈独秀开始接触维新思想，并和汪希颜的胞弟汪孟邹等安徽维新派人士往来密切，常常在一起讨论康梁文章。

乡试后，陈独秀撰写了第一篇政论文章《扬子江形势论略》，向政府献策。洋洋洒洒近万字长文中，他分析了扬子江的地理、人文和军事设防问题，提醒清政府和海内有识人士认清国家的严峻形势，并采取相应的救国措施。

<<1902年在日本成立青年励志社，二排蹲者为陈独秀

1900年，八国联军侵占北京。随叔父在东北做官府书记的陈独秀大受震动，由此萌生留学念头。1901年，他第一次东渡日本，就读于东京高等师范学校。不久，他和留学生潘赞化等人一同加入旅日学生进步团体——励志社，后因与章宗祥、曹汝霖等"稳健派"分歧扩大而脱离该组织。接着，他又加入留日学生中最早的民主主义革命团体青年会，结识了黄兴、邹容、陈天华、章太炎等人。

清廷为了管束这些不安分的留日学生，特派遣学监姚煜到日本。陈独秀想教训这个专与他们作对的学监，和几位同道潜入其家，由张继抱住腰，邹容捧头，陈独秀挥剪，剪去了他的辫子。事发后，清政府出面要求日方警察抓捕闹事者，陈独秀等人随后回国避风头。

1903年，沙俄背约，拒绝撤军，企图长期霸占东三省。消息传出后，上海、东京出现了拒俄运动。这一年，许多新式青年转向了民族主义立场，接受"排满革命"的思想。陈天华的《猛回头》和《警世钟》、邹容的《革命军》、章太炎的《驳康有为论革命书》开始热销。

回故乡后，陈独秀与几个新派学生组成青年励志社，发起安徽首次拒俄大会。在藏书阁，陈独秀当众发表爱国演说，抨击清政府与俄签订辱国密约。

两江总督端方密令安徽巡抚缉拿"首要分子"，陈独秀逃亡上海。

此时，因“苏报案”入狱的章士钊已获自由，随后创办更为激进的《国民日日报》，邀请陈独秀参与编辑事务，日日宣传“排满”。

《国民日日报》停刊后，陈独秀再次回到家乡，与留日学生房秩五和吴守一共同创办了《安徽俗话报》。这是皖省第一份白话报纸。

陈独秀寄居在科学社小楼上，日夜梦想着革命大业，臭虫爬满了衣服和被褥，也感觉不到。他以“三爱”为笔名撰写了许多政论，观点激进，吸引了大量读者。

在“排满”情绪的推动下，立意推翻清政府的革命党团体开始以“鼓吹、起义和暗杀”为手段，蔡元培、章士钊都曾卷入其中。当时，黄兴回国组织华兴会，谋划在慈禧寿辰时起义。在章士钊的邀请下，陈独秀从芜湖到上海，正式参与暗杀活动，天天和杨笃生等人实验炸弹。

1905年春，杨笃生又组织了北方暗杀团，派吴樾狙击出洋考察宪政的“五大臣”。吴樾回乡安排家事，路经芜湖，与陈独秀在科学社小楼上密谋。同年10月24日，吴樾在北京火车站实施暗杀行动，因火车起动时猛烈震动，炸弹自行爆炸，殉难。

暗杀“五大臣”事件后，陈独秀对这种革命方式产生了怀疑。他不再参加暗杀活动，而是联合芜湖安徽公学和安庆武备军的革命力量，与柏文蔚、常恒芳等人秘密组建了革命团体——岳王会，出任会长，从此投身“科学的革命运动”。岳王会后来与同盟会建立了联系。

多年后，陈独秀谈到暗杀，说那“只是一种个人浪漫的奇迹，不是科学的革命运动，科学的革命运动必须是民众的、阶级的、社会的”。

1911年10月10日，武昌起义成功。不久，安徽新任都督孙毓筠拍电报，邀请陈独秀担任都督府秘书长。

12月，陈独秀偕妻高君曼取道上海回到安庆，第二年1月正式就任。孙毓筠比陈独秀大10岁，原为清廷旧官僚，好佛学，还有抽大烟的爱好，许多政事都落到陈独秀肩上。他大刀阔斧搞革新，常与同事发生口角。

1913年3月20日，宋教仁在上海遇刺。讨伐袁世凯的二次革命开始，皖督柏文蔚宣布安徽独立，并出任皖省讨袁总司令。陈独秀随柏回到安庆，协助讨袁，并起草《安徽独立宣言》。

二次革命失败。陈独秀被袁任命的皖督通缉，逃到上海，开始了流亡生活。安庆的老家被抄，两个儿子延年和乔年闻讯脱逃，亲侄永年被抓。

1914年，在章士钊的邀请下，陈独秀第五次赴日参与政论性杂志《甲寅》编辑事务。虽然过着“穷得只有一件汗衫，其中无数虱子的生活”，他的精神却再次振奋起来了。他结识了李大钊，开始用“独秀”这一笔名撰写政论文。

在引起巨大反响的《爱国心与自觉心》一文中，他认为：中国人把国家和社稷、忠君等同，无丝毫自由权利与幸福。国家目的是在保障国民权利，共谋幸福。救国之道在于提高“国民之智力”，把中国人的思想引入现代化。

从“救亡”思想出发，这位“康党”“乱党”的组织者和宣传家开始“转向”，走向文化启蒙运动。

（上）《新青年》的前身《青年杂志》
（下）《新青年》第五卷第三号

新文化运动统帅

1915年，陈独秀从日本回来后就着手筹办《青年杂志》。他明确指出：中国要进行政治革命，必须从“思想革命开始”，“要改变思想，须创办杂志”。

9月15日，《青年杂志》正式出版，并从第二卷起改名为《新青年》。

关于为何办《新青年》，陈独秀认为：当

时的中国人“真心知道共和是什么，脑子里不装着帝制时代旧思想的，能有几人？”“要巩固共和，非先将国民脑子里所有反对共和的旧思想，一一洗刷干净不可”。他还提出20年不谈政治，要在此时间里造成巩固共和的“国民总意”。

创刊号上，他撰写了第一篇文章《敬告青年》，在这篇后来被人视为新文化运动宣言书的文章中，他扛起了“民主”和“科学”两面大旗，由此拉开新文化运动的大幕。

《新青年》以猛烈的炮火抨击封建专制主义、旧思想和旧道德。陈独秀与当时尚在美国留学的胡适通信，在他的诱导下，胡适在《新青年》发表《文学改良刍议》，开启了“文学革命”。

陈独秀身边聚集起了一批有着新思想的青年知识分子撰稿人：李大钊、胡适、吴稚晖、马君武、苏曼殊、鲁迅、周作人、钱玄同、蔡元培、傅斯年，以及笔名“二十八画生”的毛泽东。

《新青年》迅速成为全国思想文化界关注的焦点，陈独秀也成为向往新思想的青年心目中的精神领袖，全国出现许多效法《新青年》的杂志和社团。中共早期领袖周恩来、刘少奇、恽代英、邓小平等都受到《新青年》的巨大影响。

当时还是湖南省第一师范学生的毛泽东也是《新青年》的粉丝，他给杂志投稿，并组织新民学会，创办《湘江评论》，后到北京专门拜访陈独秀。他说：“我特别爱好胡适、陈独秀的文章，他们代替了梁启超和康有为，一时成了我的模范。”

1917年，蔡元培出任北大校长。获正式任命的当天上午9时，他赶往陈独秀住处，邀他做北大文科学长。陈以要回上海办《新青年》推辞，蔡元培表示“可以把杂志带到学校里来办”。陈答应了，《新青年》编辑部从上海迁到北京。

随后，陈独秀把新文化运动的一批战将也带进了北京大学，其中有李大钊、胡适、周作人、鲁迅、钱玄同、刘半农等。

1918年11月11日，第一次世界大战以协约国胜利宣告结束。中国也是协约国成员之一。第二年春，以美、英、法为首的“协约国”在巴黎和会上拒绝了中国代表提出的取消“二十一条”以及取消列强在华特权的要求。由北京青年学生游行抗议开始的五四运动的导火索被点燃了。

严峻的国内政治局面，使得陈独秀再涉政治。1918年12月22日，他和李大钊等人创办了政治时事性评论刊物《每周评论》。

新文化运动声势浩大地开展起来后，守旧势力的反攻也趋于激烈。因为陈独秀的言论最为激烈，他所受的人身攻击也就最多。论敌们在思想观念上攻不倒陈独秀，便在陈的私生活上大做文章。北京的“御用报纸”对其“丑闻细节”大肆渲染，让北大一些上层知识分子对陈感到不满。

一心保护陈独秀的蔡元培承受着越来越大的压力。1919年3月26日夜，蔡元培和汤尔和、马叙伦、沈尹默等在汤家开会，讨论陈独秀的去留问题。会议一直开到午夜，蔡元培主张保护陈独秀，汤尔和却极力主张清除陈独秀，马、沈二人则附和汤。

4月8日，蔡元培召集文理科教授会议，通过文理科教务处组织法，以“教务长代替学长”，废除了北大学长制。陈独秀被不动声色地解除文科学长职务，但仍保留教授职位。

6月11日，陈独秀因在新世界商场散发反政府传单被捕，胡适、李大钊等社会各界人士和诸多团体竭力营救。陈独秀在狱中关了83天，后被朋友们保释出狱。

16年后，胡适与汤尔和就此事在信中展开争论。谈到“3·26”会议时，胡适说：“独秀因此离开北大，以后中国共产党的创立及后来国中思想的‘左倾’，《新青年》的分化，北大自由主义者的变弱，皆起于此夜之会。”

胡适认为，如果陈独秀当初留在北大，留在那帮信仰自由主义的老朋友身边，思想就不会十分“左倾”，也不会成为中国共产党的创始人，后面的一切事都不会发生；新文化运动也不会成为脱缰野马，造成中国社会思想政治的巨大分野。

出于自己的政治信念，胡适对这次会议永不原谅。

但在汤尔和看来，陈独秀乃“不羁之才”，无论留在北大与否，其思想都必然走向左倾。

按警方规定，保释后陈独秀只能在北京活动。但1919年底至翌年初，陈独秀未经警方许可即到武汉做学术讲演，回京后警察找上门来。李大钊闻讯抢先赶到火车站接陈独秀，陈先是躲到胡适家，后又躲到李大钊家，再后来，李把陈独秀化装成商人，坐骡子逃出北京，在李的河北老家躲了几天后，两人乘车南下上海。

这次的被捕、逃亡和失业，对陈独秀的思想和情感产生了很大的影响。按胡适的说法，逃回上海之前，陈独秀其实并无明显的左倾倾向：“事实上，陈独秀在1919年还没有相信马克思主义。”

逃回上海后，“陈氏又碰到了一批搞政治的朋友——那一批后来中国共产党的发起人”。1920年4月，共产国际派代表维经斯基等来到北京，与李大钊接上了头。经李介绍，维经斯基等人到上海找到陈独秀，并向陈独秀建议组建共产党。陈欣然接受建议，立即着手进行创建中国共产党的工作。

从1920年9月起，《新青年》改组为中共上海发起组的机关刊物。第8卷第1号《谈政治》一文中，陈独秀明确表示拥护马克思主义的态度和革命立场，宣布“承认用革命的手段建立劳动阶层的国家，创造那禁止对内外一切掠夺的政治、法律，为现代社会第一需要”，并从第1号起设立“俄罗斯研究”专栏。

建党伟业

1919年春，当俄共（布）领导的第三国际了解到中国国内自五四以来激烈的社会政治斗争情况，决定派人前来“访问领导五四运动的人物”。1920年，共产国际代表维经斯基抵达北京。

与此同时，中国报刊登出了苏俄友好的对华宣言。宣言声称取消一切沙俄时代与中国签订的密约和不平等条约，放弃侵占的中国领土，将之前一切掠夺的都归还中国，还建议中国立即和他们建立正式关系。一时间，中国舆论界对苏俄政府普遍抱有好感。

维经斯基到上海会见了陈独秀，两人“一见如故”。在维经斯基的建议下，陈独秀用自己的社会关系，组成了马克思主义研究会。不久，维经斯基正式向陈独秀提出建立共产党组织的建议，大意是：依照苏联经验，组织中国共产党，加入共产国际是中国革命的当务之急。

8—9月，中国共产党经过短期筹备在上海成立，陈独秀被选为书记。

11月，陈炯明来电，邀他赴广州创办西南大学。陈独秀与维经斯基、李大钊商量后，认为广东是革命策源地，借此机会“可以将新文化和社会主义的新思想广泛地带到广东去”，也“可以在那里发展共产主义的组织”。

建党后，《新青年》的一班同人随着政治观点的分歧日益加大，而分道扬镳。

对于革命，陈独秀有种“慢慢来”的态度。筹建工作进展到一半，他就去广东任职。召开一大时，上海连电催促，马林还派人去接他，他还是推辞了。马林不满于陈独秀身为中央局书记却长期在广州，派包惠僧赴粤，催促他回沪主持工作，他才不得不回来。

<< 1922年，共产国际第四次代表大会上的陈独秀（前排左一）和瞿秋白（后排右四）等

陈独秀对包惠僧说："急什么，中国的无产阶级革命还早，可能要一百年上下，我们实现共产主义遥远得很。我们现在组织了党，不要急，我们要学习，要进步，不能一步登天，要尊重客观事实。"

回上海后，陈独秀和马林从一开始关系就紧张，两人稍有接触就冲突起来。

据张国焘回忆，马林为人骄傲，是共产国际东方问题权威，"说起话来往往表现出他那议员型雄辩家的天才，有时声色俱厉，目光逼人，他坚持自己主张那股倔强劲儿，有时好像要与他的反对者决斗"。

陈独秀觉得拿着外国援助来搞革命，有"雇佣革命"、沦为他人"工具"的嫌疑。当时，广州的无政府主义者已在报纸上骂他是"崇拜卢布，是卢布主义者"。而马林的傲慢，又让他的这种屈辱感加深了。

当陈独秀想要在中共与共产国际之间划上一条界线时，马林告诉他说：中共从成立之初就编入了第三国际，是国际的一个支部，你们承认与否没有用。这让陈非常反感。

10月，陈独秀在渔阳里2号寓所突然被捕，这件事意外地改变了他与马林的关系。

马林花了很多钱，费了很多力，打通了会审公所的各个关节，并请著名的法国大律师巴和出庭辩护。这次患难与共，让感情丰富的陈独秀颇为感动，两人"和谐地会谈了两次，一切问题都得到适当的解决"。从此，中共接受了共产国际的领导和经济援助。陈独秀表示：中共拥护共产国际，对其代表在政策上的建议自应尊重。马林则表示一切工作完全由中央负责，作为共产国际代表，他只与中共最高负责人保持经常接触，商谈一般性政策。

11月，陈独秀终于以中央局书记的名义，向全党签发了第一个《中央通告》，作为中共领袖走上领导全国革命的道路。

"书生"领袖荣与辱

1921年，马林到桂林拜访了孙中山，与孙进行了3次长谈，又赴国

<< 中国国民党全国代表大会摄影

民党根据地广州进行了一番考察。他产生了一个无比兴奋的想法。在给莫斯科的报告中，他热情洋溢地描绘了孙氏及其追随者对马克思主义的同情，对俄国的向往，并判断说："共产国际应该和孙中山的国民党建立密切的联系，而不是去全力帮助中国共产党；至于力量微弱、又与工人运动毫无联系的中国共产党，最好的出路也许就是加入国民党。"

苏俄领导下的共产国际积极"输出革命"，也有着实际的利益算盘：他们希望推翻亲西方的北洋军阀政府，帮助建立一个亲苏的邻国，开辟一条远东的通路，摆脱西方国家封锁、解除苏俄的困境。

马林初次提出中共加入国民党问题，陈独秀就抱着怀疑态度。1922年4月，当得知马林前往莫斯科游说，他给负责远东局的维经斯基写了一封态度强硬的反对信。

俄共（布）中央政治局在了解到国共两党力量悬殊的现实后，迅速接受了马林的观点。8月，带着"尚方宝剑"的马林匆匆赶回上海。在西湖边上，他和中共负责人探讨了国共合作问题。陈独秀在内的许多与会者提出疑虑，但在共产国际的权威和组织纪律下，最终表示服从指示，即先由一部分中共党员加入国民党，与国民党搞“党内合作”。至于共产国际要求迁“都”广州的指示，中共则没有执行。

西湖会议后，陈独秀正式向孙中山表明“党内合作”的意向及改组国民党的建议。8月，他和李大钊、蔡和森、张国焘等正式以个人身份加入国民党，也先后接受了孙中山委任的“本部参议”、大本营宣传委员会委员、委员长的职位，投身到帮助国民党改组的工作中。

国共两党成员之间的猜忌和摩擦从一开始就存在。国民党一届二中全会以后，双方已趋于水火不容，不仅上海两党党员团员互殴不断，广东两党掌控的工会之间也是无日不斗。到1923年，马林自己也开始垂头丧气，莫斯科很快就派来一位“新马林”——鲍罗廷，他带着斯大林签署的指令——“决不要迷恋在中国培植共产主义的目的”。

1925年3月，孙中山逝世。原来反对“联俄、联共、扶助农工”政策的国民党右派公开了分裂活动。8月，国民党理论家戴季陶出版了两本小册子，抨击共产主义和马克思主义，要求国共分家。25日，坚持“联共”的国民党左派领袖廖仲恺被极端分子暗杀。11月，一批老资格的国民党右派在北京西山召开非法的国民党“中央全会”，会后通电广州国民党中央立即停止职权，要求开除国民党中央执行委员会中的共产党员、取消共产党在国民党内的党籍等等。

到北伐战争前夜，一直以左派和中间派面目出现的蒋介石，就让缺乏政治斗争经验的陈独秀感到手足无措了。

蒋介石当时担任黄埔军校校长。他先搞了一个政治事件做试探：1926年3月，他制造了“中山舰事件”，扣留了中山舰并逮捕中共党员李之龙，随即又以中共“阴谋暴动”为由宣布广州戒严，并包围省港罢工委员会和苏联顾问办事处及住址，命令共产党员退出黄埔军校和第一军。

“中山舰事件”发生时，陈独秀不在广州，此事由苏联顾问布勃诺夫出面处理。他依然主张对蒋介石退让，要求中共“必须十分审慎行事”，“不要过早地使统一战线破裂”。4月，陈独秀致电共产国际，再提退出国民党。莫斯科为此召开了一次会议讨论，赞同布勃诺夫的处理原则，否决了陈独秀的意见。《真理报》同时发表了布哈林的文章，严厉批评中共有退出国民党的意见，共产国际派出维经斯基赶回中国纠正陈独秀的态度。

1926年四五月，鲍罗廷回到广州。根据共产国际的指示，他会见了蒋介石，多次密谈后达成三条“君子协定”：鲍氏答应蒋限制共产党在国民党内的活动，蒋介石将同意对国民党右派采取相应措施，并随即提出“整理党务案”：

> 中共不能批评和怀疑孙中山和三民主义，共产党员在国民党各级党部的执委会中不能超过1/3；跨党者（即共产党员）不得任党中央机关的部长，国民党员不得加入中共；中共加入国民党的党员名单应交给国民党；第三国际发给中共中央的指示或中共发给国民党内的中共党员的指示，须先经两党联席会议讨论通过。

蒋介石的“整理党务案”通过后，陈独秀再次主张中共党员应该全部退出国民党。莫斯科也专门开会讨论此事，还是不赞同中共现在就退出国民党。鉴于此，陈独秀便对“整理党务案”再一次采取退让态度。

在国民党左派和共产党的步步后退之下，蒋介石羽翼渐丰。1926年6月5日，广州国民政府决定北伐，蒋介石被任命为国民革命军总司令。7月，他当上国民党中央执行委员会主席，集党军大权于一身。

而北伐的决定权，完全掌握在斯大林和蒋介石手里。鲍罗廷甚至说：“现在是共产党应当为国民党当苦力的时代。”

自己的政治主张屡次遭到共产国际的指责和训斥，陈独秀开始消极地接受经验教训。在许多重大问题上，他都采取了妥协退让的政策：指示中共甘居“在野党”的地位。而北伐开始后，蒋介石的权力迅速膨胀，这让国民党内的左派以及国民革命军内一批实力派如李济深、唐生智等感到不满，他们搞起了“迎汪抑蒋”，希望请回汪精卫以牵制蒋介石。9月，蒋介石为此派人会见陈独秀，希望中共能阻汪回国。

陈独秀告诉蒋介石：我们赞同汪回国，但不是“迎汪反蒋”，而是实行“汪蒋合作”。他期望在蒋、汪、唐（生智）之间搞平衡，以维护国共统一的战线。对此，中共中央还专门通告党内，并专门指示广东党组织。

汪精卫回国前取道苏联，受到斯大林的接见。1927年4月初，汪被任命为国民党中央执委会常委、中央组织部长、中央军委主席团成员以及武汉国民政府常委。

4月3日，陈独秀和周恩来一起去见汪精卫，随后起草了《汪陈宣言》，郑重宣布：共产党绝不“主张打倒三民主义的国民党”；国民党也“绝无驱逐友党摧残工会之事”；呼吁两党“立即抛弃互相间的怀疑，不听信谣言，互相尊重，事事协商，开诚进行”。

4月5日，《汪陈宣言》在各大报章公开发表，让陈独秀如释重负。

7天后，蒋介石在上海发动“四一二”事变，对共产党、参与革命的工人和群众进行了大屠杀。在江浙财阀的支持下，他在南京另立国民政府，与“容共”的武汉国民政府对抗，加上张作霖在北方控制的军阀政府，一时间，中国形成了三足鼎立的局面。

事变后，周恩来、李立三和陈延年向在武汉的中共中央发出意见书，建议党中央与武汉国民党左派协商，联合东征，讨伐蒋介石。然而，鲍罗廷等人希望武汉政府和拥兵8万的冯玉祥联合讨奉，会师郑州，这样就可以背靠西北，打通与苏联的国际交通线。

4月27日，中共五大在武汉召开。会前，共产国际发来指示：要求中共五大一切决议“都完全应以共产国际执委会第七次扩大会全会关于中国问题的决议为依据”。

陈独秀主持会议，他代表中央做了报告。在报告中，他谈到自己多次主张退出国民党的错误，以及处理“中山舰事件”时的错误的“退让”。

陈独秀仍然当选中央政治局常委和总书记。据郑超麟回忆，鲍罗廷、罗易、瞿秋白、张国焘、谭平山才是大会的操纵者。他们有个难题需要解决——要陈独秀，还是不要陈独秀？

当时，中共领导的湖南农民运动进行得如火如荼。这让大多来自农村富裕阶层的北伐军官感到不满。5月18日和23日，国民革命军夏斗寅和许克祥分别在湖南、湖北率部叛乱。

5月18日，共产国际给中共中央和国际驻华代表发来了“六一指示”。该指示一改过往态度，要他们以激烈手段对抗国民党右派。武汉的形势由于罗易的冒失举动而迅速恶化了。罗易认为，只要把汪精卫说服，就有办法。他私自把“六一指示”的文件副本给汪看，声称：“你如接受电报的要旨并给予执行的便利，共产国际将继续同你合作，否则就将同国民党一刀两断。”

这份文件让汪精卫非常惊恐，他拒绝接受，并指责苏联方面破坏协议。“泄密”事发后，罗易被停职。但斯大林依然希望借助汪精卫的力量，他连续召开联共中央政治局会议，“撇开”中共而直接给了汪精卫100万美元，并许诺第二天“还将寄出50万美元”，要汪运用其“权威”来“挽救事业”。

陈独秀觉得“莫斯科把事情弄糟后，又无法善后”，提出辞呈。他说：“国际一方面要我们执行自己的政策，一方面又不许我们退出国民党，实在没有出路，我实在不能工作。”

莫斯科批准了陈独秀的辞职，训令中共中央改组。从此，陈独秀与秘书黄文容完全隐藏起来，过起了漫长的地下生活。他的次子、此时担任中央组织部副部长的陈乔年经常来看他，不时告诉他一些党内消息。陈独秀也不断给中央提供一些自己的看法。

7月15日，汪精卫召开“分共”会议，正式宣布与共产党决裂。随后，仅武汉就有一百多名共产党和革命志士被捕杀害。

在莫斯科，一场权力斗争正在进行中。“四一二”事件爆发时，斯大林的竞争对手托洛茨基加强了对斯大林的批判火力，当时他预言：中共若继续留在国民党内部，“那些曾经做过蒋介石左翼附庸品的中国共产党员，现在要在一两年里成为汪精卫的附庸品”，“重演四月的悲剧”。

“遥控”中国革命的屡屡失败，让斯大林处于窘迫的境地。

据张国焘回忆，瞿秋白与鲍罗廷随后到庐山密谈，7月21日回到武汉时曾对他说：不能让共产国际担负这个失败的责任，因为莫斯科的威信丧失，将会影响世界革命，也会助长托洛茨基派攻击斯大林的气焰，更会使中共党员不信任共产国际的领导。

瞿秋白当时还表示：如果这一责任要由中共中央政治局来担负，

损失也太大了。“那么我们不如把全部的失败责任，推在他一人身上算了，而我们自己应该站在共产国际的立场上，反对陈独秀的右倾机会主义，这样才能稳定中共中央的领导。”

7月23日，共产国际新代表罗明纳兹抵达武汉，立即找张国焘和瞿秋白谈话，宣布中共中央犯了严重右倾机会主义错误，违反了共产国际的指示，要改组党中央，惩罚陈独秀，不能让他再担任总书记一职，甚至要开除他的党籍。

在罗明纳兹的安排下，中共中央在汉口三教街41号——苏联顾问寓所里，召开紧急会议——史称“八七会议”。罗明纳兹起草了该次会议的《告全党同志书》，文件把一切错误都推给了陈独秀：中共在陈独秀领导下，“执行了很深的机会主义的错误方针”。

“反对派”首领

1927年9月10日，正值中秋之夜，陈独秀化装成病人，和黄文容、汪原放等一行四人坐船逃离白色恐怖中的武汉。抵达上海后，他先住酱园路，后移居浙江北路、温州路上的一个小弄堂。

苦闷消沉之中，他开始自己一直感兴趣的中国文字问题研究，同时编写《革命文学史》。

此时，中共中央机关也迁回上海。陈独秀在瞿秋白和李维汉的邀请下，为机关刊物《布尔什维克》写一些短文，抨击宁汉合流后的国民党。

1929年春，陈独秀的外甥吴继严从莫斯科东方大学回国，他给陈独秀带来了苏共内部的一些重要情况：列宁去世前有一份遗嘱，说斯大林个性暴躁，处事专横，不适合当党的总书记；托洛茨基才华出众，在十月革命中立下功劳，缺点是过分自信，但不能以非布尔什维克视之。这使陈独秀有了了解更多托洛茨基思想的愿望。

8月到9月间，留苏学生带回一些托洛茨基的文章。陈独秀请人翻译后，开始认真研读。他发现，自己在大革命时期多次提出反对共产党加入国民党，以及后来退出国民党的主张，与远在莫斯科的托洛茨基不谋而合，而这些主张都被斯大林和共产国际一再否定，最后导致大革命的失败。托氏的“二次革命理论”，也和陈独秀的思考多有相近之处。

陈独秀开始接受托洛茨基的理论和路线，全面反对中共六大纲领，针对李立三主持的政治路线以及具体工作的若干问题，向党中央写了3封信，陈述自己的意见主张。

起源是中东路事件。1929年7月，东北易帜后的张学良武力收回被苏联占有的中东铁路路权，逮捕了苏方人员，并把苏方59名高级职员遣返回国。苏联政府随后向南京政府提出抗议，两国断交，并在边境地区发生武装冲突。

在这样一个复杂事件上，中共遵从了来自共产国际的指示，在公开宣言中提出“反对进攻苏联”“武装保护苏联”一类的口号，号召中国人民示威游行以“抗议帝国主义及中国豪绅资产阶级对苏联的进攻”。

陈独秀在7月28日给党中央的第一封信中，要求党中央在宣传上要考虑中国人民的民族感情，批评那些动员群众的口号“太说教了，太超群众了，也太单调了”，会使得群众“误会我们只是卢布主义”。他还温和地建议党中央：把宣传矛头指向国民政府的误国政策。对于中共盼望借此带来革命高潮的中苏战争和第二次世界大战，他指出，战场都在中国，而“在战争中最受直接蹂躏的自然是中国人民”。

双方的争论随后从中东路宣传策略问题，上升激化为相互指责和扣各种帽子。从苏联回来的王明撰文，批判陈独秀“反共产国际”“反苏”“机会主义”。陈独秀开始在党内寻求托派同情者。他把托洛茨基的文章拿给上海本地党员和外地来上海的党员看，组织学习和讨论托氏对中国革命问题的主张。据郑超麟回忆，有的支部由此“与党宣布脱离”。

10月，党中央致函警告陈独秀，要他立即停止“超越组织活动”，并命他在一个月内写一篇反对“反对派”的文章。陈独秀在给中央的信中，阐述了何为托洛茨基主义，并和彭述之一道表达了坚定的反对派立场。

11月15日，中共中央在收到来自共产国际的进一步指示后，通过了取消陈独秀在党内一切职务，开除出党的决定。

12月15日，陈独秀召集了一群思想立场相近的人在上海开会，成立了“中国共产党左派反对派”，明确表明拥护托洛茨基和反对斯大林，尖锐批评斯大林和共产国际的现行政治路线。党史将这一派称为“无产者社”或者“无产者派”。

但“无产者派”内部矛盾重重。彭述之不久就和陈独秀发生冲突，再加上缺乏资金支持，许多成员生活困难，心灰意冷。

在托洛茨基指示下，陈独秀开始着手中国各托派组织统一的事项。1931年5月，在大连湾路一座新盖的石库门房子里，“无产者派”“十月派”“我们的话派”“战斗派”等各派按20人出一个代表召开统一大会，联合成为“中国共产党左派反对派”，陈独秀被选举为中央执委会和五人书记处的领袖。当时，“中国共产党左派反对派”在全国共有500个成员。

当陈独秀兴奋地写信给托洛茨基汇报统一成果时，很快就遭到致命一击：先是没被选上中央委员的梁干乔和另一“托派”刘英，大会一结束就跑到南京，加入了军统特务组织，并发表反共声明；另一成员马玉夫对没当上中委也很不满，竟去国民党警备司令部告密，致使13名成员被捕入狱，常委只剩陈独秀一人。

入狱，与中共的摩擦

1932年秋，托派中委濮清泉的妻子在路上巧遇已投靠国民党做了特务的留苏同学费侠，随后，被跟踪盯梢。10月15日，正在开会的4个托派常委和秘书被捕。当晚，由于秘书谢少珊的招供，因胃溃疡在家休养的陈独秀也被捕。随即，租界巡捕房将陈等11人引渡到国民党上海市公安局。

10月19日夜，陈独秀等被押送到南京。在火车上，他“酣睡达旦，若平居无不自然，其临之从容不迫而怡然处之”，一时传为佳话。军政部长何应钦亲自传讯这位“共匪”开山鼻祖，末了还向陈求字，陈独秀

<<狱中的陈独秀（1933年摄于南京第一模范监狱）

挥毫写下“三军可以夺帅也，匹夫不可夺志”。押送他的军人也纷纷向他索字。

当蒋介石派人查明陈独秀已与中央苏区和中央红军无联系，加上蔡元培、胡适以及爱因斯坦等自由派知识分子的呼吁营救，1933年4月中旬，陈独秀案移交江苏省高等法院公开审理。“乱党”时期的朋友章士钊担任他的辩护律师。

章士钊一心为陈独秀洗掉“叛国”“危害民国”的罪名，在法庭上作了53分钟的辩护，历数陈独秀曾与国民党的合作，称陈独秀与中共决裂后组织托派，“有功于国民党”。

陈独秀拍案而起，声明“章律师之辩护，全系个人之意见，至本人之政治主张，应以本人之文件为根据”。接着慷慨陈词，发表了自撰的“辩诉状”，一一驳斥起诉书中指控的罪名，称：“我是叛国民党，不是叛国！”

一审判决后，他多次上诉南京政府最高法院。最高法院终审认定陈独秀“以文字为叛国之宣传”，判有期徒刑8年。

在南京老虎桥45号，国民党给予这位共党“匪首”种种优待，给他安排单间牢房，允许读书写作，甚至可以每日自由接见亲友。其间，他的第三位长期伴侣潘兰珍每日到狱中照顾他的生活。

比陈独秀小三十多岁的潘兰珍是上海青工，之前并不知陈独秀为何人。待到从报纸上看到陈被捕入狱的消息后，才对“自家老头子”的身份恍然大悟。

每日慕名来监狱探访的富豪名流络绎不绝，或求字，或闲谈，陈独秀不胜其烦，最后对典狱长说：“不认识的就不要放进来了。”

五四时期，陈独秀曾提出监狱和研究室是人类文明的两大“发源地”。如今，他开始实践这一理论，在监狱里钻研起学问来。在一封给朋友的信中，他列出自己两年内雄心勃勃的写作计划：《古代的中国》《现代中国》《道家概论》《孔子与儒家》《耶稣和基督教》《我的回忆录》。

1933年，三子陈松年利用暑假到南京看望父亲。自大革命后，父亲音信全无。他是从柏文蔚那里得知陈独秀被公审的消息。此时，两个哥哥和一个姐姐都已离开人世，母亲和姨妈也不在，当他看到父亲后，一时间痛哭起来，陈独秀骂他没出息。

高君曼所生女儿子美和弟弟鹤年也曾到老虎桥来探监。子美劝父亲早日和潘兰珍结婚，以防人说闲话。而20岁的鹤年天真地提出要帮父亲越狱逃跑，陈独秀又骂他“胡闹”。

1936年，西安事变，蒋介石被扣。消息传来，陈独秀托人打了酒，买了菜，对同狱的人说，今天要为国仇家恨痛饮一杯，第一杯祭大革命以来的烈士，第二杯祭两个牺牲的儿子，然后大哭起来。

一同入狱的濮清泉说：“人们见过他大笑，也见过他大怒，但从未见过他如此伤心地痛哭失声。”

1937年七七事变爆发，国共合作进入实施阶段。中共代表周恩来赴庐山会谈，提出包括“释放一切政治犯”在内的诸多要求。8月，日军开始轰炸南京。金陵女子大学陈钟凡和胡适、张伯苓商议，一起联名保释陈独秀。胡适写信托汪精卫帮忙，求他与蒋介石商量开释陈独秀。最终，蒋介石表示同意。

8月23日，入狱4年的陈独秀被提前释放。潘兰珍和儿子陈松年接他出狱。当他从报纸上读到司法院长呈文国民政府主席林森说他“深自悔悟”时，怒不可遏，致函《申报》编辑部，说自己无罪，何来悔悟，是政府罗织冤狱，将来还要和政府打官司，希望社会人士尤其是新闻界“勿加以难堪之诬蔑也”。

胡适想安排他出国，避开政治是非，帮他联系了一家美国图书公司，让他去美国写自传。陈独秀声称“生活很简单，也厌烦见生人”，谢绝了老友的安排。

国民党各派也有意拉拢他。先是周佛海、陈公博拉他进“低调俱乐部”。接着，蒋介石又想让陈独秀出面组织一个“新共党”，在这前后，又邀请他进国民政府当官，当劳动部长，都遭到陈独秀的拒绝。

“蒋介石杀了我许多同志，还杀了我两个儿子。我和他不共戴天，现在大敌当前，国共两次合作，既然国家需要他合作抗日，我不反对他就是了。”

他也厌倦了托派纠缠不清的内斗，拒绝托派组织接他回上海。

1937年8月，长期追随陈独秀的罗汉以个人身份，到八路军驻南京办事处见了叶剑英，后又在西安八路军办事处，见到了党代表林伯渠。考虑到陈独秀在党内的特殊地位，林伯渠当即给延安拍电报请示中央。毛泽东和张闻天商量后，给林伯渠发了一个电报，提出陈独秀回党工作的三个条件：

> 一、公开放弃并坚决反对托派全部理论和行动，并公开声明同托派组织脱离，并承认过去加入托派之错误；二、公开表示拥护抗日民族统一战线政策；三、在实际行动中表示这种拥护的诚意。

罗汉偕董必武来见陈独秀，董必武劝他“以国家民族为重，抛弃固执和偏见，写一书面检讨，回党工作”，遭陈独秀拒绝。

重获自由后，陈独秀有过最后一次开创政治局面的努力。他与王文元、罗汉等人想组织一个“不拥国、不阿共的联合战线”，并联合了中间势力——章伯钧等第三党、救国会以及何基沣等抗日军人，“以争取民主和自由为共同目标”，同时也与中国共产党争夺“反国民党的群众运动”。

（上）流落四川江津时的晚年陈独秀

（下）陈独秀自书对联

王文元、濮清泉对他的计划不理解也不支持，他们拒绝出席“联合会议”。而他计划中的“军运”活动，也随着何基沣突然被调职而夭折。1938年底“托匪汉奸”案的发生，则让第三党和救国会负责人在政治压力之下，切断了与陈独秀的联系。

结局

1938年，由于日军进逼武汉，陈独秀带着复杂的心情，顺长江进入四川，先在重庆，后又迁徙到江津县。他退回书斋，致力于文字学研究和政治理论的探索和思考。

陈独秀贫病交加，与潘兰珍、嗣母谢氏相依为命，十分艰难。他只有为报纸撰稿的一点收入，生活大半靠北大同学会接济，其他友人的捐赠，他大多谢绝。

台湾方面的资料披露：陈布雷听闻“仲甫近况艰辛”，曾向蒋介石汇报，得蒋同意，为防陈独秀不要，特以朱家骅私人名义，让张国焘送到江津鹤山坪，3年共补贴14000元。

周恩来托朱蕴山说情，想请他到延安养老，不让他再在外头“胡说八道”。陈独秀拒绝了，他对朱说，党中央里没有他可靠的人了，李大钊、陈延年都死了，他自己也落后了，“他们开会，我怎么办呢？”

张国焘叛逃到国民党，曾到武汉拜访陈独秀，想拉陈独秀这块招牌再组织一个共产党。陈独秀对他说：“一个阶级只能有一个党，我们再搞，能搞得比毛泽东现在搞得更好吗？”

1939年，蒋介石再派胡宗南、戴笠到江津拜访陈独秀，谈起一年前的“托匪汉奸”论战，把周佛海等9人在《大公报》上为他鸣不平的公开信给他看。

陈独秀拒绝公开“反共”，要求谈话内容“切勿见报”。但“言世界大势，不利于苏……苏联好比烂冬瓜，前途将不可收拾。苏败，则延安决无前途，此大势所趋……”，“请转告蒋先生好自为之”。

1942年初夏，陈独秀听人说蚕豆花能治高血压，就叫潘兰珍去地里摘一点。5月10日，陈独秀喝了一杯霉菌感染的蚕豆花水，食物中毒，腹胀不已。

3天后，包惠僧来访，潘兰珍做了土豆烧肉。陈独秀非常高兴，加上好久没有吃过肉，多吃了一点。分手之际，包惠僧发现，老先生目光和往日不同，显得十分慈祥，他已预感到不祥。

当晚，陈独秀呕吐。此后一周病情加重。5月27日，陈独秀在昏迷中离世。临终，他交代弟子何之瑜如何处理书稿和书；托他给潘兰珍找个工作，“莫拿我卖钱，遇到合适的人再嫁”。并嘱托三子松年，把他和嗣母谢氏的棺木带回安庆老家。

1947年，陈松年把陈独秀的棺木迁回故乡，与其原配高晓岚合葬。

他的追随者高语罕为他写了挽联，上联曰：“喋喋毁誉难凭！大道其容，论定尚需十世后。”

（参考书目：沈寂著《陈独秀传论》，朱家骅著《陈独秀传》，唐宝林、陈铁健著《陈独秀和瞿秋白》，杨奎松著《国民党的“反共”和“联共”》，朱洪著《陈独秀的最后岁月》《中国共产党历史》《胡适口述实录》。感谢安庆市“陈独秀研究网”和万多胜先生）

陈氏家族：一言难尽的悲怆

“过去的，都让它过去吧。”电话中，陈红不愿多谈家族往事，“我们都是很普通、过着平常日子的人。”

陈独秀的这位孙女温文尔雅，言谈间透着知识女性的学养。陈红原名陈祯荣，是北京中医药大学生物学教授，她父亲陈鹤年是陈独秀的幼子。

通电话时，陈红在收拾行李，当晚她将搭乘航班去外地。作为全国政协委员，她每年有一两个月在全国各地做调研。对于这一份职责，她非常认真。

等完成手头的工作，她要去香港看望母亲和弟兄姐妹。他们都是在“文革”后，陆续去香港定居的。

“家族里的人吃过很多苦，这不是三言两语说得完的。”她颇为动容。

缺失的父爱

在安庆陈家的老宅院里，“父亲”的角色是长期缺失的。

陈独秀自幼丧父，由脾气暴躁的祖父抚养长大，从不知父爱为何物。待到几个子女出生，他又长年在外留学、闹革命，回家的日子屈指可数，到家后又忙着和友人联络，父子之间非常陌生。

陈独秀与妻妹高君曼相爱，私奔结合。这对原配高晓岚伤害很深。子女们“即受母氏先入之言，对父颇少感情”。母亲的不幸，直接影响了陈延年对婚姻和家庭的看法，长大后他埋头工作，不愿恋爱，不想结婚。

1915年，陈独秀参与“讨袁”运动，被袁世凯派来的都督倪嗣冲追捕，陈家被抄。陈延年和陈乔年两兄弟逃到怀宁乡下避难，无法读书。不久，他们接到父亲让他们去上海的书信，随后辞别祖母和母亲，从此再也没回过怀宁老家。

当时，陈独秀正在上海创办《新青年》，带着高君曼与一儿一女生活在一起。有一天，他对高君曼说："我想写一封信，叫延年、乔年到上海来，找点事情做做，以减轻家里的负担。"当时陈延年十七八岁，陈乔年十三四岁。

陈延年和陈乔年初到上海时，和父亲一家住在一起，但是很快，两人就搬出来住了。据潘赞化回忆，陈延年因不满父亲抛弃母亲、与姨母同居，常常和父亲发生矛盾。儿子们搬出去半工半读，陈独秀并不阻拦。他对好友汪孟邹说："他们到外面住，不是坏事。我向来主张靠自己力量创造前途。"

陈独秀的教育理念非常新奇：兄弟俩晚上睡在亚东图书馆店堂的地板上，白天外出工作，以饼为食，喝自来水，冬着单衣，夏日无被，"颜色憔枯，人多惜之"。

高君曼怕人说闲话，加之对姐姐心存愧疚，想让两个孩子到家中食宿。她找潘赞化哭诉，央他向陈独秀说情。陈独秀的回答是："妇人之仁，徒贼子弟，虽是善良，反生恶果。少年人生，叫他自创前途也。"

兄弟俩后来考上震旦大学法语系，勤工俭学，度过艰难时日。1917年，陈独秀被聘到北京大学，他托汪孟邹每月支付兄弟俩5元生活费。

因为父子间长期疏离，陈独秀对兄弟俩思想上几乎没有影响。陈延年和陈乔年一度信仰无政府主义，不要家庭，不要国家，并参加了无政府主义组织进化社，成为吴稚晖的门徒。

新文化运动中，陈独秀成为全国无数青年心目中的精神领袖和偶像。17岁的陈延年颇不以为然："吾父亦不过是新官僚、旧学者而已，读书虽多，而不能为天地立心，为革命立命，与文盲何异？"

兄弟俩当时想赴法勤工俭学，没有保证金。吴稚晖不但给他们提供了保证金，还帮助解决了船票。他设法让这兄弟俩"以党人资格漫游世界"，这意味着陈延年和陈乔年可以获得华法教育会的资助，到法国直接读书，无须半工半读。

陈氏兄弟赴法前，陈独秀因在北京新世界商场散发《北京市民宣言》被捕入狱。潘赞化在街上遇到陈延年，说起他父亲被捕一事。潘问陈延年："假如同仁救援无效，你会怎么想？"言外之意，陈独秀的脑袋可能随时不保。

让潘赞化震惊的是，陈延年的回答是："中国失去一个有学识的人嘛，当然可惜。"神情非常淡漠，好像谈论的是一个跟自己毫无瓜葛的人。

兄弟俩在法国时，陈独秀曾托陈公培带给他们一封信，劝他们放弃无政府主义，转向马克思主义。陈延年看完信后对陈公培说："独秀这个人，你别理他。"陈公培非常惊诧，他没想到陈独秀在国内振臂一呼，地动山摇，他儿子却直呼其名，言谈间流露出不屑一顾的神情。

然而，陈氏兄弟最后还是转向马克思主义。

1923年3月，中共党组织送陈延年、陈乔年等12人到莫斯科东方劳动大学学习。

据当年一起在东方大学学习的老人回忆：陈延年平时沉默寡言，但在讨论和研究理论问题时，表现得很活跃，非常较真，常常同别人争得面红耳赤，与平时判若两人。同学们问他为何，他答，列宁在争论原则问题时如同猛狮。从此，同学们送他一个雅号——"小列宁"。

"一门三中委"

1924年秋到1925春，因国共合作需要，陈氏兄弟陆续回国。陈延年任中共广东区委书记。陈乔年则被派往北京，担任中共北方区委组织部长，和李大钊、赵世炎一起工作。

据长期跟随陈独秀的郑超麟回忆，有一次他陪陈延年去见总书记。原以为相别数年的父子相见场景会很感人，但爷俩见了面却平淡如路人：陈独秀在石库门房子的天井里等候，见到儿子出现，表情安之若素；延年也一样，随手拖来张椅子，坐下就开始谈工作。

在郑超麟的记忆中，"这两兄弟是清教徒。吃得坏，穿得坏，绝口不谈女人"。

1925年五卅惨案发生后，陈延年领导了著名的省港大罢工，这次大罢工长达一年零四个月，是世界工人运动史上时间最长的一次罢工，被

（左）陈延年

（右）1925年五卅惨案发生后，陈延年领导了著名的省港大罢工。图为香港庆贺海员大罢工胜利的场景

认为是“中国工人运动史上辉煌的一页”，陈延年充分展现了他作为革命干部的才干。

1927年春，陈独秀、陈延年、陈乔年父子3人，创造了中国现代史上的一个奇迹：在这一年召开的中共五大上，陈独秀再次当选总书记，父子3人同时被选为中央委员。

蒋介石发动“四一二”事变后，上海的中共组织遭严重破坏。陈延年受命重建党组织。6月26日，北施高塔路恒丰里104号中共上海区委所在地，他和郭伯和、韩步先等人召开中共江苏省委成立大会。陈延年被任命为中共江苏省委书记，郭伯和任组织部长，韩步先任宣传部长，赵世炎到中央工作。这时，他们接到报告：一名交通员被捕了。

陈延年和王若飞、赵世炎等商量后，立即宣布提前结束会议。当天下午3点，陈延年等人来到恒丰里104号附近，先在暗处观察周围动静，见没有什么异样，便冒险进门，焚烧办公室内的秘密材料。不久，上海警备司令杨虎派大批军警包围了恒丰里104号，陈延年、郭伯和、韩步先一起被捕。

叛变的交通员并不认识陈延年。当时陈延年身穿短衣，裤腿上扎着草绳，自称是受雇到这里做工的，名叫陈友生。敌二十六军以为陈延年只是一名普通共产党员，将其押往龙华监狱。

陈延年怀着一线希望，给亚东图书馆汪孟邹写信，请他想办法营救。他在信中写道："我某日在某处被捕，现拘押在市警察局拘留所。我是工人，不会有多大嫌疑，现在我的衣裤都破烂了，请先生给我买一套衣裤送来。"信尾署名"陈友生"。

汪孟邹认出了陈延年的字迹，立刻去找胡适帮忙。胡适想起蒋介石的"红人"吴稚晖是陈延年的老熟人，决定将信转给吴稚晖，请他帮忙。

谁知，胡适的"好心"反而坏了大事。1921年秋，蔡和森、陈毅、李立三等104名留学生与吴稚晖等闹矛盾，后被押送回国。之后，陈延年逐渐脱离吴稚晖的无政府主义影响，转向共产主义。这让吴稚晖一直耿耿于怀。

吴稚晖得知陈延年被捕，立即写贺信给上海警备司令杨虎，说陈延年"恃智肆恶，过于其父百倍"，竭力催促杨虎立即将其杀害。

7月4日，陈延年被押往上海龙华刑场，因为不肯下跪，被强按在地上，乱刀砍死。

次年2月16日，中共江苏省委再次在上海召开秘密会议，地点是英租界北成都路刺绣女校。陈乔年是这次会议的主持人。由于叛徒告密，军警突然包围会场，陈乔年和江苏省委机关的其他负责同志被捕。

当时，陈乔年化名王某，来沪不久，叛变的唐瑞林不认识他。军警动用种种手段，想探明他的真实姓名和身份，都未得逞。

因为他没暴露真实身份，党组织便计划用钱将他赎出。一同入狱的郑复他、许白昊也在狱中研究营救他的计划，打算由叛徒不认识的周之楚顶替他。周之楚当即允诺，愿以自己的牺牲来保全陈乔年的生命。

不料，周之楚的父亲也四处托人营救他。陈乔年的身份终于暴露了。他从狱中托人转告党组织，希望党不必再为营救他而费心，不必再为他花钱。

遇害前，他说："让子孙后代享受前人披荆斩棘的幸福吧！"难友问他，对党对家庭有何遗言。他回答："对家庭毫无牵挂，对党的尽力营救，表示衷心感谢。"

1928年6月6日，陈乔年在上海枫林桥畔被枪杀，年仅26岁。陈乔年结过婚，有一女，下落不明。

1936年，张、杨发动西安事变。蒋介石被扣押的消息传到南京监狱，陈独秀托人买酒打菜，对狱友说：我平生不喝酒，今天要好好喝上一杯。当把第二杯酒洒在地上，祭给两个儿子，喊着“延年，乔年”时，他不禁失声痛哭。

安庆仅存的血脉

大哥延年在上海被害时，陈松年17岁。

噩耗传来，祖母和母亲哭得晕了过去。随后，他和姐姐陈玉莹到上海处理后事。国民党当局既不让他们收尸，也不允许他们看大哥最后一眼。姐弟二人在哥哥就义的地方烧了几炷香和一点纸，痛哭了一场。

第二年，二哥乔年又在上海被害。松年和姐姐再赴上海处理后事。国民政府仍然不让收尸。姐弟二人亲眼目睹了乔年倒在血泊中的惨状，悲痛过度的玉莹，随即因血崩住进上海的医院，不久也随二哥去了，死时年仅28岁。

日本侵略者占领安庆时，陈家财物几乎被洗劫一空。陈松年带着一家坐船逃往武汉，见到了刚刚获释的父亲，以及与自己年龄相仿的继母潘兰珍。他们沿江而上，经重庆到达江津。后来，陈松年在江津国立九中做总务工作。

陈独秀的家庭观念一向淡薄，对儿女甚少关爱。晚年，陈松年常常带子女来看望他，却让他欣喜，“对几个孙子孙女亲热得不得了，过些时间不看见他们，便要派人去把他们接来”。

（左）1979年，陈松年（左二）和陈长璞找到陈独秀的墓，此时只剩一堆黄土，碑已不知去向

（右）陈松年妻子窦珩光与子女合影，依次为陈长玮（左上）、长玓（右上）、长琦（左下）和长璞（右下）

在江津，陈松年陪伴父亲直至他去世。陈松年童年时从未得到父爱，但他对父亲非常孝顺，也很尊重继母潘兰珍。他的子女在他的教育下，都叫潘“二奶奶”。

1947年，陈松年依照父亲遗嘱，把祖母和父亲的灵柩运回安庆。归乡途中，他担心“陈独秀”三字会带来麻烦，在棺木上写了父亲科举时使用的名字“陈乾生”，安葬在集贤关附近的深林中，没有立碑。这使陈独秀的墓得以躲过“文革”浩劫。

解放后，陈松年在窑场当工人，带着一家子隐忍度日。陈松年性格温润隐忍，与世无争，没有像父兄一样投身于轰轰烈烈的革命。他的一家是陈独秀在安庆仅存的血脉。

1953年2月，毛泽东乘军舰“洛阳号”巡视长江沿岸。21日上午，安庆地委领导登舰陪同。谈话间，毛泽东忽然问：“陈独秀家里还有谁？”得知陈还有一个儿子在此地生活且曾卖房以维持生计时，他说：“陈独秀后人有生活困难，可以照顾嘛！”

地方政府立刻确认了陈延年、陈乔年的烈士身份，给家属颁发烈士证书。安庆地委统战部按月发给陈松年30元生活补助金，一直发到1990年陈松年过世。

1979年，陈松年致信安庆有关部门，提出重修陈独秀墓，很快得到答复：以家属名义重修，资金由官方出。于是有了陈独秀在故土的第二方墓碑。

陈松年育有三女一子，长子长琦是合肥工业大学教授，幼女长璞曾担任安庆文化管理局副局长、市侨联副主席。熟悉他们的“陈独秀研究网”主编万多胜说：“这两位是孙辈中与陈独秀个性最相似的。”

在家族中，陈长璞是为陈独秀研究和历史问题解决付出最多的一个。早在“文革”后期，她就不顾父亲的警告，偷偷收集各种关于祖父的资料。在她和家人近三十年的执着下，杂草丛中的土坟包终于扩建为一个占地1.37平方公里的独秀园，陈独秀纪念馆也终于落成。

墓碑上的铭文从“乾生”到“仲甫”，再到“独秀”。历史在逐渐恢复其本来面目。

（参考书目：朱洪《陈独秀父子仨》。记者李天琴对本文亦有帮助）

荣毅仁家族

徐琳玲/撰文

荣氏家族绝非所谓的贵族抑或豪门。这个布衣出身的工商业家族从无特权，自诞生之际就遭受社会主流势力的打压，在夹缝中艰难生长；即使成为富甲天下的工商业首户，也不能免除被强权任意摊派、随意征用、敲诈勒索的厄运，到最后——收归“国有”。

荣氏家族也是现代资本主义精神在近代中国最鲜活的样本——节俭勤勉，对财富的敏锐嗅觉与执着渴求，强烈的社会责任感，百折不回的韧性与勇气。遗憾的是，在中国跌跌撞撞的百年行进过程中，路径的选择权始终在各种派别的知识分子与封建官僚之间交替轮转。最为理性、稳健的工商业阶层，却始终被排斥在决定历史的权力结构之外，在乱世中夭折、消散，惟有不多的幸运者侥幸生存下来。

荣氏家族的百年历史，就是百年中国政治经济真实而浓缩的写照，就是一部关于中国商业家族成长与挫败的传奇。

从棉纱大王到红色资本家

荣氏家族绝非所谓的贵族抑或豪门。这个布衣出身的工商业家族从无特权，自诞生之际就遭受社会主流势力的打压，在夹缝中艰难生长；即使成为富甲天下的工商业首户，也不能免除被强权任意摊派、随意征用、敲诈勒索的厄运，到最后——收归“国有”。

早在明朝，富庶的江南就孕育着资本主义的萌芽。遗憾的是，延续了几百年，这一萌芽始终没有得到茁壮生长的机会。作为世界上惟一一个延续两千多年的中央集权国家，政权对经济的控制已经形成一种制度与文化的惯性。

正如美国学者费正清在《剑桥中国史》中所说：“在中国这部历史长剧中，商人阶层只是一个配角，也许有几句台词，听命于帝王将相、宣传家和党魁的摆布。”

荣氏家族也是现代资本主义精神在近代中国最鲜活的样本——节俭勤勉，对财富的敏锐嗅觉与执着渴求，强烈的社会责任感，百折不回的韧性与勇气。遗憾的是，在中国跌跌撞撞的百年行进过程中，路径的选择权始终在各种派别的知识分子与封建官僚之间交替轮转。最为理性、稳健的工商业阶层，却始终被排斥在决定历史的权力结构之外，在乱世中夭折、消散，惟有不多的幸运者侥幸生存下来。

荣氏家族的百年历史，就是百年中国政治经济真实而浓缩的写照，就是一部关于中国商业家族成长与挫败的传奇。

上海的早晨

天蒙蒙亮，高恩路一座三层洋房院落里悄悄开出一辆外国名牌小轿车，缓缓地行驶在路上。车内，一位气度不凡的青年男子不时用焦虑的眼神扫视街头的一切。

这是1949年5月25日上海的早晨。马路上和衣卧着不少穿黄色军装的军人，有的已经起身，有的还在睡觉，有的拿出冷馒头就着咸菜啃。

青年男子继续开车，靠近公共租界的江西路时，被一个士兵拦住了。对方很有礼貌地告诉他，前面还有战斗，不安全，请他先回去。

“他（荣毅仁）很兴奋地和我回忆说，他从来没有看到过这样的军队，说话这么和气，就睡在大马路上，和老百姓秋毫无犯。”老报人计泓赓清晰地记得她与荣毅仁交谈的情景。

百里之外的无锡，荣德生端着茶壶，竭力保持镇定。这位中国著名的棉纱和面粉大王已决意留下，可是他阻挡不了子侄和女婿，他们纷纷拆卸机器设备、带着黄金美钞逃离传说中“共产共妻”的赤色分子。留下他和四子荣毅仁，等待新政权的到来。

从晚清到北洋政府，从北伐战争到南京国民政府，以及之后的日本侵华战争，这个掌握着全中国一半财富的家族风雨飘摇，却以顽强的生命力生存下来，创造了中国近代商业史上“众枯独荣”的奇迹。

这一次，又是怎样的命运等待着这一支荣家血脉呢？那些逃往自由世界的子弟还能续写家族的辉煌业绩吗？

创世纪：从面粉厂做起

1899年6月，香港九龙码头。一位面容敦厚的年轻人羡慕地望着一箱箱太古糖、洋火柴、洋罐头来来往往运送四方，想到流入洋人口袋的白花花的银子无须缴税，心里像是被小虫子噬咬一般地难受。此时北方正闹“拳乱”，又有粤税即将商包的传闻，父兄天天来信催他回乡。

在粤地当税吏的路不通；家中钱庄生意颇有盈利，正考虑做新事业。看着码头上那些吃的用的，一个盘桓许久的念头在荣德生心头清晰起来。

相比盛宣怀、胡雪岩等依赖政府而生的“官商”和南通张謇这样颇有社会地位和话语权的绅商，布衣出身的荣氏兄弟从一开始就是更纯粹的商人。民商走向新式的工商企业投资，作为一股新的力量登上历史舞台，成为中国近代工业化的主要担纲者。

荣熙泰不甘困守薄田，四处走动，在族人介绍下，南下广东做官府的账房。他深知当官不易，“小官得资不正，不堪供父母，大官无本事做”，便送大儿子荣宗敬去钱庄当学徒，并教诫小儿子荣德生中止做官的念头。此外，他还为儿子们结交了一位贵人——官僚朱仲甫。

决意从商的荣氏兄弟此时20岁出头，既无资本也无社会信用，更无官场人脉资源。1900年，广东知府朱仲甫回归故里，荣氏父子遂与其商议合办面粉厂，取名保兴，朱出资1.5万元，荣宗敬、荣德生拿出各自积蓄的3000元，另招股9000股。朱以官方人事关系之方便，负责办理立案；荣家兄弟负责筹备和经营。依靠朱的背景，新办的面粉厂获得了10年专利权。

朱仲甫见经营面粉厂辛劳而无大利可图，后来就退了股，继续回广东做他油水很足的官职——广东省厘差。荣氏兄弟将保兴面粉厂改组为茂新面粉厂。他们意识到改进设备、提高产品质量、降低成本的重要性，果断地从国外购买了先进的英美钢磨和粉机。

光绪三十三年（1907年），认定“吃与穿最值得进入”的荣家兄弟与族人荣瑞馨等合股创办振新纱厂。待他们掌权后，对纱厂进行全面整顿。一年后，纱厂出品的棉纱已可与“蓝鱼牌”日纱比价于市场。

“如今中国人，有一半是穿我的吃我的”

1911年10月10日，一场规模不大的起义在武昌爆发，两个月内，各省纷纷宣告独立，清帝国顷刻间分崩离析。

这是近代商业史上最熠熠生辉的年代，涌现了一大批明星企业家，尤以江、浙、沪地区为盛，如金融巨子陈光甫、皂药双料大王项松茂、实业大亨刘鸿生等等。荣家兄弟更是其中的佼佼者，从1912年到1921年10年间，他们在上海和无锡两地一口气开了14家工厂。

学界有这样一种主流观点，认为民营经济之所以在这一时期迅猛发展，是因为第一次世界大战爆发，英、法、德等主要资本主义国家无暇顾及对华经济侵略，使得民营资本获得较为宽广的国内市场。

事实上，自1911年辛亥革命推翻清王朝，造成原有的“官督商办企业”体系基本瓦解，此后16年，中国一直处于军阀割据的分裂状态，客观上造成了2000年历史上少有的中央权力的真空，于是民商迎来了他们的第一个自由的春天。

在族人记忆中，这是一对个性、气质迥异的兄弟。哥哥荣宗敬有着老鹰般税利的眼神，精明伶俐，好着洋服，爱冒险，作风激进；弟弟荣德生和眉善目，因为4岁才会说话，人称“二木头”，平时长袍马褂，像个老派乡绅。他们在沪锡两地的居所也对比鲜明：老大的院落富贵华丽，处处彰显首富气派；荣德生住处则素朴无华，如同一般殷实人家。

荣氏企业在这个时期的快速扩展，是与荣宗敬的魄力和进取精神分不开的。才干卓绝的老大是家族企业的第一核心，凶猛，顽强，孤注一掷。

荣德生是荣氏大船的保险装置。当一路奋进的兄长陷入困境的时候，每每由冷静的荣德生扮演拯救者的角色，调配资金，周旋各方。

“人弃我取，将旧变新，以一文钱做三文钱的事，薄利多做，竞胜于市场，庶必其能成功。”办钱庄的早年经历，使荣氏兄弟精通利用金融资本为产业扩张服务的门道。只要荣宗敬认为有获利可能，就千方百计地举债、借债收购。1931年，荣家从盛宣怀后人手里买下三新纱厂，这家后改名为申新九厂的工厂，最初是李鸿章创办的上海机器织布总

（左）1915年拍摄的茂新面粉厂

（右）1928年拍摄的上海福新第一面粉厂

（左）荣德生

（右）荣宗敬

局，后由盛宣怀集资改建为华盛纺织总局。

近20年间，荣氏兄弟一手创办了以荣家资本为中心，拥有茂新、福新、申新3个系统，分布于沪、锡、汉口、济南的中国第一大民营实业集团。1933年，荣宗敬在自己60大寿时自豪地说："如今中国人，有一半是穿我的、吃我的。"

当荣宗敬在上海奋力开拓时，镇守无锡的荣德生把很大的心血投入到地方福利事业上。兄弟俩对状元公张謇极为景仰，接受了他"教育来改进实业"的主张，除为地方造桥修路外，更将一腔热情倾注于教育事业。1906年，首先在家塾的基础上创办公益学，之后接连创办了小学、中学、工商中学、公共图书馆和大学，荣德生亲任江南大学校长。荣宗敬本人不直接参与具体事务，但非常赞许弟弟的作为，为之源源不断地提供支持。

宋子文、孔祥熙要将荣家产业收归国有

1934年3月，荣宗敬焦躁得如同热锅上的蚂蚁。

这位面粉、棉纱双料大王刚刚得到消息：中国银行、上海银行不

（左）宋子文

（右）实业部长陈公博

再对荣家的申新总公司放款；随后，16家有银钱来往的钱庄也放出话来——将在6月底全部收回新旧账款；同仁储蓄部的储户也都纷纷提款止存。3个月后，申新总公司对外公告“搁浅”。

此次危机的起因是多重的：其一，荣氏企业长期过度扩张，导致负债过大；其二，荣宗敬父子投机亏损；其三，国际白银价格暴涨导致棉纱市场大萧条——罗斯福施行新政，放弃金本位以刺激美国经济复苏，诱发了中国金融和工商业的全面动荡。

常以“债多不愁，虱多不痒，债越多越风凉”自我解嘲的荣宗敬此时痛苦地说：“无日不在愁城惨雾之中。花贵纱贱，不敷成本；积纱成布，布价亦仅及纱价；销路不动，存货山积……盖自办纱以来，未有如今年之痛苦者也。”

荣宗敬甚至想到自杀。此时，坐守无锡的荣德生已接到哥哥的求援电话，次日凌晨4时，携带筹措的有价证券与长子荣伟仁一同赶到上海“救火”。兄弟俩商议后，决定由荣德生出面与银行议谈，并亲赴南京向中央政府求救，请准予申新发行500万的公司特别债券，由政府予以保息。

此时，距南京国民政府成立已有7年之久。在经济国家主义的指导下，国营工业自洋务运动中断以来进入另一个高速发展时期，大型冶金、燃料、化工、电气企业纷纷创建，推动了国民经济年平均高达8%—9%的增长率。

1934年爆发的经济危机，给宋子文、孔祥熙为首的官商们收编民营企业提供了一个绝佳机会。国民政府的财政部、实业部、税务署、棉统会纷纷派人插手申新企业及总公司的调查，实业部长陈公博拟定一份“救济方案”：由政府召集债权人组成临时管理委员会，以300万接管荣家数千万资产，并通过报纸造势声称——申新的惟一出路就是“国有化”。

荣宗敬异常激愤，致函蒋介石、孔祥熙：“民商何罪？申新何辜？滥用职权，用心所在，实有企图宰割之嫌。”各地同业会纷纷通电国民政府相关部门，反对政府的行为。在舆论压力下，实业部的方案最终流产。

此时，5大民营银行已收归“国有”，宋子文出任中国银行董事长。荣家多次上门求救，宋子文淡淡地说：“申新这么困难，你不要管了。你家每月2000元的开销由我负责。”这是比陈公博还要狠的方案：要求荣家交出全部申新纱厂，发行公司债券，旧债以债券归还，并拟将银行借款利息率降低为年利5厘；人事安排方面，拟由中国银行总稽核担任申新总经理，各厂的生产经营业务由中国棉业公司总负责。

宋子文专门准备了一个大蛋糕庆贺这一战果，但是申新“国有化”的图谋，却因陈光甫代表上海银行拒绝在协议上签字，在最后一刻夭折。在民国元老吴稚晖的活动下，经多方协商，荣家选择放弃部分控制权，接受了银团的监督和管理申新的方案。

多年来，荣氏家族谨慎地与官场保持距离，一直“在商言商”，仅以商界代表身份出席各届政府举办的工商界会议。然而，必要时，他们也会寻求大树庇佑。荣德生与无锡同乡吴稚晖关系深厚，这位说话颇有分量的元老多次在危难时刻为荣家出头通融。吴和另一位国民党大员戴季陶则是江南大学首届校董事会的董事长和副董事长。

对于“国有化”，江南大学荣氏研究中心主任史应勇博士另有一番见解。“尽管是国民政府的意愿，在民国时期，经济界和政界相对分得比较清楚，企业家们依然有一定的抗争余地，可以通过游说政府不同派别、请辞等方式进行抵抗。”他认为，荣氏脱险，正是运用了这种“合法的博弈”。

风雨乱世　“众枯独荣”

1937年这个悲痛的年份，荣宗敬没能迈过他人生的最后一道巨坎。

8月13日，淞沪会战爆发，上海地区处于一片炮火之中，被毁工厂达2270余家。荣家事业三分之二付之东流，或成灰烬，或被劫持。

这让视事业为生命的荣氏兄弟悲痛不已。经再三商议，决定荣宗敬留守租界，看守上海的工厂，荣德生则带着子婿一干人离开无锡到达汉口，第二天就下工厂视察，要求职工抓住时机快速生产；荣宗敬一边利用孤岛的有利环境，坚持租界内各厂的生产，一边时刻牵挂着敌占区内被毁的工厂，多次派人进入厂房调查设备受损情况。

兄弟俩只有一个念想——尽早让工厂恢复生产。12月下旬，日军为筹备占领区的伪政府，物色上海滩一批有名望的商绅成立“上海市民协会”，声称其目的一为“救济难民，俾彼等得返故乡，重理旧业”，一为“重新开启战区内之工厂”。这正是荣氏梦寐以求的，受邀请的荣宗敬说“我的事业这么多，而且大部分在战区，我不出来维持叫谁维持”，还向记者表明心迹，“余个人并不属任何党派，纯系一商人”。

一连串暗杀事件迅速击碎了他的中立幻想。很快，有人向“协会”成员发出威胁性的忠告：“切莫自绝国人，自毁人格。”数日后，“协会会长”南市电力公司总经理陆伯鸿被地下抗日分子暗杀。接着，有人向“米大王”顾馨一的住宅天井投进一颗手榴弹。荣宗敬住宅的周围，也出现一些形迹可疑的人。

1938年1月一个月黑风高的夜晚，一辆洋人小轿车停靠在西摩路荣宅附近，在英商通和洋行经理薛克的帮助下，荣宗敬乘上轿车飞驶黄浦江码头，搭外国轮船到了香港。

半生事业夷为平地，又受了惊吓，加上社会上对他出任日伪组织职务的抨击，接二连三的打击和羞辱击垮了荣宗敬。赴港一个多月后，这位荣家创世第一代核心人物撒手离世。国民政府特发悼念令给荣宗敬盖棺定论，褒奖其“兴办实业”的精神。

荣宗敬之死对荣家构成最沉重的打击。自荣家发迹20多年来，荣宗敬一直大权独揽，是荣氏三大企业系统和一切经营活动的核心。此时，谁来接他的班，执掌荣家企业？

荣德生没有兄长的强势与铁腕，而两房子侄婿们多在家族企业中负责经营管理，羽翼已丰。一场围绕着荣家大房和二房之间的权力争夺开始了，荣家内部分裂为三股势力：以大房荣宗敬之子荣鸿元为代表的总公司系统，辖一、六、七厂和上海福新各面粉厂；以二房荣德生为代表的“申新总管理处”系统，辖二、三、五厂和茂新各面粉厂；以李国伟为代表的汉口“申四福五系统”。出身贫寒的李国伟是荣德生长婿，一直被荣视为有“大局之才”，他在负责工厂内迁中渐生离心，后与一批少壮派经理人在内地自成一个独立系统。

虽然家业近毁，这个工商业家族仍然显示了顽强的生存能力：上海租界内的申新二、九厂利用“孤岛”的特殊繁荣时期，挂上外资牌，开足马力扩大再生产；地处无锡的申三厂通过行贿敌伪关卡获得棉花、电力等生产原料，在恶劣环境里坚持生产，荣德生在上海每日通过电话遥控调度；内迁的申四、福五，历经艰辛把机器设备运输到宝鸡和重庆，也在战时环境下获取了丰厚利润。

回想1937年正月初，荣德生为公司沉重的债务心情烦闷，扶乩请仙。乩示云：“三年内还清，且可有余。”他将信将疑。“不料后来竟能实现”。乱世风雨中，荣氏家族非但未被击垮，反而获得了惊人的财富，并借货币兑换，一举还清了所有的陈年旧债。

8年之后，荣氏家族重新夺回对企业的控制权。

选择共产党

多年来，研究近当代中国史的外国学者都在试图解答一个疑团——1949年前后，上海资本家们为什么会普遍离弃国民党、投向共产党？

1949年5月25日那个早晨之前的日日夜夜里，对于未来的出路，荣氏家族内部发生了严重分歧。荣德生父子在这一时刻的抉择，使其之后的命运成为半个世纪中国政治生态的一个写照。

抗战胜利时，荣德生欣喜万分，却对政府接管日本纱厂提出异议："能用民力，不必国营，国用自足……因官从民出，事不切己，徒然增加浪费而已。"很快，他所面对的不仅仅是政府收罗逆产这么简单了。接受敌伪产业加上美国的经济援助，国民政府的国营资本在战后迅速膨胀，从交通运输到金融、能源、机械制造和粮油纺织，都组建了庞大的国营企业。与此同时，棉纱、面粉行业受到越来越严厉的管制。到1947年12月，政府成立花纱布管理委员会，完全恢复战时管理。因为原料和产品销路均被政府"卡"住，茂新、福新各厂后来只得靠为国民政府和军队代磨面粉为主要业务，尤其自"五厂公记"成立后，企业的产供销业务完全处于政府控制之下，流动资金几乎全靠未付栈单来维持。

本意再展宏图的荣家三股力量，只得放弃自创业以来"重积累"的扩展策略。1946年，仅申新二、五厂两厂一年就分红5次，荣家两房从中获利达30亿元以上，折合黄金11000两以上。当时，社会上流传着一个申新厂长赚了多少钱的故事。这些半真半假的传闻，自然招来了贪婪的目光。

1946年4月25日上午，荣德生和儿子、女婿外出，在家门弄堂至路口的转弯处，突遭人拦车袭击。匪徒出示毛森签发的第三方面军红色逮捕令，随后将荣德生强行架入一辆印有"淞沪警备司令部"标记的小车里，劫持而去。

社会舆论一片哗然，淞沪警备司令部和毛森均插手"破案"。荣家最后与绑匪商量以50万美元赎回荣德生。交款当日，正当荣家带着两皮箱美钞等着交易，稽查人员忽然从天而降，搜走巨款，随即发还。第三天，淞沪警备司令部再次上门取走50万美元，次日晚荣德生被绑匪雇车送回家中。之后，军警接连向荣家索取破案"酬金"共计60万美元，分摊酬金的申新各厂只得靠出售棉纱的价款来支付。种种证据表明，淞沪警备司令部与上海滩第一绑票案脱不了干系。

时隔两年半，荣宗敬长子荣鸿元因"私套外汇"又遭牢狱之灾，被扣押77天，前后被勒去财物折合50万美元。

荣德生四子荣毅仁在上海解放前3个月被控“贪污罪”，被法院勒索黄金10条、美金5000。更令他悲痛的是，决定去港台发展的三子荣一心赴港途中坠机身亡。

接连发生的牢狱之灾，军警法庭的敲诈勒索，国家垄断资本的野蛮扩张，使得荣德生、荣毅仁父子逐渐对南京政权失去了信任。抗战后日益尖锐的官民经济矛盾，最终将这对父子推向了共产党这一边。

中共一度在如何对待资产阶级的政策问题上摇摆不定。直到1940年代初期，在毛泽东的主持下，逐渐形成一套相对成熟的政策路线：把资产阶级和以蒋介石为首的“官商”利益集团区别开来，将其定性为“民族”的，宣称愿与之合组联合政府，从而成功地分化了社会富裕阶层，博得了多数人的同情与支持。即将登上历史舞台的新政权迫切需要留住一批资本家。

荣德生心情很矛盾：一旦离开大陆，毕生事业将去之大半。作为赤手空拳打江山的创业一代来说，这样的结局毕竟很凄凉。年轻的荣毅仁也很彷徨，若一走了之，到海外很可能就是做一个寓公，过着二等公民的生活。

对于荣毅仁此刻和之后的选择，计泓赓个人感同身受。上海解放的前两三年，她不满20岁，在《大公报》就职，是个典型的“不问政治”的上海小姐。因为朋友的影响，经常能看到秘密流传的进步刊物，1948年夏，她和另一青年冒着生命危险前往解放区。“那时，真觉得被一个更伟大的使命所激动的幸福。”

这种源自信仰的幸福感和崇高感，对刚入而立之年、充满着理想与激情的荣毅仁来说，一样有着莫大的吸引力。

“文革”期间，受到冲击的荣毅仁精神上非常苦闷，然而每当夫人杨鉴清抱怨如果他当年不留下来，一家人不至于遭此境遇，涵养一向很好的荣毅仁就会朝她雷霆大发——“这就是我和你之间的差别！”

红色资本家是怎样锻造出来的

1949年，33岁的荣毅仁肩负起管理家族在大陆余下产业的责任。这位原本在荣家二代中并不突出的二房四子，成为荣氏家族百年历史上最富传奇的人物。

进城之际，擅长统战的人民政府尤为注意团结工商业界，不仅保护私有财产，而且倡行“公私兼顾，劳资两利”的政策，给予种种扶持和优遇。不少原本已逃往香港的老板，放不下留在内地的产业，纷纷回来。分任市长、副市长的陈毅和潘汉年一登场就给上海工商界留下非常好的印象。这些有着戎马生涯的红色官员，明朗豪爽，生气勃勃，与企业家们往日熟悉的充满陈腐气的国民党高官形成鲜明对比。

考虑到荣家在工商界的地位和国内外的影响力，中共中央对留在大陆的荣德生和荣毅仁父子尤为关切，对年轻的荣毅仁尤其刮目相看，希望他在工商界起到榜样作用。被推选为全国政协委员的荣德生心绪烦乱。不断激化的劳资冲突，也令他心力交瘁。1952年，他怀着复杂的心态离开了这个纷乱的新世界。

>>1956年1月20日，荣毅仁之弟、公私合营上海申新棉纺织印染厂总管理处总务处长荣鸿仁（左）在与公私合营上海大新振染织二厂副长厂王义本（右）交谈

<<1950年代初，公私合营中新纺织厂总经理荣毅仁在庆祝公私合营大会上讲话

1951年3月，“反贪污、反浪费、反官僚主义”三反运动在全国展开，曝出资本家偷税漏税、偷工减料、勾结官员以盗取经济情报的大量问题，上海地区尤为严重。

针对工商界的“反行贿、反偷税漏税、反盗窃国家财物、反偷工减料”的熊熊大火烧到黄浦江畔。这是新中国成立以来对中国工商业资本家的第一次重大运动。

荣毅仁一开始是有抵触情绪的，但随着运动升级扩大，从未见识过“革命威力”的工商业界很快陷入巨大的恐慌。在互评互助会上，资本家们争先恐后“坦白罪行”。最初，荣毅仁交代违法获利280亿，随后追加到300多亿，最后竟报出2096亿这样的天文数字。因数额巨大，他只得向上海市统战部副部长表示：自己名下并无财产，只有上海麦尼路一座住宅，已准备押款10亿，以还付欠中粮公司的款项，其他退款，只能将申新等厂向政府抵出，或直接实行公私合营；如果不行，“四面逼紧，没有办法时，只好上吊”。

在压倒一切的人民专政面前，交出企业是惟一的出路。之后几个月，各地资本家纷纷要求公私合营，或抵厂还款。一场原本计划需要15年乃至更长时间的社会主义改造运动，随后几年以惊人的速度完成。

1956年1月20日，身为上海市工商联副主席的荣毅仁和盛丕华一起，代表全市私营工商业者向当时的曹荻秋副市长提交了上海市资本主义工商业公私合营申请书。那天的联欢晚会上，荣毅仁清唱了一曲《草桥关》，讲的是东汉刘秀赦免功臣姚期父子的故事。

这是一种撕心裂肺的痛。不少资本家白天敲锣打鼓地把自家产业送去“公私合营”，晚上躲在家里抱头痛哭。荣毅仁内心也很挣扎，在薄一波的回忆中，周恩来谈到荣毅仁时曾说过：“他是全国第一号资本家，他在这个地方讲，他那个阶级应该消灭，可是，另外碰到一个又跟他说：你祖宗三代辛辛苦苦地搞的这点工厂，在你手里送出去实在可惜呀！他也眼泪直流这是很自然的。”计泓赓曾向荣毅仁求证过这一细节，“他回忆说自己没有流泪”。

之后，中共中央有步骤地把一批有名望的资本家吸纳进政府，给予较高的政治地位。荣毅仁的上升更是一路绿灯：先全国人大代表，后上海市副市长，1959年调任纺织部副部长。在种种力量的助推下，荣毅仁逐渐化身为红色中国的一个特殊政治符号。

“顺应时代发展，把握自己命运”是毛泽东1950年代送给荣毅仁的一句话。曾年少气盛、说过“赞成共产党只举一只手，如果两只手就是投降”的荣家少爷，后来公开自我检讨，说“现在要举起双手拥护共产党”。

在后来越发复杂的政治环境里，荣毅仁变得日益谨慎，从不轻易吐露自己的内心世界。从他后来创办中信的经历来看，他对经济规律有很清楚的认识和把握，眼光和心态相当开放。而对国家经济生活中种种扭曲的怪现状，他始终保持着沉默。

无论怎样，中信不会破产

“文革”后，如果不是一个伟人的决定性的复出和卓越的眼光，作为符号的荣毅仁的余生可能只是在平淡中度过。这个人就是三落三起的改革家邓小平。他的点将，让荣毅仁得以重新回归企业家角色。

1979年1月，邓小平在人民大会堂与荣毅仁、猪鬃大王古耕虞、钢铁大王胡子昂、新民机器厂创始人胡厥文等工商界五老座谈。他阐述了改革开放的方针，并就如何发挥工商业者在经济建设中的作用征询他们的意见。据原中信香港董事庄寿仓回忆，五老中有几位要求摘除资产阶级的“帽子”，惟独荣毅仁提出了吸引外资兴办实业的建议。

邓小平很感兴趣，让他写份报告。赋闲十多年的荣毅仁异常兴奋，他向中央递交了一份《建议设立国际投资信托公司的一些初步意见》，以“从国外吸收资金，引进先进技术，实现四个现代化”。

事实上，荣毅仁最初的想法是成立一家私人企业。荣家在晚清和民国的经历，使他对官商不分的弊端有十分清醒的认识。但是，他很快就明白了中央的意图——这只能是一家国有属性的企业。

1979年7月，国务院正式批准成立中信国际信托投资公司。这是一个奇特的公司，荣毅仁挑选的核心团队由一批老资本家和新中国的高干子弟组成：王兼士、吴志超、吴光汉、雷平一、杨锡山、经叔平（后创办民生银行）、叶剑英的侄儿叶选基、王震之子王军等。

这多少可以解读出中信的若干特色：在一定程度上，公司遵循的是自由市场经济环境中的规律和经验，尽管这些经验可能已经过时；此外，它不仅是一家国务院直辖的企业，还拥有特殊的政治背景，这将为之后的各种制度突破提供某种特殊通路。

公司注册资本是2亿元，因为国家财政困难，改为1亿，第一次只拨了2000万，荣毅仁自己“借”了1000万给政府。产权一开始就成为敏感话题：当时外界传闻是荣毅仁投资的，以至于电影明星赵丹有次碰到著名的荣老板，也好奇地问起产权归属。当时中信第一财务部经理闵义民这样回答他：“公司没有荣毅仁的股份，他把钱借给公司不是个人投资，公司到时会如数奉还。”

荣毅仁很快就表现出卓越的商业才干。在封闭已久的红色国度，他使用的资本主义金融手段之多、手笔之大，让当时许多高层人物惊诧不已：1982年，以中信名义发行100亿日元私募债券；率先搞房地产开发，接连建了北京的商业地标——国际大厦、京城大厦，然后在全国各地投资兴建饭店、宾馆、高档写字楼；1981年从日本租小轿车400辆……荣毅仁也喜滋滋地自称“包龙图”（无锡官话，音同“包弄大”）——是个喜欢弄大事的人。

国门初启，党内路线之争依然存在。在保守派眼里，对外窗口试点的中信像一部“无轨电车”令人不安，总想把它纳入他们的管控体系。每当阻碍很大时，荣毅仁就向邓小平“打小报告”，寻求支持。这是荣毅仁后半生最辉煌的14年，也是他最充实、心情最畅快的14年，他实现了一个企业家的价值和使命——创办了一家巨型企业集团，引进了巨额外资，促成了一桩桩大项目的实施。可以说，荣毅仁成就了中信，中信也成就了荣毅仁的后半生。他之于中信首先具有符号意义，中国政府借此对外传递改革开放的决心。正如《远东经济评论》1987年一篇文章指出：“无论中信公司的试验产生什么结果，这家公司是不会破产的。因为，正如一位分析家所说的那样，倘若它真的破产了，也就意味着中国开放政策的失败。”

1993年，荣毅仁出任国家副主席。直到他去世，人们才从中央发布的悼词中读到一条隐藏多年的信息——这位红色资本家已于1985年秘密加入中国共产党。

（参考书目：荣德生《乐农自订行年纪事》，许维雍、黄汉民《荣家企业发展史》，［美］费维恺《中国早期工业化：盛宣怀（1844—1916）和官督商办企业》，计泓赓《荣毅仁》，吴晓波《跌荡一百年：中国企业1870—1977》，《中国资本主义工商业的社会主义改造（上海卷）》，杨奎松《上海“五反”运动之经过》《建国前后中共党对资本主义的态度》等）

荣智健和他的儿女们

如果不是一桩金额巨大的“澳元门”事件，荣智健和他的儿女们大约仍然隐匿于大众视野之外。只在胡润每年发布“中国富豪强势榜”时，人们才会感慨一番这个家族不可思议的财富与权势。

定居香港的荣智健一家行事极为低调。即使热衷追逐豪门子弟绯闻艳事的香港狗仔队，也挖不到关于他们的八卦。只有透过财经新闻版上中信泰富的勇猛搏杀，才能看到荣氏隐约的身影。

初试身手，资产增值400倍

1978年，父亲创办中信的前一个夏天，36岁的荣智健告别妻儿，带着一张单程通行证南下香港。从这一天起，他告别了工程师身份，回归父祖两代的战场——自由的商业世界。

1942年生于上海的荣智健是荣家红色血脉的惟一男性继承人。出身无锡望族、“比秦怡更有风度”的荣毅仁夫人杨鉴清难免对这个独子偏爱一些。少年时，荣智健就是上海滩知名的公子，兴趣广泛，精力充沛，开着拉风的红色皮座跑车——那是父亲送的生日礼物，常常请朋友到和平饭店、红房子下馆子。

在天津大学读书期间，正是三年困难时期，荣公子依然能开小灶吃小排。那时，他全副心思都在棒球上，每天忙着练球，大学第一年参加了两次全国比赛，几乎一天课都没上。

养尊处优的公子生活一度因“文革”中断：他从水电部下放到吉林长白山下的一个水电站，在零下30摄氏度严寒中劳作，睡东北大炕；次年，再被下放到四川凉山彝族自治州的水电站接受“劳动教育”，在

>>荣智健及家人

山间搬机器、挖土方、抬石头、架设高压电缆……因为这段受难经历，他给儿女取名时将他们原该使用的“信”字辈（荣家家谱第四代）改为“明”字辈。在荣智健看来，明白事理，明辨是非，比“信”更重要。直到1972年，荣智健才调回北京，在电力系统做科研工作。

这当然不是他天生的战场。荣氏家族的财富智慧在这个时候得以显现——荣毅仁早年和叔侄们在香港有一些合股企业，多为纺织工厂。30年来他们从没动过这笔钱，本金加股息竟积下几十万元，这成为荣智健的起家资金。

在香港，他和大伯荣伟仁之子荣智鑫、荣智谦合股开办爱卡电子厂。几年后，又通过表妹唐芙生，结识了美国电脑业享有盛名的林铭和米歇尔·弗尤尔，3人合伙创办了加州自动设计公司。

短短6年，小荣办了两家公司，都在行情最好的时候套现，资产增值400倍。对于自己的“第二桶金”，荣智健也爽快地承认：那时自己还是个大笨蛋，业务是美国的搭档在负责，只是这俩搭档实在太能干了！事实上，香港爱卡公司当时生产的电子表、集成电路和电脑存储器是直接销往内地的，这是其他港商那时除了铤而走险的走私外不敢想象的通路。

父辈能给予他的，远非区区几十万和家族人脉。1986年，当荣智健投资的香港商业楼宇市场转淡时，他收到了一份比红色跑车更大的礼物——北京方面邀请他以副董事长兼董事总经理的身份加盟中信香港。

44岁的荣智健站在中信香港的平台上。荣家的辉煌，现在翻到了他这一页。

跻身中信泰富第二大股东

荣智健心中的榜样是李嘉诚、霍英东这样世界级的金融实业家，他要为自己的家族续写新的财富传奇。

当时，中信香港的资产规模还很小。荣智健从国务院争取到8亿港元后，在香港发起一系列令人眼花缭乱的大收购，最后，中信香港拥有了国泰航空12.5%、香港电讯20%、港龙航空38.3%、东区海底隧道23.5%、澳门电讯20%的股权，总资产接近200亿港元，成为中资公司中的航空母舰。

在父亲的老朋友李嘉诚的点拨下，雄心勃勃的荣智健在1990年成功买下一家壳公司，将之更名为“中信泰富”，自己出任董事局主席。之

<<香港中信大厦（余伟建摄）

后，他以此为平台对香港第一大贸易行恒昌发起收购；李首富此时再助他一臂之力，联合郑裕彤、郭鹤年，以中信泰富为核心组建财团，购得恒昌97.12%的股份。接着，中信泰富又从股市上圈来25亿港元，收购三富豪手里的股份，把整个恒昌吞入腹中。

李嘉诚等商界巨头这么给小荣面子，除与老荣的私人交情，看重的是荣家的政治背景。当时，香港有两家中资背景的企业——中信和光大。

继承了家族商业天赋的荣智健迅速成长为资本高手，之后中信泰富收购并购的经典案例之多，足可写成一部MBA教科书。短短几年间，中信泰富从一只小蚊子变身为庞然大物，横跨地产、金融、电信等诸多产业，1992年起成为恒生指数33只成分股之一。

财富道路如此顺畅，连最棘手的国有企业产权问题都取得了顺利的突破。

直到2003年卸任中信董事长职位，王军才在接受采访时披露这桩MBO内情：1996年底，在荣毅仁即将退任国家副主席之际，荣的继任者王军私自决定以25％的折让价，配售3.3亿股中信泰富给荣氏为首的管理层，其中2.91亿股由荣智健独得。这次配股使荣家成为中信泰富第二大股东；因为涉嫌国有资产流失，王军本人后被国务院点名批评，还被时任副总理的朱镕基找去谈话。

尽管这期间起伏波折，立下汗马功劳的荣氏父子终于通过阳光的方式确立了股权。在一家国有企业任职，凭借个人持有的股份而四度坐上“中国首富”的宝座，荣智健是全中国绝无仅有的。

荣智健也承认，自己的成功很大程度依仗了父亲。然而，他也自信地说：“假如我仅仅只是国家副主席荣毅仁的儿子，而没有经商办企业的才干，我也不会得到国家和人民的信任，登上这个举足轻重的显赫之位。”

舆论哗然，荣家出局

在香港人眼里，中信泰富是一个“紫筹股”——蓝筹的外面，还蒙着一层红色。紫色，是中央权力的象征。

<<荣智健（方迎忠摄）

相比父亲，荣智健给自己的定位是一名更纯粹的商界人士。据接近他的人向记者透露，荣智健曾婉拒中央政府邀他出任全国政协要职的意思；他也有意加强对中信泰富的控制，随着个人增持股份达4亿股以上，公司的家族色彩日浓，他开始高调宣称，中信泰富不再是一家红筹企业，并无特权，不过是“消息灵通些”。

另一方面，荣智健也习惯性地享受着紫色荫庇下的“双赢”：赚钱在香港，背靠中央政府的资源和无限信用；一旦碰到危机，母公司中信集团总会出手相助。多年来，他已经养成一有难题必跑北京的习惯。1997年亚洲金融危机重创香港，荣智健很快就从北京带着10亿救急金归来。

荣家一直有与望族联姻的传统。荣智健之妹荣智婉是澳门富豪马万祺的儿媳，夫人任顺弥则是解放前“汗衫大王”任士刚的孙女。他的两子一女都先后进中信泰富：长子荣明杰低调稳重，是公司董事局最年轻的董事；次子荣明棣是个80后，外形酷似偶像明星。荣智健最宠爱的，是外貌与他最像的女儿荣明方。为满足爱女出海畅游的爱好，他专门为她购买了一艘价值逾千万港元的新游艇。

荣明方个性强硬，事业心极强。起初，她并不在父亲考虑的接班人之列。2005年，她担任香港东区海底隧道公司董事期间，东隧公司申请过道加价，未能得到特区政府批准，荣明方后以合约中规定合理经济回报率达15%为由，启动合约中的仲裁机制，把加价申请交予国际仲裁，打赢了官司，结果东隧过道费足足加价67%。

荣明方由此博得父亲的肯定，追随兄长进入董事局只是时间问题。但是这桩与民争利的加价案，却让荣家在香港的公众形象大打折扣，待到中信泰富炒汇巨亏案曝出，舆论对荣家尤其是荣明方讽刺挖苦声一片。

2008年，因为看涨澳元，中信泰富在几个月里和13家国际大银行签下了24款风险和收益完全不对等的外汇累计期权合约。随着全球金融危机爆发，澳元一路狂泻，中信泰富总损失高达147亿港元。消息披露后，股价一度暴跌七成，市值蒸发超过200亿港元。

媒体普遍认为，身为财务董事的荣明方负有第一责任。然而，中信泰富的内部调查声称：荣明方只是低级别的财务部主管，不负主要责任，仅处以调离财务部、降职减薪的轻微处分；内部调查认定的主要责任人张立宪和周志贤则引咎辞职。

香港舆论一片哗然，认为张、周二人不过是荣家的“替死鬼”。在舆论的炙烤下，2009年4月8日，荣智健宣布辞去中信泰富董事长一职。5月传出消息，荣智健卖出6000万股公司股权，最多套现7.32亿港元。荣家出局已成定局。母公司中信集团再次扮演拯救者角色，为泰富划拨18亿备用金，接任荣的是中信集团副董事长兼总经理常振明。

种种迹象表明：国资委有意对这家曾被荣智健像家族企业那样经营的公司加强控制。

商海沉浮，本是商人免不了的命运。难堪的是，荣智健家族在这场危机中的被动与局促——出局中信系后，一个如此显赫的商业家族竟无自己独立之事业，面临着重新创业的首要任务。自1986年荣智健加盟中信后，荣家子弟再无独立创业，都在中信与中信泰富的大船上享受其成。

官商不分，或许是荣智健在荣家百年家业中的最大失误。20多年，他和他的儿女享受着身披紫色外衣的特权与好处，却忘了父亲当年“督办”中信的无奈，更忘记了大伯父荣伟仁在20世纪家族另一场重大危机中一番忧心忡忡的话——“政商合办之事，在中国从未做好，且商人无政治能力策应，必至全功尽弃。”

邵逸夫家族

郑廷鑫 翁倩 杨潇/撰文

这是华人世界里很难超越的传奇人物：由他创办的邵氏兄弟公司，迄今出品影片超过一千部；他退休离任的香港广播电视有限公司（TVB），在香港历次收视大战中屹立不倒，制作节目行销全球40个国家和地区——几乎所有你能想到的华语影视名人，或多或少都跟邵逸夫这个名字发生联系；由他创办，以他名字命名的“邵逸夫奖”，有东方诺贝尔奖的美誉；热心慈善公益的他，到2005年已经向内地教育捐助超过33亿港元，在内地大小学校，随处可见“逸夫楼”。为表彰邵逸夫对内地教育科技事业的贡献，中国政府将一颗1990年发现的行星命名为“邵逸夫星”……

综观邵逸夫此生足迹，不难看出家族血脉对于他毕生产生的深远影响。邵逸夫后来所有的发展脉络，几乎都能从1925年上海闸北横滨路那家由长兄创办的“天一影片公司”找到答案。如果说邵氏兄弟是香港电影的源头，那么邵氏家族和天一公司，便是邵逸夫生命传奇的源头。

邵氏家族：燎原的影视帝国

香港电视广播有限公司（Television Broadcasts Limited，以下简称TVB）坐落在九龙将军澳。综艺录影楼的正门外墙上，“迈向45”几个大字，在冬日的暖阳下色彩斑斓。2011年11月，TVB迎来创办44周年的台庆，粤港一带忌讳言“4”，所以TVB提出了这个新的台庆口号。

11月19日，“万千星辉贺台庆”晚会在综艺楼举行。每年台庆的开场节目是一个固定程序——董事局主席邵逸夫在两位港姐的陪伴下，主持亮灯仪式。当晚镜头切入时，出现在画面里的，不是104岁的邵逸夫，而是由今年港姐冠亚军陪伴着的董事局副主席梁乃鹏。

在台庆的媒体见面会上，邵逸夫的夫人、无线董事局行政主席方逸华女士解释说，因为邵逸夫在午睡，不忍心打搅，所以没来参加台庆，不过他会在家中收看电视。香港媒体穷追不舍，问方逸华TVB当晚是否会进行权力交接。她对长枪短炮的媒体留下一句话：“你们明天把故事编好一点啦。”

12月7日，TVB发表声明：电视广播有限公司（无线电视）董事局宣布邵逸夫爵士将自2011年12月31日后，退任本公司董事局主席。同时，邵爵士亦会退任无线电视非执行董事及董事局辖下行政委员会成员职务。声明中还宣布：梁乃鹏将接替邵逸夫，出任董事局主席。

一生兴趣都在电影

“要问我什么时候退休，我告诉你，我永不退休。”1981年12月4日，邵逸夫在位于清水湾的办公

<<2008年TVB台庆41周年，邵逸夫和一众明星合影

室接受了媒体采访。那天他刚刚获得香港大学授予的荣誉博士学位，主持仪式的，是时任港督麦理浩。

那年，邵逸夫投资1.5亿港币，联合《星球大战》特效制作班底和好莱坞制片公司，拍摄了科幻大片《Blade Runner》，中文名为《电脑人》。“拍片就一定要拍大片，我们这个《电脑人》，是讲机器人跟真人恋爱、斗争的故事。”这部影片就是后来由雷德利·斯科特执导、哈里森·福特主演的《银翼杀手》。

也正是那一年，邵逸夫的电影公司“邵氏兄弟”刚刚有过一次股权之争。打算收购邵氏的佳宁集团开价75元一股，邵逸夫还是拒绝了收购方案。收购如果成功，邵氏的名下，将出现地产投资板块。

“也许合作，多方发展，邵氏会赚更多的钱，但是我还是决定不换口味，一直做电影。”邵逸夫说，“我的一生兴趣都在电影，现在这个年纪，不打算换了。”

会经商的宁波人

1905年是邵逸夫的父亲邵玉轩从宁波老家镇海郊区朱家桥镇来沪创业的第4个年头，当时他在上海经营着一家名为“锦泰昌”的颜料行。同年，在北京丰泰照相馆，旅日归来的老板兼摄影师任景丰购置了法国造木壳手摇摄影机以及14卷胶片，邀请京剧名家谭鑫培，拍摄了《定军山》中“请缨”“舞刀”“交锋”等几个片段。这一举动，后来被认为是中国电影诞生的标志。

后人对邵玉轩的零星记载，大多没有离开这几个关键词：为人谦和，经营有方。在众说不一的有限史料中，有一点颇为一致：邵玉轩1920年去世时，清末维新派领袖康有为、上海滩著名大亨虞洽卿、前苏浙总督卢永祥、民国元老谭延闿等晚清与民国风云人物纷纷为其题词致哀。不难发现：邵玉轩思想开明，人脉广泛，生意经营得极其成功，当时应该是十里洋场极有影响力的商场人物。

上海滩创业的20年，正是中国风云突变的20年，邵玉轩的家族生意正是在这个时期崛起。多年后，他的几个儿子“深谙市场、远离政治”

<< 左起：邵邨人、邵仁枚、邵逸夫，摄于1950年代

的经营之道，与他的经商智慧如出一辙。

邵玉轩跟电影初次结缘，是在跟朋友的一次游玩中。那天他们偶然看了一场电影，虽然还处于默片时代，但老百姓对于一块白布上出现活灵活现的山水人物充满了好奇。散场后，邵玉轩跟朋友打听起了他关心的问题：一部拷贝多少钱？一部影片可以放映多少场？每场观众大约多少？票房如何？成本多少？盈利多少？那一次，邵玉轩隐隐感到：经营得当的话，卖电影，比卖颜料挣钱得多！

1907年，邵玉轩迎来了四子邵逸夫的诞生。因其前有3位大哥、两位大姐，排行老六，所以邵逸夫后来被港人称为“六叔”。在3位大哥仁杰、仁棣、仁枚之后，这位“仁”字辈新丁取名“仁楞”。

在吴侬软语里，“仁楞”并无不妥；但换成其他方言，这个名字多少有些不雅。三位大哥依次号醉翁、邨人、山客，邵仁楞给自己取的号是：逸夫。

“宁波人从小就立志做大事，头等大事就是经商。一生从商，终生忙碌。取这个名字，是希望自己以后能闹中取静，忙里偷闲，安逸度过一生。”邵逸夫后来这样解释。

邵醉翁与天一

邵氏家族进入电影业，始于大哥邵醉翁。

邵醉翁，1914年毕业于神州大学法学科，从影之前在金融界、商贸界摸爬滚打，先是与人合资办“中法振业银行”，同时在南北各地兼营三十多家商号，后因经营“华友蛋厂”失利，开始寻求新的投资渠道。

1922年，法租界有个叫“小舞台”的娱乐场所，每日都有戏曲、评弹、评书等各色娱乐活动。因老板经营不善，债台高筑，最终只得抵押变卖。邵醉翁就这样成为“小舞台”的新主人。接手后，他将“小舞台”改名为“笑舞台”。一字之差，观众一目了然：此地为娱乐大众而立。

“笑舞台”的主要业务是上演文明戏。当时与他联手创业的两位骨干，便是后来在影史上被称为中国第一代导演的两位大家：张石川和郑正秋。邵醉翁排演的第一出舞台剧，居然出人意料地大获成功。身边朋友于是夸他：你有写剧本、做导演的天才。

不到一年，张石川和郑正秋离开“笑舞台”，创办了“明星影片公司”，推出《孤儿救祖记》。该片的成功，奠定了它在业内的龙头地位。邵醉翁深受触动，电影这个新兴行业果然如他所料，有利可图。1925年6月，邵醉翁创办了邵氏家族的第一家影业实体：天一影片公司。

邵逸夫后来解释：之所以叫天一，就是天下第一、天下一家的意思。他没有提到另外一层意思：老胶片易着火，按《易经》说法，“天一生水”，水能避火。

天一开业短短半年，邵醉翁一鼓作气执导了3部影片：《立地成佛》《女侠李飞传》《忠孝节义》。传媒学者李亦中后来评价说：这一快速、多产的特点，此后一直贯穿于天一影片公司的日常运作。

“注重旧道德、旧伦理，发扬中华文明，力避欧化。”这是邵醉翁为天一公司确立的制片宗旨。在后来的很长时间里，邵逸夫旗下的邵氏兄弟，沿袭了这一宗旨。

《立地成佛》描写了一个横征暴敛的军阀，在爱子死后，遣散妻妾、散尽家财，削发为僧立地成佛的故事。问世后，它在评论界引起了巨大的争议，一度被批为“反动影片”，“与第一次国内革命战争直接对立”。

邵醉翁1933年接受采访时回应说：我觉得什么都有新旧，只有道德没有新旧之分。就现在而论，还应适当提倡旧道德，忠孝节义不过是解释略有不同。

“守旧”是邵醉翁和他的天一公司留给外界最深的印象。天一公司的片头，是一尊佛像。在当时新旧文化激烈冲突的大背景下，很少有生意人会如此清晰地亮明自己的价值取向。不仅如此，邵醉翁还在办公室供奉佛像。天一的片场按他的要求，四壁刷成明黄色，很多第一次来的人，都疑心“进了佛堂”。

《立地成佛》原本打算在中央大戏院隆重上映，却与明星公司的排片档期发生冲突，首映不得不推迟。天一与明星公司由此结怨。1926年7月，明星公司联合大中华百合、民新、华剧、友联等6家公司组成“六合影片营业公司”，独家发行6家公司出品的影片，以此控制片商，封杀天一。这就是“六合围剿”。

以今天的眼光看，天一公司是典型的家族企业：邵醉翁自任总经理兼导演，二弟邵邨人任会计兼编剧，三弟邵山客任发行。不久，邵醉翁娶了当红演员陈玉梅为二房太太。在当时，再找不到第二个家族，有这样的电影生产势力。

邵逸夫当时的身份是摄影师，他使用手摇式摄影机，出任了大哥执导的影片《珍珠塔》的摄影，上下两集，合计20大本。

天一自1925年创立，到1937年南下香港，在上海的12年间，共拍摄了101部故事片，制片速度几乎达到50天一部。“邵氏兄弟善于揣摩大众心理，搭准市场脉搏，比同行领先一步，推出新题材与新样式，以此吸引观众，争取更多票房份额。”这是内地传媒学者李亦中对邵氏兄弟早期创作的看法。

胡蝶是天一公司最为后人熟知的影星，她曾在回忆录里这样写道：“签约两年，共主演15部影片。公司出片神速，一部影片常常十来天就拍摄完成。刚上完一部戏，下一步就接踵而来，中间没有任何休整。”

后来影人流传的声音中，有一种充满了对邵醉翁和天一的不满：天一虽为大公司，实则连小公司都不如。一般电影人不到末路，绝不会进天一，而从天一出来的，也大多是因为忍无可忍。

面对六合公司的联合封杀，邵醉翁带着邵氏兄弟离开上海，赴南洋发展。

南洋发展新局

“新加坡是东南亚的中心，离泰国、印尼、爪哇、怡保、吉隆坡都很近。那个时候那里没有电影，电影对中国人来说，是很新鲜的玩意，所以我们几个兄弟很成功。”邵逸夫后来说，“我们有6组流动放映车，每组由一人掌管。全套器材，在货架上，去乡下放电影。”

邵逸夫当时刚中学毕业。他只身一人在北平度假，突然收到三哥发来的电报，就这样来到新加坡，做起了电影。

后来的邵逸夫，扛着手摇放映机，在马来西亚的橡胶工厂里给工人们放电影，身上都是毒蜂蜇的疱。香港媒体谈到这段创业史，说：邵氏王国，是放映机连格摇出来的。

1920年代的新加坡，虽然影院不少，但是放的影片大多来自欧美。那个阶段，邵氏兄弟成立了“邵氏兄弟有限公司”，这一称号后来成了家族的终身品牌。邵氏兄弟依然坚守中国传统古典题材，放映一些天一出品的古装片，同样极受欢迎。

“当时南洋华侨七成以上为小商人、苦力和雇农，依旧过着中世纪的被剥削生活，保持着强固的乡土观念与先辈的生活习惯，世界观很不进步。”电影史学家郑君里如此分析邵氏兄弟当时的成功，“邵氏很多带有封建意味的作品，能在南洋各地盛行一时，不仅因为它们能够满足大部分下层华侨的乡土观念，同时也因为它们并不违背帝国主义对殖民地的奴化教育。”

1941年元旦，邵氏兄弟有限公司在《星洲日报》以整版篇幅为自己做广告。“1941年，我们在星马、印尼、泰国、安南，已经拥有了139间戏院。”除了提到的这些名下产业，邵氏兄弟在当地还有两家大型游乐场。1942年2月，日军占领新加坡，邵氏所有戏院充公。沦陷时期，在大哥的主持下，邵氏兄弟依旧坚持以稗史为题材，拍摄一些受普通观众欢迎的影片。香港媒体后来评价说：在大时代里，邵氏拍投机、无聊的低级电影，迎合了观众的逃避心理。

与兄长们的做法有所不同，邵逸夫当时因放映抗日纪录片、散发抗日传单，被日本宪兵队抓走。幸运的是，未遭严刑拷打，两周之后，他被释放了。

“当时我以为我死定了，所以就照实说，我是放抗日电影，但是那都是真实的纪录片。”邵逸夫说，“他们又指我发了10万传单，我说岂止10万，是50万！”

据邵逸夫解释：日本宪兵队征用的很多士兵，其实都是邵家两个游乐场的警察。当时邵氏兄弟还经营着“新世界”“大世界”两大游乐场，雇佣了50名警察。沦陷后，这些警察进入了宪兵队。“这些警察联名保我，说我这个人没有问题，所以我很快被释放了。”

邵氏兄弟一开始经营，就在为日后庞大的影视帝国勾画蓝图。为了更好地宣传自己的演员、影片和影院，邵氏兄弟在1946年成立了邵氏出版印务馆。到1958年，他们将这种宣传策略做得更为专业，投入巨大的人力、物力和财力，出版了邵氏正式的宣传物《南国电影》，最初销量便达到10万册。

《南国电影》的问世，主要是为了从宣传阵地上，迎战另一家影业公司——“国泰”的《国际电影》。国泰的掌门人陆运涛，是新加坡首富陆佑之子，也是后来邵逸夫在香港遇到的最强劲的对手。

赴港主持局面

创业30年之际，邵氏兄弟在南洋已经拥有了131家影院和十来家娱乐场所。不同于新加坡的局面大开，邵氏兄弟在香港的经营遇到了重大危机。

在寸土寸金的香港，地产大亨历来是最强势的金主。富豪榜上绝大多数的席位，是为地产界名流预备的。邵逸夫的二哥邵邨人逐渐眼热，一心想进入地产业。此时，由邵邨人和儿子经营的“邵氏父子公司”，正在同业的竞争中岌岌可危。

邵邨人是兄弟中性格较为保守的一个。他知道投资拍片可能会获得高额回报，但担心个中风险，所以一直以放映为业。经营戏院回报率低，但是风险小。进入1950年代后，邵邨人进入地产业，选择清水湾的地皮作为未来邵氏父子公司的片场。因为邵氏父子在香港的制片业务急剧萎缩，邵邨人将其中一个片场以270万变卖，随后在九龙弥敦道置地，兴建了二十多层的“邵氏大厦”。邵逸夫来港后，便在这里暂时栖身。

得知邵家在港的电影业务大不如前，刚刚结束第二次欧美采购之行的邵逸夫连夜从新加坡给二哥写信。十多天后，收到回信。二哥明确表示：目前家族影业处境维艰，已无心恋战，冀家中弟兄能有一人，来港主持邵氏影业。

1957年初秋，邵逸夫离开了打拼30年的南洋，只身来港。这一年，他50岁。半年后，“邵氏父子公司”更名为“邵氏兄弟公司”，邵逸夫出任总裁。他的时代来临了。

就在邵逸夫抵港的前一年，老演员王元龙领衔成立了“港九电影从业人员自由总会”，一年后更名为“港九电影戏剧事业自由总会”。台湾当局声明：为阻止宣扬赤党思想的影片流入台湾，非自由总会会员机构拍摄的影片，不准进入台湾市场。总会成立后，香港影坛正式出现左右两派。

1950年代，因为内地政局风云突变，香港影业公司无法进入内地市场。为了让邵氏的影片不致丧失台湾市场，邵氏兄弟加入了自由总会。

深谙市场的邵逸夫很清楚：左派只在官方主导的市场有竞争优势，但香港是纯市场环境，所以他的对手一直在那些自由派中间。放眼整个香港影坛，眼前最强劲的对手，依然是从新加坡就开始较量的陆运涛。

在后来的影史记载中，陆运涛这位13岁便奔赴瑞士、英国，修读文学和历史的海归派，不仅作风洋化，而且视野开阔，极其喜爱文艺。早在1948年，比邵逸夫年幼8岁的陆运涛便成立了国际戏院有限公司，同时大举引进宽银幕、新式放映机。他以从事电影发行进入电影圈，旗下四十多间戏院，1951年成立国际影片发行公司，这便是“国际电影懋业有限公司”（以下简称“电懋”）的前身。

1953年，陆运涛的“国泰机构”正式登陆香港，成立子公司，设立“粤语组”，试探粤语片市场。电懋比起邵氏，最明显的优势在于剧本创作。很显然，与文艺气息浓厚的陆运涛相比，编剧是邵逸夫作为制片家的短板。电懋旗下当时最有名的编剧是姚克，由他编剧的《清宫秘史》在内地受到了官方的猛烈批判。除姚克之外，电懋另一位大牌编剧是作家张爱玲。当时大多数的一线明星，全部跟陆运涛的公司有合约。

面对劲敌，邵逸夫雄心勃勃地开始了在香港的出击。他从美国之音电台挖来一个主持人担任公司的宣传经理，这就是日后成为邵逸夫左膀

>>林黛主演电影剧照

右臂的邹文怀。重金相邀之下，邹文怀来到尚未挂牌的邵氏兄弟上任。他对邵逸夫提出的惟一要求是：宣传部门的所有职员，由自己决定。

明星战略是从大哥邵醉翁开始就贯穿整个邵氏家族经营战略的重要主题，邵逸夫面临的处境，就是邵氏此时白手起家，没有一位明星。据盛传已久的版本，当时他和邹文怀二人联手，制定了一份挖角名单，最经典的一战，就是挖来了电懋的头牌女星林黛。

在二哥邵邨人经营的时代，邵氏父子曾不惜重金，聘请林黛主演过3部邵氏影片——《乱世妖姬》《梅姑》和《追》。不过，经验老到的陆运涛，早已师从好莱坞艺人的经纪理念，用各种方式控制艺人私下跟其他影业公司接触，以防挖角。

因为电懋一直有人“照看”林黛，邹文怀始终得不到接近她的机会，只好将电话打到林黛的住处。一番激将之后，林黛答应赴宴，坐在了邵逸夫对面。据说当日邵逸夫亲自给林黛斟茶，林黛也在仔细打量眼前的邵氏总裁——他就是那个一手兴建了清水湾影城的六叔？

跟三哥谨慎求稳的经营策略不同，邵逸夫一到香港，便拿出了自己的大手笔。他在香港买下清水湾当时占地65万平方尺的地皮，打算筹建好莱坞之外的另一个梦工厂——为期7年才竣工的邵氏影城。

毫无疑问，两次欧美之行，邵逸夫深受震撼，也明白了构建工业蓝图的诸多要义。香港地少人多，对于最擅古装题材的邵氏来说，拍摄场地无处可寻。邵逸夫拿出50万，按照图纸，筹建了中式古代街道和极具中国田园意韵的乡村永久外景。当他和他的清水湾影城出现在香港大小报端时，连同林黛在内，香港同行顿时明白了六叔的来头。

陆运涛当时给林黛开出的片酬，已经极为可观。邵逸夫将准备好的合约摆到了林黛面前：电懋的两倍！当时全港最红的女星，就这样成为了邵氏的签约艺人。为她量身打造的第一部影片，便是后来红透香江的黄梅调《貂蝉》。

关于黄梅调在香港的盛行，后来学者说法不一，比较一致的结论是：当时京剧在粤语地区并无市场，因战乱滞留在港的京剧大师马连良，甚至连基本生活都靠香港朋友接济，以致长期负债。究其原因，正是因为香港人并不热衷皮黄。反倒是黄梅戏轻柔婉转的嗓音，打破国粤界限，进入寻常百姓家。

1957年5月28日，《貂蝉》公映，好评如潮。连续半个月场场爆满，创下了当时最好的票房成绩。一年后，这部影片在马尼拉举行的第五届亚洲影展中，一举囊括最佳导演、最佳女主角、最佳编剧、最佳剪辑、最佳音乐5项大奖。这部戏不仅让邵氏名利双收，也捧红了从台湾来香港发展的导演李翰祥。

空前轰动的《梁祝》

《貂蝉》走红后，李翰祥成为各大老板眼中苦求不得的名导。之所以同行们挖不走他，就是因为当时邵逸夫手上有一份跟李翰祥长达8年的合约。“我当时才30岁，8年一点都不觉得长。老实说，不要说8年，就是80年我都签。那年头，只要有人肯出钱，让我做导演，怎么说都行。”李翰祥后来这样回忆。

事实上，邵氏对于旗下导演和艺人的掌控，极为严厉。邵逸夫本是通过挖角在香港起步，最懂如何力保自己不被以牙还牙。

“其实《貂蝉》是我最脸红的戏，拍得很坏，但能获那么多奖，实在出乎我的意料。”李翰祥后来说。《貂蝉》之后，邵氏乘胜追击，再度推出林黛担纲女一号的大型古装片《江山美人》。影片上映一周，票房突破40万，刷新了邵氏自己的纪录。在1959年的第六届亚洲影展上，这部影片史无前例地囊括了全部的12项大奖，也让林黛第三次捧起“亚洲影后”的奖座。一年后，李翰祥执导的《后门》再一次上演了囊括了新一届亚洲影展所有奖项的这一幕。邵逸夫和他的邵氏兄弟，成为业内所有人刮目相看的黑马。

1960年，香港10大卖座影片，邵氏独占6部。陆运涛的电懋，只有3部。

《后门》虽然大受奖项肯定，但是因为采用黑白摄影，太追求导演的个人风格，票房并不理想。在一次高层会议上，春风得意的李翰祥正大谈特谈个人艺术追求，邵逸夫突然发火：“我拍电影不是为了获奖！”

李翰祥十分不解：“当初《貂蝉》获奖，六叔您很高兴啊？”

“《貂蝉》能赚钱，《后门》呢？”邵逸夫说。

“那我就拍一部又能获奖又能赚钱的片子！”

邵逸夫清楚：李翰祥心里想的，除了获奖，还是获奖！是时候给这位狂热中的年轻人泼泼冷水了。后来将近三年时间，李翰祥没有获得任何片约。

邵逸夫内心最在乎的，到底是电影艺术，还是票房生意？1980年代，在一次采访中，他回应说：“我经营邵氏影城，是做生意。如果拍一部纯艺术的电影，我不敢肯定这年头会有很多人喜欢。少人看，就少得益。所以我宁愿专心向大家都中意（喜欢）的娱乐着手。如果香港人喜欢艺术，可以去艺术中心。我宁愿捐钱给艺术中心，做艺术节。但是拍电影，就是要拍大家都看的片。”

“雪藏”李翰祥的第三年，电懋老板陆运涛亲自抓了公司的一个项目：筹拍《梁山伯与祝英台》。其实早在1920年代，邵氏在上海创立之初，就已经拍摄过《梁祝痛史》。令邵逸夫大为光火的不是自家题材被人翻拍，而是电懋一直擅长时装片，如今却想跑到古装片这一邵氏的拿

<<电影《梁祝》剧照

手地盘分杯羹。

“用最快的速度，拍出邵氏的《梁山伯与祝英台》（以下简称《梁祝》）！”冷板凳上的李翰祥，在接到邵逸夫新命令的同时，正式“解冻”。

在邵氏影城外面，清水湾的路上，李翰祥遇见一位浓眉大眼的女子，行路步态中透出几分男儿的干练之气。这位邵氏艺人，让李翰祥迅速坚定了自己心中那个大胆的创意：起用女艺人，反串梁山伯一角！——这位在路上被李翰祥捡到的女主角，就是后来邵氏另一当家花旦凌波。

黄梅调《梁祝》只花了半个月就关机，邹文怀抓住反串的噱头大肆宣传，吊足了外界的胃口。这是邵氏和电懋首次发生题材撞车的“双胞案”，香港媒体说：梁祝生前未能完婚，死后化蝶，却生出了双胞胎。

《梁祝》在李翰祥的家乡台湾引起了极大轰动。当时举家出门看《梁祝》、万人空巷的情形是很多台湾老人至今深刻的记忆。很多痴迷的影迷，连看十次以上，台北看完赶到高雄继续看。1963年的第二届台湾金马奖上，《梁祝》获得最佳影片、最佳导演等5项大奖。反串出演的凌波，领取男女演员哪个单项奖都不合适，组委会于是为她专门设立“最佳演员特别奖”。

邵逸夫从《梁祝》获得的最大震动来自凌波——一个默默无名的艺人，一夜间成为不输林黛的顶级明星。他深受启发，这个心得对他后来

邵氏的电影海报

的整个事业带来巨大影响：要想让邵氏家族的电影事业持续发展，一定要不断培养新人。

电懋就这样被邵氏杀了个措手不及。类似的事情在邵逸夫身上多次发生。1970年代，邹文怀跟他分道扬镳自组嘉禾公司后，两人成为竞争对手。邵逸夫在一次去日本出差的途中，发现嘉禾新片《啼笑因缘》因故暂停胶片洗印，赶紧给香港打电话，要求公司立即抢拍。邵氏用20天拍完，改名《故都春梦》，提前上映，票房不俗。这种策略，直到邵逸夫入主TVB，依然沿用。

困局与化解

邵氏和电懋的竞争，在1964年陆运涛夫妇发生空难后基本终结。如果邵逸夫愿意讲述，这肯定是他五味杂陈的一年。这一年，邵氏当家花旦林黛因为感情问题自杀身亡；清水湾影城正式竣工，14间摄影棚全部落成，邵氏电影王国初具规模；邵逸夫的儿子邵维铭突遭绑架，交出300万赎金才破财消灾。

得知儿子化险为夷，邵逸夫又回到清水湾继续工作。“全世界最忙的制片家”，香港历史最悠久的英文报纸《China Mail》曾在头条以这样的标题形容他。几乎所有与邵逸夫接触过的采访对象口中都有一句大同小异的话：邵逸夫精力过人，工作时间惊人。他每天都跟员工同时上班，其他人5点下班，他一般会工作到10点。如果是在试片室看片，他会回家吃完晚饭，回来继续看。不管工作到多晚，第二天他依然准时出现在办公室。

如今的清水湾邵氏影城，昔日的3层办公楼依然矗立在院内进门右手位置。二楼最右侧便是邵逸夫当年的办公室，他对面的房间属于邹文怀，过道旁边是看片室。邵逸夫最喜欢在那里看片，除了看邵氏影片，也看其他公司的影片。他的最高纪录是一天看了9部电影。

陆运涛离世后，邵逸夫在香港已经没有对手，但是昔日风头强劲的黄梅调也已式微。新的出路在哪里？《新生晚报》是邵逸夫经常看的报纸，他每天必读的版面，是一个名为“何观”的影评人写的影评。在一片“邵氏出品，必属佳片”的赞誉中，他批评邵氏电影“太过阴柔，缺阳刚之气，是女星的天下，长此以往，发展不均”。“何观”，就是后来开创新武侠电影的名导张彻。

张彻对邵氏女影星如数家珍。邵逸夫对他印象极好：你总批评我们捧女星，那我以后就叫邹文怀多多宣传男星。

“不！您错了，邵先生。邵氏电影，从剧本开始，就是为女星量身而写，男艺人一直不过是她们的陪衬。要想治本，必须从剧本开始改！”张彻说。

<< 邵逸夫与邵氏明星

1967年，受内地红卫兵运动影响，香港左派电影机构已经濒临绝路。邵氏新片、由张彻执导的《独臂刀》在这年公映。这部令邵氏所有高层提心吊胆的新片，上映首周，票房突破100万，刷新了香港影史纪录。主演王羽也从起初月薪200元，一举跃升至6000元。这种薪酬，已经可以比肩邵氏一线花旦的待遇。从此，电影的男星时代来临。

《独臂刀》之前，另一位来自台湾的导演也拿出了自己的新武侠代表作《大醉侠》，但是因为票房不佳，邵逸夫并不高兴。这位失意导演名叫胡金铨。后来，他拿着一个只有36场戏的剧本，再次出现在邵逸夫的办公室。邵逸夫没有细看剧本，呵斥他回去重写。从影半生的邵逸夫不相信一部只有36场戏的剧本，能够拍出一部及格的电影。胡金铨后来把这个剧本带回台湾拍摄完成，打破了台湾的票房纪录。这部戏就是《龙门客栈》。

邵逸夫"看走眼"的故事，被外界提得最多的，并非胡金铨，而是另外两位与他失之交臂的知名影人——李小龙和许冠文。

1970年，在好莱坞受挫的李小龙带着被华纳兄弟枪毙的电影项目《无音箫》返港。他对那些期待他加盟的香港公司开出的条件是：片酬1万美金，拍摄周期不能超过60天，还有，剧本必须让他满意。

外界流传的版本是，邵逸夫听到这番条件后，冷笑回应：开什么玩笑？一个武师，真敢开口！他难道不知道，邵氏300元一个月的武师一大把吗？

"其实这些都是外界杜撰的。"邵氏影城现任制片总监黄家禧说。他1970年进入邵氏，工作至今。除了方逸华，他可能是跟邵逸夫最亲近的工作伙伴。"当时李小龙从美国回来，张彻找他试镜，我们都已经打算用他，但是他一部戏要1万块美金。我们自己的艺人，狄龙和姜大卫当时才1万港币，1万块美金是6万块港币。狄龙和姜大卫已经成名了，还是1万一部戏，怎么可以给李小龙1万美金呢？给了你1万，狄龙和姜大卫怎么办？"

后来邹文怀的嘉禾公司用7500元美金拿到了李小龙的合约，由他主演的《唐山大兄》上映3周，成为香港有史以来最卖座的本土影片。嘉禾也凭借这部影片赚得的350万首轮票房，成为香港知名电影公司。

许冠文后来主演的《鬼马双星》，也是送到邵逸夫门前，被拒绝后落入邹文怀手中的大馅饼。这部喜剧片的最终票房是625万。

“许冠文的问题也是一样，”黄家禧说，“他是拍李翰祥的《大军阀》成名的，拍了两三个戏之后要做导演。但是他要的片酬，比李翰祥还要多。如果给了他满意的价钱，我们自己的导演怎么办？”

邵逸夫和邹文怀，究竟因为什么原因反目成仇？外界一直盛传，因为方逸华进入邵氏高层，邹文怀大权旁落，负气出走。“其实事实不是如此。”黄家禧认为，邵邹矛盾的核心，是制片理念发生分歧，“邹先生拍戏，只求卖座，不管制作费，结果有很多地方就会有浪费。方小姐呢，是管钱的，什么时候需要什么时候不需要，她会控制得很严格。因为这个问题发生矛盾，所以邹先生就离开了。”

方逸华当时主要负责财务和采购，据说，任何采购项目都必须由她签字。曾有这样一个段子：一个剧组，拍摄时临时需要一箱鸡蛋，因为没有打报告，全体工作人员只能现场等着打完报告、签完字，戏才能继续拍。这个说法也被黄家禧推翻了。“当时我们用过鸡蛋，但是经常戏拍完，鸡蛋就不见了。方小姐来了之后，就会过问。比如这个鸡蛋，我们用完可以卖给我们的餐厅，这样拍摄成本又回来了一块。”黄家禧说，有些导演不善于拍摄大场面，他们把20个人放在大礼堂拍一个大场面，方逸华看到后不允许这么做，一定要坚持配到足够的人数才拍摄。

我问眼前这位与邵逸夫、方逸华共事四十多年的总监：有人说方逸华进入邵氏后，影片制片开始下降，所以他们说“成也萧何败也萧何”。黄家禧回答：“没有方逸华，就没有今天的邵氏。邵氏的很多事情，都是方逸华在打理。而且她也是邵逸夫现在最信赖的伴侣，邵逸夫的很多慈善事业，都是方逸华在身后支持和推动。如果没有她，邵氏可能早就卖掉了。”邵逸夫的两个儿子，一个从事地产，一个从事发行。而方逸华，始终在忠实地执行邵逸夫的意图。

1971年，邵氏（香港）成为上市公司。1974年，邵氏影片产量达到创立以来的最高峰，一年之内，出品了50部影片。这一时期，邵氏的全球战略稳健推进。在新加坡建成总统戏院后第五年，邵氏再添3条

>>1977年，伦敦，邵逸夫获得英女王颁发的爵士头衔，与妻女合影

院线。包括新加坡在内，邵氏机构的全球连锁戏院已达230间之多。为了吸引各地观众，邵氏出品的电影经常剪出多个版本，尺度最大的送欧美，最小的送南洋，中间的，则在香港上映。同时，邵氏还为拷贝配上不同语种的音轨，发往世界各地。

就在邵氏兄弟的影视帝国日渐壮大之际，邵逸夫于1973年和1975年，先后痛失二哥和大哥。

这一时期，邵氏在香港的基金会成立，开始了在香港和内地解囊捐助的义举。1974年，为表彰邵逸夫热心公益，英国女王伊丽莎白二世特授予他“皇家CBE”勋衔。1977年，他再度被女王册封为爵士勋衔，成为香港娱乐圈获得爵士头衔的第一人。

进军电视

1980年6月26日，TVB原董事局主席利孝和先生突发心脏病，抢救无效辞世。这位地产大亨1967年创办TVB，开设翡翠、明珠两个台，采用粤、英双播音，港人习惯称之为“无线台”。

7月23日，董事会宣布：邵逸夫成为董事局新任主席。接棒后，邵逸夫展开了与邱德根主政的亚洲电视（以下简称“亚视”）之间的收视大战。接下来的所有情形，与邵逸夫在邵氏的征战如出一辙：还在担任首届董事的时候，邵逸夫便说服利孝和，成功地从亚视前身“丽的”电视台挖来当家花旦汪明荃。直到今天，汪明荃依然被称为无线大姐大。为了培养新人，无线在1971年创办“艺人训练班”，今天绝大多数的香港知名艺人都毕业于此。他们也是后来TVB自制剧的主要演员。几乎亚视的所有王牌节目，无线都有应对的翻版：亚视选“亚洲小姐”，无线就选“香港小姐”；亚视斥巨资拍摄电视剧《一代天骄》，无线便抢拍出黄日华主演的《成吉思汗》，且率先播出。

历史上，无线和亚视之间，先后有8次著名的收视大战，无线始终没让亚视尝到甜头，筑牢了自己的香港电视龙头地位。香港媒体一直有两种声音：一说无线“无赖”；一说无线“棋高一着”。邵逸夫从不理会这些声音，他心中有着更大的版图要去拓展。

1987年，邵氏兄弟停止电影制作，正式告别电影圈。清水湾邵氏影城继续保留，并参与制片。这一年，邵逸夫夫人黄美珍在美国病逝。10年后，90高龄的邵逸夫与62岁的方逸华在美国赌城拉斯维加斯登记结婚。入主TVB后，方逸华成为董事局行政主席。

2003年10月，投资22亿的无线电视城启用。这里很容易让人想到离它不远的清水湾邵氏影城。电视城有22个录影棚和两个影视拍摄基

>>邵逸夫与众女星在邵氏片场合影

地。它比旧影视城大三倍。全年生产节目超过17000小时，发行海外四十多个国家，覆盖用户超过3亿。

我到TVB的当日，正是冬至。虽然是粤港一带十分重视的节气，但是戏剧制作部里，所有的小会议室，都坐着三五成群开创作会的主创。“我们有一条生产线，就是有量化、有规模、有体制的生产。如果要做一个强有力的产业，必须这么做。其实现在想来，TVB跟邵氏的模式很像。”TVB知名监制梁家树说。他和TVB另一位名监制曾丽珍一起，每年要监制500到600集自制剧。

据梁家树透露，TVB分工极细，拍摄自制剧时，每天会有两个组，一个外景一个内景。一线艺人可能白天出了外景，夜里回来赶内景。不止一个TVB艺人说过：工作最辛苦的时候，走路都能睡着。时常有一线艺人，在一个棚里拍着一部戏，进入化妆间之后化好妆，进入下一个房间就拍另一部。

效力TVB6年的女艺人叶璇曾经对我说：“TVB是一所大学，它用人情世故教会你作为一个艺人该学习的一切。我所有的技能，包括后来发展出来的技能，都是TVB给我的。”

<< 邵逸夫与儿子邵维钟（左二）、邵维铭（右三）及侄儿邵维锦（右二）合照

影视大业

“我生产电影，就是为了满足观众的需要和愿望。核心观众就是中国人。这些观众都喜欢看耳熟能详的民间故事、爱情故事……他们怀念祖国大陆，也怀念自己的文化传统。”这是邵逸夫在1964年，接受邵氏自宣刊物《南国电影》采访时说的一段话。

今天，越来越多的电影学者通过这段话，找到了打开邵氏秘密的钥匙。“影视帝国”，这是学者对邵氏家族企业并无争议的称呼。

美国伊利诺伊大学东亚与太平洋中心研究室主任傅葆石博士评价邵氏说：“由于只能在欧美世界处于边缘地位，邵氏兄弟公司成功地在香港发展成为华人电影工业的中心，在60年代后为全球各地的华人生产和放映电影。普通话是中华民族的通用语言，保证了远离祖国大陆的海外各地中国人能够形成自己的社团群体。邵氏兄弟公司在他们的电影中构建的文化中国，勾起了全球华裔观众的怀乡情结和民族情怀。邵氏兄弟公司的主要管理人员和导演，都是所谓的南来文人，在1949年后离开中国大陆，他们的根仍在大陆，他们所有的怀乡情结和离异感都化作创作的源泉，通过创作电影来表达海外华人眼中的中国文化。”

在影视帝国大业终成之际，邵逸夫于2002年创立“邵逸夫奖”，用以表彰在数学、医学及天文学方面有杰出成就的科学家，每年奖金金额高达100万美金，因而也被称为“东方的诺贝尔奖”。到2005年，邵逸夫对内地的捐赠累计达33亿港元。

“这么多年过去了，你看邵逸夫从前的那些对手的公司都不在了，但是我们还在，而且还建了新的影城。”黄家禧说。当时，香港地铁里播放着一部即将上映的新片——邵氏出品的电影《潜罪犯》的预告片。它是TVB热播剧《潜行狙击》的电影版。

据一位电影学者介绍：邵逸夫生前曾表示，不再接受任何媒体访问，功过留给后人评说。也许多年后，他会有更多往事内幕被公众知晓；也有可能，那些往事会和他从不示人的内心一样，成为永远的谜。

（本文在采写过程中，得到了香港三联书店、香港电影资料馆、浸会大学电影学院总监卓伯棠博士、中国艺术研究院赵卫防研究员、北京师范大学张燕副教授及竹聿名、魏君子等友人的大力协助，实习生张莉亚对本文亦有贡献，部分内容参见祝春婷、祝敏娟《邵逸夫传》，一并深谢）

下

文史通人

严复家族

施雨华/撰文

1895—1925年，是中国思想文化由传统过渡到现代的关键时期，学者张灏名之为“转型时代”。在这30年里，报刊、新式学校、学会等制度性传播媒介大量创办，与此同时，出现了现代知识分子阶层。严复先生既是近代中国第一批受新式教育的新知识分子，同时他引介的许多新观念也成为中国现代思想的重要源头。当19世纪末的中国人发现自己置身于一个新的世界时，《天演论》带去了他们所渴求的新的宇宙观和价值观。

严复：转型时代的『天演先生』

著述满天下，而生平不能一试其长

“北洋当差，味同嚼蜡”，是严复谈及在北洋水师学堂任职时的感受。那是他一生中很不得志的阶段，上司并不重用他，水师学堂还有严重的南北派系之争。

事实上严复的官场经历两个字就可以概括：不遇。

1854年1月8日，严复出生在福建侯官（今属福州），原名宗光，字又陵。身为名医的父亲在他13岁时受病人感染去世，家道从此中落。他不得不放弃科举，以第一名的成绩考入沈葆桢主持的马尾船政学堂。学堂分前、后两堂，前学堂是有法语课的制造学堂；他读的是有英语课的后学堂驾驶学堂，学制5年，毕业之后在军舰实习。

1877—1879年，作为中国海军第一批留学生，严宗光在英国留学两年。归来之后，将名由宗光改为复，将字由又陵改为几道，以示一段新人生的开始。对他有知遇之恩的沈葆桢恰好在这一年去世。严复先回马尾船政学堂任教，次年李鸿章筹办北洋水师学堂，将他调去天津，担任洋文正教习。

严复的教学似乎并不成功。后来当过清政府驻美公使的梁诚曾是北洋水师学堂学生，据他回忆，“我们的总教习，那位在英国受教育的，像其他的中国教习一样不知如何施教”，“他照书本一字字往下念”。

长子严璩在他为父亲撰写的年谱中说，当时官场的习惯是到了道台一级才能担任水师学堂这类机构的长官，严复官阶不够。其实，水师学堂的组织和教学方式，都是他一个人设计的。1891年他升为道员，再

过两年，终于当上“总办”（校长）。难以升迁跟不是从“科举正途”出身有关，至少严复是这么看的。1885—1893年，他接连参加4次乡试，均告无功而返。他想过投奔张之洞，后来因为公开批评张的“中体西用”说，这条路也断了。

看上去最有希望的是1898年，严复得到急于改弦更张的光绪皇帝的召见。这次会面丝毫也没有改变他的命运，事隔一周，光绪就因戊戌变法被慈禧幽禁。对于这场变法，严复多少有一点置身事外。他觉得康、梁太急进，恐难以成事，所以一直专注于翻译《原富》，但后来还是因为被怀疑为“党人”而受到排挤。

清政府1906年宣布预备立宪后，严复当过学部审定名词馆总纂，宪政编查馆、清理财政处的咨议官。1910年，清政府颁授优异留学生进士、举人出身，入选23人中，名列榜首的是詹天佑，56岁的严复次之，得了一个不伦不类的“文科进士”。闻讯之后，除具帖向考核官致谢外，他只是让夫人“分告各熟友”。

这种远离政治核心的际遇在民国也未改变。同为翻译大家的林纾曾为严复叹惋：“君著述满天下而生平不能一试其长，此至可哀也。”

凡可以愈愚者，不问中西新旧

甲午一战，对严复刺激至剧。中日两国同一时期办海军。1870年代他在扬武号军舰实习，曾经游历日本各口岸，到岸时日本万人围观。二十年后，一胜一败，北洋水师竟全军覆没。殉国的邓世昌、林永升、刘步蟾等人，都是马尾船政学堂驾驶班第一期的同学，而他本人又是北洋水师学堂总办。精英尽毁，如何不痛？

1894年初，战争阴霾渐浓时，严复已觉“一时胸中有物，格格欲吐”。一年之后，战争尚未结束，他在天津《直报》上接连发表了《论世变之亟》《原强》《辟韩》《救亡决论》四文呼喊改革。

严复引介了达尔文的生物学，称《物类宗衍》（《物种起源》）中最值得注意的是《争自存》《遗宜种》两篇。“所谓争自存者，谓民物之于世也，樊然并生，同享天地自然之利。……各争有以自存。其始也，种与种争，及其成群成国，则群与群争，国与国争。而弱者当为强肉，愚者当为智役焉。”能自存、遗种的，一定是适应天时地利及一切事势的物种。这个法则既适用于动植物，人类亦然。

在他看来，中国几十年里祸患频仍，抗拒潮流，持贬斥洋务、驱逐西人之论者，可谓“自灭同种”。“夫士生今日，不睹西洋富强之效者，无目者也。谓不讲富强，而中国自可以安；谓不用西洋之术，而富强自可致；谓用西洋之术，无俟于通达时务之真人才，皆非狂易失心之人不为此。”原因只能是出自私心，而结果可能是国家四分五裂，不可收拾。

严复列举了两种可能会提出解决方案的人。

一种人挽起袖子说：“为什么不让我治理？要是让我治理，马上就可以实现富强，而且民风淳厚。中国之所以不振，不是法不好，而是执行不力。祖宗定好的制度都在，更有力地执行就行了。”严复批评说，天下大势像高处的水流往低处，已经浩浩荡荡成为江河，这样的办法等于是要拦住江河，使其回到山上去。

另一种人说，制度就像祭祀用的草狗，只能用一段时间。天下大势已日趋混同，我们想富强，西方富强的制度在那儿，跟着实行就是了。

建立民主，开设议院，创办公司，普选，全民练兵，收十分之二的税充实财政。严复批评说，中国就像一个病夫，这是让病夫每天跑马拉松，只不过是让他死得更快罢了。

好制度就像草木，需要有合适的环境。海关总署、船政、招商局、制造局、海军、海军衙门、矿务、学堂、铁道、纺织、电报、出使，中国向西方学的都是“西洋至美之制，以富以强之机”，不料“迁地弗良，若亡若存，辄有淮橘为枳之叹”。原因在于中国的民智、民力、民德跟不上。时人只知损彼利己，“不知彼此之两无所损而共利焉，然后为大利也”，“而富强之政，亦无以行于其中。强而行之，其究也，必至于自废”。

严复相信，“社会之变相无穷，而一一基于小己之品质”。他把国家的富强和民众的自治联系起来，并认为国家要富强，不外乎实行利民之政，利民之政的基础是民众能自利，能自利的基础是能自由，而能自由的基础是能自治。

他常提到“自由”这词，甚至说过“自由为体，民主为用”这类话，但有件事颇堪玩味。穆勒原著名为《论自由》，他先是直译，而后改为《群己权界论》。在《法意》按语中他说：“小己自由非今日之所急，而以合力图强，……为自存之至计。”

归根到底，中国的大患是愚、贫、弱，而以愚最为严重。正因为愚，国民才日益陷于贫弱而不自知，所以最重要的是开民智。“凡可以愈愚者，……惟求之能得”，不问中西新旧。“有一道于此，致吾于愚矣，且由愚而得贫弱，虽出于父祖之亲，君师之严，犹将弃之，……有一道于此，足以愈愚矣，且由是而疗贫起弱焉，虽出于夷狄禽兽，犹将师之……”严复师的道正是“夷狄”的西学。

他绝非“全盘西化论”者，中国传统始终在他心里徘徊。后来他在《与〈外交报〉主人书》中说，“设其去之，则其民之特性亡，而所谓新者从以不固”，所以必须“阔视远想，统新故而视其通，苞中外而计其全，而后得之，其为事之难如此”。

1905年春，严复与孙中山曾在伦敦会面，据闻两人有以下对话。严复说，“中国民品之劣，民智之卑，即有改革，害之除于甲者，将见之于乙，泯于丙者，将发之于丁。为今之计，惟急从教育上着手，庶几逐渐更新乎！”孙中山大不以为然：“俟河之清，人寿几何？君为思想家，鄙人乃实行家也。”

不知当日严复是如何答复的。假如从他文章中找，应该是：“制无美恶，期于适时；变无迟速，要在当可。”

“天演先生”的“第一急务”

1899年，严复致信张元济（将任南洋公学译书院院长，后任商务印书馆编译所所长），认为“译书为当今第一急务”，“复自客秋以来，仰观天时，俯察人事，但觉一无可为。然终谓民智不开，则守旧、维新，两无一可。即使朝廷今日不行一事，抑所为皆非，但令在野之人，与夫后生英俊洞识中西实情者日多一日，则炎黄种类未必遂至沦胥；即不幸暂被羁縻，亦将有复苏之一日也。所以屏弃万缘，惟以译书自课。……以飨一世人。”

严复相当自信：“且彼中尽有数部要书，非仆为之，可决三十年中无人为此者；纵令勉强而为，亦未必能得其精义也。”事实上在此之前，他翻译《天演论》已获得超乎想象的成功，后来甚至有了“天演先生”的名号。

胡适在《四十自述》中说：“《天演论》出版之后，不上几年，便风行到全国，竟做了中学生的读物了。”鲁迅当时在江南水师学堂，“星期日跑到城南去买了来，白纸石印的一厚本”，甘冒长辈训斥，“一有闲空，就照例吃侉饼、花生米、辣椒，看《天演论》”。

还在英国时严复就知道达尔文主义，当时他似乎已经获得了一种革命性的认识，即在西方思想家的著作中可以找到富强之道。此后他一直对这类著作保持敏感。他译《天演论》是在1896年，只比原著晚了两三年。尽管自序中说“夏日如年，聊为迻译”，实则他关切的无疑是“自强保种之事”。

赫胥黎原著名为《进化论与伦理学》，1893年初版，次年增补，全

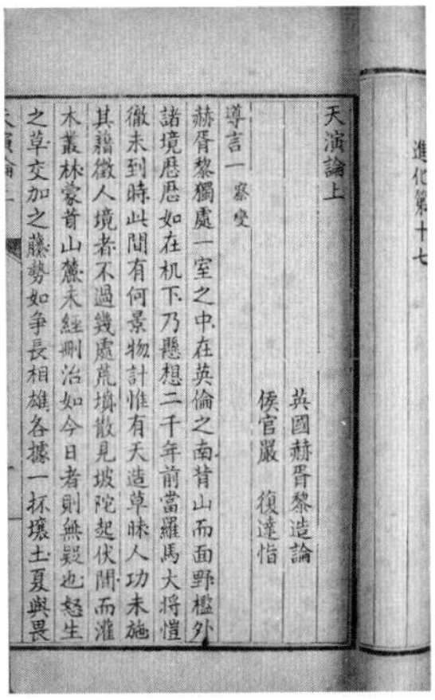

天演論上

英國赫胥黎造論

侯官嚴　復達旨

導言一　察變

赫胥黎獨處一室之中在英倫之南背山而面野檻外諸境歷歷如在机下乃懸想二千年前當羅馬大將愷徹未到時此間有何景物計惟有天造草昧人功未施其藉徵人境者不過幾處荒墳散見坡陀起伏間而灌木叢林蒙茸山麓未經删治如今日者則無疑也怒生之草交加之藤勢如爭長相雄各據一抔壤土夏與畏

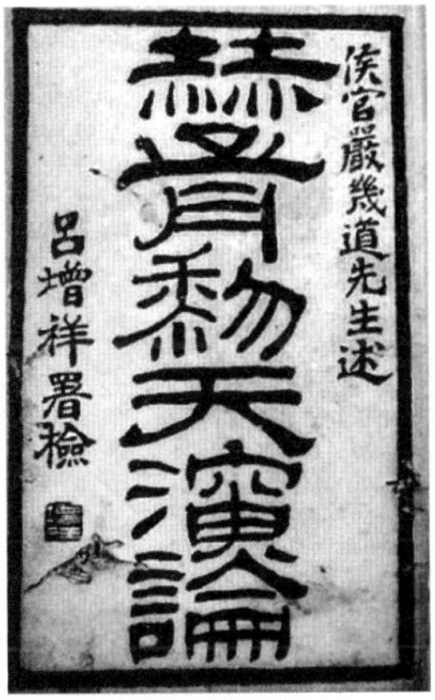

（上）《天演论》给时人思想带来极大冲击

（下）严复所译赫胥黎《天演论》

书6个部分，严复只译了第一、第二部分，并将书名定为《天演论》，等于原名的一半。他说自己“取便发挥，实非正法”，“词句之间，时有所颠倒附益，不斤斤于字比句次，而意义则不倍本文”。（难怪鲁迅说他“做”过《天演论》）此外他还加了许多按语，提出自己的见解。正如美国学者史华兹所说，按语与原文同样重要。

赫胥黎原书宗旨是：自然界“物竞天择，适者生存”，以至优胜劣败、弱肉强食；而人类社会的伦理与自然法则、生命过程不同。人类社会的进展，意味着对宇宙过程的抑制。人类因为有天良，善于感受同情，足可以超越竞争。所以进化论并不适用于人类社会。

严复却在按语中说，赫胥黎犯了倒果为因的错。事实上人跟禽兽最初没有分别，个人组成社会是为了安全利益，而不是因为有天良、懂同情。进化过程把能够、善于组织社会的群体挑选出来，懂同情的群体，更有机会组织好社会，得以留存（不懂得同情的人类群体，在进化过程中被淘汰了）。适者生存的法则同样适用于人类的种族和社会之间。

严复念念不忘的命题是“自强保种”。他翻译《天演论》，用意只在激励国人自立自强，争为天择的“适者”。“必其一群之人，……人人皆求所以强而不自甘于弱”，而后中国才有机会成为“强族大国”，种族和国家都得以保存。多半是因为这种意识，原文不具有的“国族竞争”的意义，《天演论》中却呼之欲出。

《天演论》在当时造成怎样的影响?

胡适是这么说的:“读这书的人,很少能了解赫胥黎在科学史和思想史上的贡献。他们能了解的只是那‘优胜劣败’的公式在国际政治上的意义。”“在中国累次战败之后,在庚子辛丑大耻辱之后,这个‘优胜劣败,适者生存’的公式确是一种当头棒喝。”《民报》则说:“自严氏之书出,而物竞天择之理,厘然当于人心,中国民气为之一变。”不但为救亡图存凝聚了共识,而且还以基于科学的名义,为人们提供了一种全新的宇宙观。

当时许多人以《天演论》中语为自己或子弟取名。曹聚仁《中国学术思想史随笔》中说:“胡适那样皖南山谷中的孩子,他为什么以‘适’为名,即从《天演论》的‘适者生存’而来。孙中山手下大将陈炯明,名‘陈竞存’,即从《天演论》的‘物竞天择,适者生存’一语而来。鲁迅说他的世界观,就是赫胥黎替他开拓出来的。……优胜劣败的自然律太可怕了。”

严复灰心丧气过。1900年,致张元济的另一封信中,他“自叹身游宦海,不能与人竞进热场,乃为冷淡生活;不独为时贤所窃笑、家人所怨咨,而掷笔四顾,亦自觉其无谓”。就在那年,他为避“拳乱”,离开已经生活20年的天津,开始了一段南北奔走、四处谋生的日子。他去上海讲过逻辑学,做过复旦公学的校长,去天津做过开滦煤矿的华人总办,去北京做过京师大学堂译局总办,又去安庆做过安徽高等师范学堂监督。这些职事,他大多只是应付而已,真正念兹在兹、精神所系的是他的翻译事业。他相信那就是他的救国大业。

大约在十年之间,严复陆续翻译了亚当·斯密的《原富》,斯宾塞的《群学肄言》,约翰·穆勒的《群己权界论》(《论自由》)和《穆勒名学》(前半部),甄克思的《社会通诠》,孟德斯鸠的《法意》,耶方斯的《名学浅说》,再加上《天演论》,8部译作近两百万字,西方的进化论、经济学、社会学、政治学、逻辑学,有了相对完整的呈现。

李泽厚认为,与当时的其他思想家相比,严复有突出的语言优势。在他译书之前,中国人读到的“西学”,大体是《汽机问答》《格致汇编》《泰西新史揽要》之类。人们费尽心思也难以从中揣摩出西方何以富强。是严复第一个把西方的经典原著完整带进了中国。故而目空一切如康有为，也不得不承认严复“中国西学第一”。

筹安会被发起人，不在位老政论家

“筹安会之起，杨度强邀，其求达之目的，复所私衷反对者也。然而丈夫行事，既不能当机决绝，登报自明，则今日受责，即亦无以自解。”写给门生熊纯如的信中，严复如此自解。此时是1916年4月4日，十多天前袁世凯下令撤销帝制。

列名于筹安会，常被视为严复一生的污点。袁世凯的美国顾问古德诺发表《共和与君主论》后第三天，杨度第一次来拜访，大谈自己几天前一把麻将赢了上万元，运势难挡，严复没听懂他用意何在。次日，杨度又来，问严复有没有看古德诺的文章，时下的政局与清朝比怎么样，共和是否真的足以使中国臻于富强。

严复感叹道，辛亥革命之际，清室曾颁布《宪法重大信条十九条》。当时他主张学习英国实行“虚君共和制”（清帝国国歌《巩金瓯》是他作词），要是被接受了，国事不致像现在这么糟。杨度马上说，他即将和几位同志组织一个“筹安会”，专门就中国适合共和制还是君主制做学术探讨，想请严复当发起人。

严复吃惊地表示，刚才不过聊备一说。国家的改良原本不是一蹴而就的。君主制赖以维系的人君威严已成覆水，贸然改回去只是添乱。“每谓国家革故鼎新，为之太骤；元气之损，往往非数十百年不易复。故世俗所谓革命，无问其意在更民主抑君主，凡卒然尽覆已然之局者，皆为仆所不取。”

杨度磨他说，筹安会只不过做研究，搞清楚君主制是否应当恢复，其他的事到时自然会水到渠成。严复就说，他固然认为中国此时仍应行君主制，问题在于根本没有合适的人选。

没等他说完，杨度就起身告别了。

次日，杨度约严复参加晚宴，请柬上其余筹安会发起人之名赫然在列，严复以病推辞。宴散，杨度三度到访吃了闭门羹，怏怏而去，半夜忽然派人送来一封信，明说发起筹安会是“极峰”的意思。发起启事第二天见报，“已代公署名，不及待复示矣”。

次日，启事发表，严复名列第三。严家门口多了两个荷枪的壮士，说是长官担心匪徒来相扰，派来警卫。严复自此闭门不出。筹安会找他去议事，便托病推辞。

梁启超发表《异哉所谓国体问题者》质疑后，袁世凯派秘书夏寿田带4万元金票去拜见严复，请他写文章驳难。严复既没拿钱也没写文章。其间，他曾收到不下二十封信函，都说非驳梁不可，还有以刺杀相威胁的。严复拿着信去找夏寿田，表示：“吾年逾六十，病患相迫，甘求解脱而不得；果能死我，我且百拜之矣！”

世人所谓的“筹安会六君子”，其余五人都有“劝进文”，唯独严复没有片言只字。当时有位英国人和朋友议论说，假如袁世凯见识过人，像严复这样的饱学之士，最不应该将其牵连进政治漩涡，以免摧毁国家精英。不过袁氏没有因为严复不顺从而杀他，比中国古代的奸雄还是好多了。

有意味的是，袁世凯撤销帝制当回总统后，独立各省坚持要他退位，严复却不赞成，并说这并不是出于私情，而是以国家为重，“项城此时去，则天下必乱”。

严复与袁世凯是旧识。袁氏总督直隶时，屡次请他做幕僚而不得，说过“严某纵圣人复生，吾亦不敢再用”的狠话。后来袁氏被免职，议论蜂起，只有严复为他辩护，称赞他的才干“一时无两”。袁氏不免有所动，成为民国元首之后，聘请严复执掌京师大学堂，担任总统府顾问、参政院参政及宪法起草委员。后来欧战发生，严复曾将外国报刊上的消息社论摘要译成中文，作为袁氏的“参考消息”。前后约有一年多时间。

严复评价袁世凯褒中带贬，说他固是一时之杰，可惜“无科学知识，无世界眼光，又过欲以人从己，不欲以己从人；一切用人行政，未能任法而不任情也”。可叹的是，时无英雄，竟没有人比他更胜任总统一职。

严复并不讳言袁世凯当政4年来，“生性好用诡谋以锄异己”，“多行不义，多杀不辜；而于外强内治两言，又复未尝梦到”，军伍不整，财政纷乱，“至其他根本问题，如教育、司法，尤不必论”，简直“毫末无所措注”。不过袁氏尽失民心，一败不可收拾，并不是因为帝制自为，最致命的是财政危机以及暗杀传言。

严复认为袁世凯当然有错，但导致他日趋专政的是不良的民主政治。中国党人，无论帝制派或共和派，大多把国事当儿戏。数年间“中国自前清之帝制而革命，革命而共和，共和而一人政治，一人政治而帝制复萌”。“党人、参众两院之捣乱，靡所不为，致国民寒心，以为宁设强硬中央”，以至于袁世凯误以为天命所归。他已有人君之实，却贪慕人君之名，以致得而复失。

之后袁世凯病逝，黎元洪取而代之。时人称赏他是忠厚长者，足可平乱息争。严复却说黎道德有余而强力不足，君子治国未必不会失败。他相信马基雅维利之法：“今日政治惟一要义，其对外能强，其对内能治；所用方法则皆其次。……孟子谓‘行一不义，杀一不辜，虽得天下不为’。此自极端高论，殆非世界所能有。”

民国刚建立时，严复就认为民众程度不足、共和时机未到，“天下仍需定于专制”。现在他更觉得“今日最难问题”是如何脱离共和。“自吾观之，则今日中国需有秦政、魏武、管仲、商君及类乎此之政治家，庶几有济”。国运飘摇之际最需要的是强人，名义上或许不好听，却能使国家安定，百姓安居乐业。“此语若对众宣扬，必为人人所唾骂。”

不久北京风传将惩办帝制祸首，好友林纾劝严复乘夜逃亡，严复称自己心中无愧，安然处之。据说，他是被家人按在竹椅中抬上火车才去的天津。事后新政府发布通缉令，“六君子”中唯严复、刘师培不在其列。

委心任化，惟适之安

此后，严复再也没有踏入政坛一步。他已年过六十，衰年多病，每到冬天，哮喘便会加剧。欧洲亘古未有的血战令其心境越发暗淡。他开始怀疑自己一向赞颂的西方，“觉彼族三百年之进化，只做到‘利己杀人，寡廉鲜耻’八字”。万物流变、演进、自由、平等、博爱，就像庄子说的“仁义”，“只可以一宿，而不可以久处”。既然如此，又何必向西方去？孔孟之道不是足够好了吗？

离开阳岐二十多年，严复乡愁无尽。1918年底，借着为三子严琥办婚事的机会，他终于返乡，还亲自去看了儿子结婚用的房子。大媒是末代皇帝溥仪的汉文老师陈宝琛，对方是台湾板桥的林家。次年元旦严琥娶亲，酒席摆了30桌，虽是雨天，许多亲友还是来了。

不到10天，就是严复的生日。族亲故旧为他祝寿。严复在家门口搭了一台戏，唱了3天，送来太平面的乡亲邻里，都有酒喝。乡亲们都要看一看二十多年没回家乡的他，他站在门口的台阶上向大家表示了谢意。

<< 严复旧居所在的上岐村

>>严复墓地

也许是因为连日操劳，1919年1月21日，严复突然发病。此后，他辗转福州、上海、北京求治，几度病危，浑身精力都耗尽了，只能勉强支撑。

1920年10月末回到福州后，严复一度想补译完《穆勒名学》，因病未果。夜里刚刚入睡，喉咙就发痒咳嗽。

次年端午他致信熊纯如："还乡后，坐卧一小楼舍，看云听雨之外，有兴时稍稍临池遣日。从前所喜哲学、历史诸书，今皆不能看，亦不喜谈时事。槁木死灰，惟不死而已，长此视息人间，亦何用乎！以此却是心志恬然，委心任化……"

端午节后虽一度去山上避暑，严复却自认"老病之夫，固无地可期舒适"。7月，他到阳岐鳌头山去看了将来入葬的墓园。

10月3日，严复自觉病重，亲手写下遗嘱。他感慨自己"天禀至高，徒以中年倏忽，一误再误，致所成就，不过如此"，辜负了天地父母生成之德。"耳顺之后，生老病死，倏然相随而来"。最后，给子女留下6句赠言，第一句是："须知中国不灭，旧法可损益，必不可叛。"最后一句是："事遇群己对峙之时，须念己轻群重，更切勿造孽。"

一个月后，严复病逝，除了次女严璆，其余子女未在身边。两个月后，他与原配王夫人合葬于鳌头山，青石围幛上是他生前亲题的4个字：惟适之安。

（参考书目：王栻编《严复集》，严复译《天演论》，罗耀九编《严复年谱新编》，史华兹《寻求富强》，黄克武《惟适之安》，钱基博《现代中国文学史》，李泽厚《中国近代思想史论》，萧功秦《反思的年代》）

严复的家庭

严复一生有二妻一妾，五男四女。

第一位妻子王氏是1866年他12岁时受父母之命娶的。王氏是福州乡下人，与他年纪相仿，不通文字。婚后不久，严复父亲去世，举家迁回阳岐祖居。严复考入福州船政学堂后，求学5年，船上实习6年，后又去英国留学，家中诸事，皆由王氏照料。1892年王氏去世后，严复曾感叹："不料四十之年，一家旧人都尽，此后纵极荣华，而同苦者不能与我同乐，此所以略一思量，不禁放声长号，哽咽无已也。"两人仅生有一子璩。

严璩字伯玉，严复长子，1874年出生。曾跟随父亲好友郑孝胥问学，后同父亲一样，留学英国。1903—1905年，跟随清驻法公使孙宝琦出使法国，后任清宪政编查馆译书处总纂。严璩官运远胜父亲，清末曾出任福建财政正监理官，北洋时期数次任财政次长（即副部长），及全国盐务署长。南京国民政府成立后曾任财政次长、司法行政部总务司司长。1933年失业后寓居上海。上海沦陷之后，拒任伪政府财政部长。1942年病逝。

严璩学有家传，精于英语、法语，曾与林纾合作译外国小说，编有严复年谱、诗集——《侯官严先生年谱》《愈壄堂诗集》。

也许是因为自己的经历，严复曾在给严璩的信中谈到过早婚的坏处："又欲为学，自十四至二十之间决不可间断，若其间断，则脑脉渐痼，后来思路定必不灵，且妻子仕官财利之事一诱其外，则于学问终身门外汉矣。"

但严复一向主张婚姻的目的在"承祭祀，事二亲，延嗣续，故必须承父母之命"，对子女实行"包办婚姻"，致使长子严璩和三子严琥终身受此之累。

严璩与严复至交吕增祥二女儿吕蕴清结婚，夫妻之间“只有责善，从无笑言”。两人无子嗣，过继了一女倚云。后严璩纳了两妾，第二个妾生了一女係云。

严倚云，严璩长女，1912年出生。幼年摔伤腰骨落下残疾，医生预言活不过15岁。1938年西南联大毕业，其后在联大、北大等校任教。1947年赴美，1956年获康奈尔大学语言学博士，先后任教于康奈尔大学、南加州大学以及西雅图华盛顿大学。经胡适介绍与天体物理学教授高叔哿结婚。在华盛顿大学设立“严复翻译奖学金”“严复奖学基金”。1991年因车祸逝世。

严係云，严璩次女，1917年出生，北京辅仁大学外语系毕业，后去唐山，在中学担任了二十多年英语教师。

严复的妾江莺娘，是在1892年王氏过世后娶的。当时严复38岁，江莺娘13岁。据严复孙女严停云说：“她本是书香人家的小姐，但父母相信算命的话，说必须给人当偏房，夫妻才能白头偕老，于是祖母来严家当祖父的姨太太。”两人生有二子瓛、琥，一女璸。1910年，江莺娘精神病发作，离开严家。后来她有意回去，严复拒绝了。

严瓛字仲弓，严复次子，1893年出生，1900年躲避义和团之乱，去往上海途中染病而早逝，严复为之大恸。

严琥字叔夏，1897年出生，幼名普贤。先后入清华学校、唐山工业专门学校，但中途都被严复召回，为其聘家庭教师。1937年起，在福建协和大学等校任教。曾任新中国成立后福州市第一任副市长，省、市人大代表和政协委员。1957年被划为“右派”，1962年病逝。

1919年，严琥与台湾五大家族之一板桥林家的林慕兰结婚。两人有三子侨、倮、僖，四女倬云、停云、庆云（夭折）、佾云。1946年林慕兰赴台参加哥哥的丧事，因形势紧张留在台湾，百岁辞世。

严璸字香严，1899年出生。因信仰天主教入修道院。

严侨，严琥长子，严复长孙，1920年出生，中共党员。1950年初，受组织派遣与妻子林倩赴台，在台中一中任教，与学生李敖有来往。据李敖回忆，严侨喜欢喝酒，因为没钱，只能喝“公卖局”最劣质的米酒。1953年深夜严侨被拘捕，关押在火烧岛。林倩投奔板桥林家、辜振

>>1949年11月8日，严复孙女严倬云与辜振甫结婚

甫、叶明勋等亲戚，因其“匪谍之妻”身份，均遭“闭门拒见”，走投无路中只得放下身段去帮人做面包，而将孩子全数送入了孤儿院。“或许是托严复之孙等原因之福，总算判得比别人轻……”，1961年严侨由妹夫叶明勋保释出狱。1974年病逝。2003年中国民政部追认其为烈士。

严倬云，严琥长女，1925年出生，上海圣约翰大学毕业。1946年随母亲赴台，执教于建国中学（在台湾近似大陆的北京四中），1949年与台湾鹿港辜家的辜振甫结婚，证婚人是连战之父连震东。“有人形容严倬云对辜振甫起了双重的作用，既使辜振甫祛除了崛起家族可能存在的霸气或流气，又熏陶以名门大族的家规，而使辜振甫的才气得以充分发挥。”1990年代她曾陪辜振甫参加汪辜会谈，2006年表态支持施明德倒扁运动。目前任台湾中华妇联总会主任委员，热心于社会公益。有二子三女。

严停云，严琥次女，1926年出生。1947年冬从上海圣约翰大学毕业，赴台探望为舅父奔丧的母亲。因形势紧张和母亲、姐姐留在台湾。

<<2004年2月9日，严复孙女严倬云（左三）与家人到福州市郎官巷祖父严复故居、自己曾居住的老屋

后与父亲的学生、时为“中央通讯社”台湾分社主任的叶明勋结婚。婚后她成为家庭主妇，后抽空开始写作，笔名“华严”据说取自姑姑的名字。1961年，第一部小说《智慧的灯》在报上连载，四十多年写作生涯就此展开。1962年去世前，严琥读到了《智慧的灯》。叶明勋后曾任“中央通讯社”社长、联广广告公司董事长、世新大学董事长等职务。

两人生有一子文立，三女文心、文可、文兹。叶文心为美国加州伯克利大学东亚研究所所长。

严复的第二位妻子朱明丽，是他1900年逃到上海后娶的。朱明丽受过教育，据说读过《天演论》，因为仰慕严复而嫁给他。她不但关照家庭子女，还经营过一家一度有三十多辆车的黄包车行。但严复对她的期待仍然是相当传统的。两人生有二子璿、玷（1910年，字稚骞，又名佛烈），三女璆、珑（1905年，字海林）、顼（1908年，字眉南）。

严璿，1903年出生，字季将，乳名约翰。16岁时，踱进父亲书房，见案上放着一函明版《金瓶梅》（共3函），倚案看了几页，觉得不太自在，暗想这莫非坏书，父亲为什么要看它？一声不响把书扔进了取暖的煤炉里。严复正在外屋打麻将，发现漫出烟雾，便向房里喊话，不见回应。自此严复书橱中的《金瓶梅》只剩了两函。但他后来对此事也并未追问。严璿先进入唐山工业学校学习，后去了上海交通大学。严复去世前曾托张元济照顾他。1923年大学毕业，严璿赴美国留学，专攻建筑，大学三年级时取得俄亥俄州工程师职衔，随即在美开业，自任建筑师。结婚之后，严璿回到中国，时值华北沦陷，便迁往南洋，在新加坡当过建筑师。

严璆，1901年出生，字华严。严复辞世，子女中唯严璆在身边。严复曾称赞她能“规父之过”。在她十五六岁时，严复曾因自己专用的饭碗（可能是个古董）被仆人不小心打破大发其火，严璆问：“天下有没有不破的瓷器？”严复顿时改容。严璆的未婚夫是吕增祥之子吕彦直（他姐姐嫁给严璩），设计、监造了南京中山陵，并主持设计了广州中山纪念堂。1929年两人尚未完婚，吕彦直因肝癌病逝，严璆从报纸上得知消息后痛不欲生，于北京西郊削发为尼，法名“秋妙”。1950年代初，她经香港去了台湾，并在那里度过余生。

（本文系根据资料整理）

章太炎家族

邹金灿/撰文

章太炎是近代中国思想文化史上的殿堂级人物，也是真正的国学大师。

他为人奇崛，不主故常。近代成一时风气的诸子学、新史学、六朝文章等，都发轫于他。甚至他不赞赏的新文化运动，其思想渊源也跟他有关。

章太炎的奇崛，在于其不合时流。有日本学者称他为“否定的思想家”，在他的一生中，确实有过许多的反对：反对孔孟，反对立宪，反对代议制，反对以党治国，反对袁世凯，反对孙中山，反对国民党，反对白话文……甚至反对过往的自己，天命之年致信晚辈柳诒徵，忏悔早岁的诋孔言论。

那一段说不清道不尽的革命史，或许正如其孙章念驰所说，需“三百年才能说得清”。关于章太炎一生的变化，到达晚年，究竟是“渐入颓唐”还是“孤怀宏识”，大概百年之后，公论自见。

章太炎：革命元勋 文化遗民

他是开创民国的革命元勋。一生七被追捕，三入牢狱，未有惧色。他学问深湛，在高人林立的晚清民国，被公推为大师。几经世变，这位国学巨公，从早岁的激越，渐变为晚年的苍凉，他的离去，也把世人赠予他的“颓唐”，留给了他所热爱的民国。

1935年11月27日，苏州中央饭店花园，钱基博为三子钱锺英举办订婚仪式。其间两位客人不期而至，一位是李根源，另一位是章太炎。对章太炎的到来，钱基博很诧异，他后来在《太炎讲学记》里写道：“此诚不速之重客。余乃初见太炎先生，致二十年钦迟之意。”

这一日，章太炎约钱基博到太炎国学讲习会做一场演讲。钱基博慨然应允。

7天之后，早上8点，钱基博从上海出发，乘坐特别快车，近两小时后到达苏州，赶赴位于锦帆路的太炎国学讲习会，为章门弟子做了一场别致的演讲。这一年，钱基博48岁，章太炎66岁。

演讲以太炎国学讲习会为题。钱基博拈出大儒顾炎武为例，钱基博认为，章太炎如今的境遇也与顾炎武相似，人们知道他学问大、文章好，却“未有能体伤心刻骨之意”。

章太炎全程旁听，这位年迈的民国元老，不时点头以示赞同。1小时20分钟后，演讲完毕，他邀钱基博入书斋单独会谈。钱基博谈起了革命的话题来——这是章太炎一生中最重要的内容。

我杀人，安知人之不杀我。始以杀僇（同戮）张威势，继以懦怯长猜忍，戈予起于石交，推诚不见腹心，民不见德，惟乱是闻……声声同志，人人离心，异己必锄，同气相残，人诋其险狠，我知其内馁也。我革人命，人亦革我命，君以此始，愳（同惧）亦以此终。

章太炎对这一番诘难，并未反驳。他沉默许久，怅然若失。

与钱基博这一次见面6个多月后，1936年6月14日，章太炎在日军步步进逼中国的忧患中离开人世，留下“设有异族入主中原，吾家世代子孙毋食其官禄”的遗嘱。

康欲作教主　之洞非英雄

章太炎是浙江余杭仓前镇人，儒医世家，家教甚严。洪杨之乱期间，江南的文化与财富遭到毁灭性扫荡，章家变得“家无余财，独田一顷在耳”。

如今的余杭，工厂工地遍立，尘沙弥漫。仓前镇上还有章太炎的故居，为国家级文保单位。不新不旧的镇上，人们消费着“章太炎”这个符号，他们开办了“太炎琴行”，还有“太炎沐足”。

一百多年前，这里是个幽静的小镇。少年章太炎在此穷通经籍，外祖父朱有虔是淹通之士，来章家为其督学3年。朱有虔教以“夷夏之防”，章太炎依父亲遗训，来到杭州西湖畔的诂经精舍（晚清著名书

（左）章太炎故居（邹金灿摄）

（右）章太炎故居内部实景（章太炎故居提供）

院，1801年由阮元创建），师事俞樾、谭献、高学治等经学大师。这段时间，他定下6项治学要求：审名实，重左证，戒妄牵，守范例，断情感，汰华辞。他谨守这些规条，偶有逸出。

^^张之洞

在诂经精舍苦学7年后，1896年，梁启超等人在沪创办《时务报》，礼聘章太炎主持笔政。章太炎不顾老师俞樾反对，决然来到上海，在《时务报》上鼓吹变法。尽管他的文章僻典过多，古奥难解，仍与梁启超的文字一起，如惊雷般炸响中国。但章太炎很快与康梁发生分歧。康氏门徒视康为"教皇""南海圣人"，不容半点异议。章太炎却不认同，认为是"病狂语"，矛盾逐渐演化为斗殴，他心灰意冷地离开了。

这一切，被早已不满康有为变革政体主张的张之洞看在眼里，他于次年3月将章太炎请到武昌，主持《正学报》笔政。

张之洞写就《劝学篇》，上卷阐述名教，下卷倡导实业兴国。他持书询问章太炎意见，期待获得好评。不料热脸贴上冷屁股。章太炎冷冷回答："下卷为佳。"对张所重视的上卷不置一词，一时惹得张之洞颇为不快。

两人矛盾很快激化。张之洞的亲信梁鼎芬以康有为来试探章太炎："闻康祖诒欲作皇帝，有所闻乎？"章太炎答："只闻康欲作教主，未闻欲作皇帝。实则人有帝王思想，本不足异，惟欲作教主，则未免想入非非。"

一番话把梁鼎芬吓得魂不附体，驳斥道："吾辈食毛践土二百余年，何可出此狂语？"回头即告诉张之洞，"章太炎心术不正，时有欺君犯上之语。”

于是入武昌不到一个月，章太炎就被张之洞驱逐。出鄂时他致书陈衍：“之洞非英雄也。”

“百日维新”失败后，章太炎因在《时务报》上的变法言论，也被列入通缉名单。他被迫赴彼时日据的台北避难，任《台湾日日新报》撰述。

窃幸吾道不孤

早在《时务报》时，章太炎就听说了孙逸仙的覆清事迹，当时他就表示“窃幸吾道不孤”。这番相见，他更坚定了排满立场，革命思想日渐笃定。

1899年8月底，章太炎悄悄返回上海。唐才常等人在沪成立“中国议会”，章太炎出席了成立会。然而“中国议会”虽反对慈禧，但仍以扶持光绪帝重新掌权为目标。对这一点，章太炎表示强烈反对，愤然退出并剪辫明志，同时写下《解辫发说》。这篇文章获孙中山极高评价，“有清以来，士气之壮，文字之痛，当推此次为第一”。

对清廷的决绝态度，使他成为江浙反清第一人。唐才常起兵失败被杀，清廷再度通缉章太炎。七躲八闪后，他来到苏州东吴大学授课，其时东吴大学由美国传教士主持，一时找到了庇护之所。

这时老师俞樾从诂经精舍退居苏州，章太炎前往拜谒。俞樾一向不满弟子的革命主张，此次见面，给了弟子一声断喝：“今入异域，背父母陵墓，不孝；讼言索虏之祸毒敷诸夏，与人书指斥乘舆，不忠。不忠不孝，非人类也，小子鸣鼓而攻之可也！”

章太炎狼狈而退，后来写下《谢本师》一文，宣布与俞樾断绝师生关系。但章太炎一生都对俞樾非常尊敬，由此可知，这或许是他对老师的曲为爱护，以免清廷对其加害。

“谢本师”事件也影响到了太炎的学生。1920年代，周作人在《语丝》上发表《谢本师》一文，表达对章太炎与军阀过从甚密、称赞曾国藩为“人伦模范”等言行的不满，要与章脱离师生关系。不过他也跟章太炎一样，并未言行一致。1932年章太炎北上讲学，周作人前去听讲两次，还在家中设宴招待，合影留念。

1901年，章太炎写下了《正仇满论》，批驳了梁启超的《积弱溯源论》，提醒人们清廷并不可信。这是晚清士人旗帜鲜明地宣扬反清的第一篇文章，正式拉开了革命派与立宪派的论战。

由于在东吴大学课堂上的反清言论，清廷的两个总督、三个巡抚，对这个手无寸铁的书生，下令“严捕立决”。

1902年2月，章太炎再次逃亡日本。

苏报案虽败而胜

5个月之后，章太炎潜行回到上海。其时蔡元培等人在上海开办“爱国学社”，接纳学潮中被开除的学子，邀请章太炎担任国文教师。

授课期间，章太炎继续展现他的狂狷不羁，例如让学生为他们自己写《本纪》——正史之中只有帝王才能入本纪，章太炎试图让学生明白，自己的地位与帝王一样平等。

他喜欢抽烟，尤其是讲起学来，一根一根抽个不停，往往是手上这根烟还剩一寸，就开始点燃新的一根。有一次他手头没钱了，写下借条向一个朋友借银元两枚，明确表示用来买烟。同事蒋维乔见状，笑称既然已经开口借钱，何不多借几元？章太炎答：我和此人只有两元钱的交情。

1903年，章太炎写下《驳康有为论革命书》，对康的《答南北美洲诸华商论中国只可行立宪不可行革命书》，进行了系统的批驳；并采用《左传》“非我族类，其心必异”之义，彻底否定清室统治的正当性。

这篇文章气势磅礴，上海“人人争购”，朝野为之震动。

长期处于清廷统治之下的中国人，遽然提起反清，多被目为乱党，且当时革命活动也以暗杀居多。这时，革命阵营需要一个人为革命赋予正当性和迫切性，章太炎几乎以一人之力，将革命合法化，使革命思想

>>邹容

成为当时最煊赫的潮流。

章士钊主政《苏报》，邀请章太炎任撰述。此时邹容的《革命军》写成，章太炎为之作序，与其《驳康有为论革命书》一起，成为当时革命纲领文字的双子星。

由于章太炎在《苏报》上频频发炮攻击清廷，甚至称光绪“载湉小丑”，他很快再入清廷重点缉捕名单。清廷向租界施压，巡捕房开始缉捕。这一次，他没有选择流亡，而是昂然接受拘捕，并写下纸条劝小兄弟邹容来投案。

其间，章太炎怀疑《苏报》同事吴稚晖向清廷告密，后来在报章上向吴发难，吴则矢口否认，也对章展开了攻击。两人结下一生的仇怨。吴稚晖张狂无忌，但对章太炎却毫无办法，以至后来在《回忆蒋竹庄先生之回忆》一文中宣称，假如遇上章太炎，要“用野蛮法子打他一顿”。

清廷得悉章、邹就缚，马上照会英、日、美等国公使，要求“引渡”。面对这一要求，租界各国产生分歧。俄、美、法、德等国认为，应该移交给清廷“治罪”；英、日、意等国公使则认为，同意清政府的要求，会损害公共租界的“治外法权”，坚持主张由租界审理该案。

一番争吵后，该案由上海县知县和英国陪审团在租界公审。章太炎、邹容一审被判“凌迟处死”，因碰上慈禧70大寿，遂改为永久监禁。一时舆论大哗。迫于压力，审判方改判章太炎3年、邹容2年监禁，两人俱被罚做苦工，刑满逐出租界。

清廷胜诉了，却也彻底失败。正如其时《江苏》杂志指出，即使章、邹等人激烈鼓吹革命，但毕竟能阅读他们言论的人有限，且读者也有各自的想法，然而审判引发的一系列舆论风暴，则无意中把革命思想传播得更广更深，反而更激发人们的斗志。而在“引渡”问题上，清政府的狼狈无疑也告诉人们，皇权不再凛然不可侵犯。革命派占据了理论、士气上的优势。

监禁期间，章太炎被狱卒虐待，他以绝食抗议，仍无济于事。邹容突然在狱中病死，再度招来舆论抨击。租界害怕事态扩大，责令狱方改善章太炎的待遇。章太炎出狱后，感慨地说：“余之生，威丹（邹容）之死为之也。”

狱中章太炎除读书外，革命事业也没有闲着。1904年冬，龚宝铨（后来成为章的女婿）联合蔡元培、陶成章等人，以针对清朝官吏的暗杀团为基础，在上海正式成立光复会，要“光复汉族，还我河山，以身许国，功成身退”。章太炎其时虽在狱中，也参与发起这一组织，“光复会”之名为其手定。

1906年6月底，章太炎刑满出狱，当晚即被同盟会同仁接上轮船，开始了第三次流亡日本之旅。出狱后的他，皮肤白净，体态发胖，显示出前所未有的“福气”。友人大为惊讶，因他一向不修边幅，且“视沐浴为畏途”。同盟会元老冯自由戏称，这是狱卒每天强迫太炎洗澡的缘故，以至体魄变得前所未有地强健。

古来成大事者必有神经病

是年7月，东京留学生欢迎会，章太炎在演讲中说：“独有兄弟欲承认我是疯癫，我是有神经病，而且听见说我疯癫、说我有神经病的话，倒反格外高兴。为什么缘故呢？大凡非常古怪的议论，断不能想，就能想也不敢说。说了以后，遇着艰难困苦的时候，不是神经病人，断不能百折不回、孤行己意。所以古来有大学问成大事的，必得有神经病才能做到。”

那一夜，演讲台下，数千名在日华人前来争睹这位“神经病人”的风采。嗣后，光复会并入同盟会，章太炎主持同盟会机关报《民报》笔政，写下大量文章倡议革命，与梁启超的《新民丛报》论战且占据上风。梁启超致书康有为，称东京万余留学生信从革命党者过半，“今者我党与政府死战，犹是第二义；与革党死战，乃是第一义”。

鲁迅曾盛赞章氏在《民报》上的文字“所向披靡，令人神往”。“中华民国”一词，就发源于章太炎写的《中华民国解》。但《民报》文章语词的尖刻毒辣，也令人侧目。吴稚晖在法国办报与章太炎互相诘难，两人在苏报案中的恩怨也牵涉进来。双方越吵越凶，以至章氏对吴“善箝而口，勿令舐痈；善补而袴，勿令后穿”这种人身攻击，都堂而皇之地登上《民报》。

主政《民报》期间，章太炎与孙中山发生了矛盾。

孙中山被日本当局驱逐出境，接受了日本方面17000元的赠款，留下2000元给章作为《民报》的经费，余款全部带走。彼时《民报》经营困难，章认为孙有悖革命道德，遂起不满。矛盾激化时，章激烈主张

>>章太炎在日本留影

同盟会“开除孙文”，推黄兴为同盟会总理——这件事因黄反对而作罢。后来陶成章到南洋募款，遭到孙中山的抵制。光复会与同盟会的龃龉加深。

后来，章太炎在报刊上公开称同盟会从日本运到中国的军械有质量问题，同盟会的头等机密由此曝光，“组织”对章的不满愈发严重。

矛盾不能消弭，章太炎与陶成章等人宣布光复会脱离同盟会，另起炉灶搞革命。但此时，无论是同盟会还是光复会，革命运动都陷入了沉寂，国内起义不顺利，对清廷大员的暗杀并未动摇清统治根基。

章太炎的生活陷入窘境，于是把更多精力投到讲学中。这一时期，在东京亲炙章门的弟子有：黄侃、钱玄同、周树人、周作人、朱希祖、马裕藻、钱家治（钱学森之父）、刘文典、汪东。

吾死之后，中夏文化亦亡矣

赴日5年后，10月的一天，章太炎正在向弟子们用佛学印证庄子思想，外面传来报童热切叫卖号外的声音——武昌起义的消息传到东京了。

在惊讶与疑惑中回过神来，章太炎赶紧买了多份报纸，直到傍晚看到所有的报纸所载消息都相同，这才相信母国已翻天覆地。

他随即中断讲学，伴随着欢迎的掌声，以革命元勋的身份回到上海。

在一片热切的乱糟糟中，他和孙中山的关系得到缓解。但当黄兴向他询问国策时，他显得有些“不合时宜”，主张“革命军起，革命党消”，要求选出“无党总理”，继而发表《诛政党论》，呼吁国人警惕并反对政党政治。场面顿时十分尴尬。

重返政坛的章太炎，对政事、人事表达率直，褒贬从不留情，由此得罪了不少人。被章骂的人给他起了个“章疯子”的绰号，于是“章疯子大发其疯”的标题，屡屡出现在报章上；但当章抨击到这些人的政敌时，新闻标题又变成了“章疯子居然不疯”。

随着光复会和同盟会间隙日深，章在政治上开始偏向于支持袁世凯，冀望袁结束无序的丛林状态。袁对这位民国开国元老也有意延揽，但同时又忌惮他，只给他“东三省筹边使”这个小官，这成了章太炎一生惟一的政府公职。

南方并不平静。

首先是同盟会内部起波澜。宋教仁领导同盟会联合共进会、统一共和党等“小组织”组成的国民党，在参众两院选举中获得大胜，成为国会第一大党。他洗脱同盟会的地下帮派气质，希望通过组阁来限制袁世凯，把中国政治推到理性健康的轨道上发展。

然而，1913年3月22日，又是在上海，一颗子弹结束了宋教仁的生命。尽管真相扑朔迷离，与宋利益冲突明显的袁世凯，还是成了舆论众矢之的，一夜之间变为“袁大头”。

章太炎得悉宋教仁遇刺消息后，迅速从长春南归，捐弃与同盟会

>>章太炎、汤国梨与家人合影

的嫌隙，与孙中山一起反袁。是年8月，刚与汤国梨结婚不久的他，不顾劝阻，请命入京，“时危挺剑入长安，流血先争五步看”。继苏报案后，章太炎人生的光辉一幕再度上演。

章太炎来到了总统府，指名道姓要见袁世凯，与之“理论一切”。于是发生了“以大勋章作扇坠，临总统府之门，大诟袁世凯的包藏祸心”（鲁迅语）一幕。

但大闹总统府接待室，并未让他见到袁世凯，反而很快被软禁，先后被拘在石虎胡同、龙泉寺、钱粮胡同等多个地点。

章太炎被拘押的消息传开，举国震动。《顺天时报》突破消息封锁，连续发文报道章太炎现况，并警告袁世凯：“以民国初任之大总统，竟不能容纳一硕学异能之士，……将使当路恶名播于五洲，传于万世，永难泯灭。”

报纸杂志竞相报道章太炎被幽禁的事，袁世凯处于巨大的无形压力中。

北京名流对章多方营救、说情，但袁世凯坚持不放章太炎。绝望之中，章氏长女自杀。消息传至日本，误传为章太炎已死，上海报纸据此转载。夫人汤国梨连忙去电询问，章太炎答：“在贼中，岂能安？”

压抑之中，章太炎曾满屋书写“袁贼”，用手杖痛击解恨，又以绝食抗议。在给妻子的信里，他称：“不死于清廷购捕之时，而死于民国告成之际，又何言哉！吾死之后，中夏文化亦亡矣。”

在袁党内部，的确有些忌惮。据袁世凯的得力助手、警卫军统领陆建章回忆，袁世凯曾手书八条以保护章太炎：

1．饮食起居用款多少不计；2．讲经讲学文字，不禁传抄，至于时局文字，不得外传，设法销毁；3．毁物骂人，听其自便，毁后再购，骂则听之；4．出入人等，严禁挑拨之徒；5．何人与彼最善，而不妨碍政府者，任其来往；6．早晚必派人巡视，恐出意外；7．求见者必持许可证；8．护全权，完全交汝。

在龙泉寺期间，袁世凯派儿子袁克定给章太炎送来锦缎被褥，放下

>>1936年众人于章太炎追悼会合影，下图右二钱玄同、右三周作人、右四许寿裳、右五马裕藻、右七沈兼士

就走。章太炎发现袁克定在窗缝里窥探，于是进房点燃香烟，把被子烧开多个洞后抛掷出窗外，大喝道："拿去！"

幽禁似乎没有人们想象中的严格。章太炎人身自由虽被限制，但仍拥有选择居住地点的权利。他在与女婿龚宝铨的信中透露，自己相中钱粮胡同一新寓所，但租金等费用需要各方筹措。

如同武昌起义一样突然，1916年6月，袁世凯死了。章太炎重获自由。

一士之谔谔

孙中山在广州成立护法军政府，章太炎被任命为秘书长，为孙撰大元帅就职宣言。与此同时，他西行云南、四川，希望争取到唐继尧等军阀的支持，勠力对付北洋政府。军阀都对章太炎极其尊敬，但对其要求并不买账。失望之余，他对中央政府有了新的思考，几经酝酿，与张继等人开始大力鼓吹"联省自治"——先是各省自治，然后再联省自治。在《各省自治共保全国领土说》中，章太炎说："今所最痛心者，莫如中央集权，借款卖国，驻防贪横，浚民以生。自非各省自治，则必沦胥以尽。为此计者，内以自卫土著之人民，外以共保全国之领土，卫人民则无害于统一，保领土则且足以维持统一矣。野心侵略之人，必以此为分裂，是何谓也？岂其心不愿分权于国人，而愿分权于敌人耶？"对此，各地实力派争相响应，并在湘、川、粤各地得到实行。

由此可见，章太炎并不反对统一，只是反对中央集权。但这仍与孙中山统一中国的意愿相违背。1922年，孙中山举兵北伐，由于陈炯明反对而中止。但这丝毫不改其志——次年1月，他在上海发表"和平统一宣言"，主张直系、奉系、皖系各大势力互相提携了解，暂时划疆自守，互不干涉，以企统一之成——孙中山有更大的动作。

当时主张"武力统一"的还有北方的"玉帅"吴佩孚，他是当时最有实力的军阀。就在南湖之船成为历史节点的那个夏天，他挥师南下，狠狠教训了主张"联省自治"的湘鄂川势力。与此同时，孙中山在南方成立大元帅大本营，建立黄埔军校，厉兵秣马图谋北伐。章太炎怒斥之“广东帅府之欲以武力统一西南，亦西南之吴佩孚也”。

就这样，孙与章在革命征途上的分分合合中，渐行渐远。

1925年，孙中山逝世，章太炎赠与挽联：

孙郎使天下三分，当魏德初萌，江表岂能忘袭许；
南国是吾家旧物，怨灵修浩荡，武关无故入盟秦。

在史学上，章太炎推崇司马光。司马光的《资治通鉴》以曹魏为正统，孙郎三分天下，不忘袭击许昌，自然成了非法的事。上联是在暗讽孙中山的北伐，下联则更为严厉。秦一向被视为虎狼之国，“武关无故入盟秦”指孙中山联俄是引狼入室，贻害中国。

不过，尽管章太炎对孙中山多有异议，两人却又不同于一般的政见相异者。除了这副字挟风雷的挽联外，他还写了一篇典雅密栗的《祭孙公文》，称赞孙中山倡导革命，是追步刘邦、朱元璋，光复中华之功不可磨灭。

他还希望能为孙中山写墓志铭，公开表示只有自己才有资格。“千人之诺诺，不如一士之谔谔。”

蒋介石断然拒绝了他。章太炎未能执笔，其他人自然也不敢写，于是孙中山的墓独缺墓志铭，仅以“天下为公”四字代替。

（参考书目：《章太炎全集》《太炎先生自定年谱》，章念驰编《章太炎演讲集》《面壁集》，汤志钧编《章太炎年谱长编》，王汎森《章太炎的思想及其对儒学传统的冲击》，姜义华《章炳麟评传》《章太炎思想研究》，陈平原编《追忆章太炎》）

梁孟夫妻
子仲謀
閒君慧福
幾生修
家庭樂事
琴書外
更向春郊
縱馬游
己酉暮春奉題
安塞先生暨
夫人淑仲令郎
千里策馬小照
振亞拜稿

英氏家族

徐梅/撰文

英达，赫赫有名的英氏家族第四代传人，向我们透露了这个神奇家族的成功奥秘：“我们家一代一代都在做的事情就是3个字——学外语。”

自他曾祖父英敛之开始，英家人就“吃起了洋饭”。英敛之是清朝末年与马相伯齐名的中国天主教代表人物，在教会的支持下，他创办了《大公报》和辅仁大学。他与容闳等早期教会信徒，是第一批通过教会的渠道睁眼看世界的中国人。

英达的爷爷英千里12岁就赴欧求学，精通英文、法文、西班牙文和拉丁文，1948年后到台湾，编写了从初中到大学的系列英文教材，余光中、马英九都是他的学生。

英达的父亲“英大学问”英若诚从小在教会学校念书，英文讲得不逊母语。曾经与他合作的美国戏剧家阿瑟·米勒赞叹：“有他在边上为我翻译，我都忘了我不懂中文。他的翻译出口迅速，毫不迟疑。”

英氏家族历经晚清、民国、国共之争、新中国成立、反右、“文革”、改革开放等胶结着政治矛盾和思想交锋的历史时期。与一般知识分子家庭不同的是，这个家族因为“吃洋饭”，总是身处中西交锋、中西矛盾、中西交流的第一线。如果我们考察近百年来中国与西方世界的关联互动，他们的家族故事是一个绝佳的样本。

“看来英家人还是得吃‘洋饭’啊！”瞅着英达、英壮、英宁几个子侄辈儿把情景喜剧这只美国汉堡端进中国千家万户，撒上点葱花，放一撮盐，盛出《我爱我家》《候车大厅》《东北一家人》这些热腾腾的中式家常菜，英若诚发出过这样的感慨。

从英若诚的祖父英敛之开始，老英家人就开始吃“洋饭”了。

英敛之　创办《大公报》和辅仁大学

英敛之22岁开始便笃信天主教。31岁那年他写了一篇《论兴利先除弊》，议论国是，声援维新，公开称赞康有为的革新主张“实今日之顶门针、对症药，痛快切当，言人之不敢言”。

英宁对这位先人很崇敬，“康梁呼吁变法图存令人景仰，但他们毕竟是汉人，我曾祖父是满族正红旗人，我曾祖母还是皇族，照现在的说法，人家可是体制内的，有这个觉悟多不容易啊！”

英家的满族老姓儿是“赫舍里”，英敛之本名赫舍里·英华，字敛之。

他与梁启超、严复等维新派人士往来密切，1898年前后，参与成立了一个名为“爱国会”的维新组织，袁世凯作为新军首领也参加了这个组织。袁世凯倒戈叛变，英敛之痛恨不已，1902年他在天津创办《大公报》，与直隶总督兼北洋大臣袁世凯对垒10年，这是后话。

戊戌变法失败后，英敛之亦在清廷的组拿名单上，他带着妻儿先后避难于香港、越南，其后辗转落足天津。保皇立宪的政治主张受挫，他意志更坚，一

^^英敛之

意西学，希望借助“欧西学术”的引进，“启我同胞聪明”。

他把12岁的独生子英千里交给天主教传教士雷鸣远带到英国去学习强国之术，这个举动至今令英若诚的五弟英若识啧啧称奇：“我祖父这个人意识太超前了，一百多年前能有这样的眼光、气魄，他可就这么一个儿子。”英千里走后不久，第一次世界大战就爆发了，8年后，他才第一次回国。

因为主张“全盘西化”，英敛之也闹了不少笑话，被周围的人讥笑为“怪人”。例如他提倡穿西装，不听家人劝告，找了个日本裁缝做了套西服，勇敢地穿上，从天津四面钟到劝业场逛了一大圈，为的是叫“长袍马褂们”好好看看。结果回到家累得不行，脱下西装一看，原来自己连衣服架子一块儿穿身上了。

他不知从哪儿听说，西方绅士星期天必须骑马，特地买来几匹马，每到礼拜天就领着妻儿，到街上跑一圈。这个别出心裁的节目苦了他娇小瘦弱的妻子。英宁家里收集了许多家族老照片，其中就有一幅英敛之一家三口的马上英姿。

他自己穿西服不算，还想在全家推广，苦于弄不清西方女性服装的式样，托人到哈尔滨买了一套，让太太穿上拍照，放大之后挂在客厅里。那张照片英若诚小时候看过，印象里好像是一件俄国人的睡衣，他在回忆录里很是同情自己的小脚祖母爱新觉罗·淑仲，这位大清皇族跟着他祖父这个超级革新家没少受改造。

1924年，英千里自欧洲回国成亲。婚后头六年，他仍然生活在欧洲，偶尔回国探望。英敛之意识到儿子虽精通西学，在全英注册考试中名列第一，拿下了英国伦敦经济学院的学位，却连中国字都写不好，中国话都说不利落，更不能指望他干预时政，推进社会变革。

自1902年创办《大公报》到1916年9月意冷心灰将报纸盘售给大股东之一的王郅隆，英敛之对西方世界的一心向往和全意推崇早已被现实打破，儿子的教育“失败”，是他“全盘西化”改革的又一大挫折。

英敛之曾多次萌生去意，他在日记里这样写道：“甚不快，百感纷集，颇思他去。”

他的信仰世界也在松动变化，自青年时期便对教会无比忠诚的他反思教会在中国土地上的作为，开始斥责一些外国教士的愚民之术。

1917年英敛之撰写了《劝学罪言》，上书罗马教廷，力主在中国开办天主教高等教育学校，信徒培养“以文学为第一要务”，“延聘素负盛誉高明特达之教习，严定课程”。

1925年，罗马教廷亲自委派美国本笃会来华办学，英敛之与美方负责人奥图尔发表联合宣言，“绝非用殖民政策，造成附属之品，乃为吸

光緒二十八年五月十二日 第一號

L'IMPARTIAL

大公報

TIEN TSIN

西歷一千九百二年六月十七號

本館開設天津法租界

<< 《大公报》创刊号

收中国有志爱国之士，本此志愿，同工合作”。

英敛之深刻意识到“介绍西欧新得科学文化之精”的同时，不能舍弃“中国旧有文学美术之最善者”，因此这所大学的办学宗旨必须是“舍短取长，不使偏胜”。

这所大学就是亚洲惟一一所由罗马教廷直接设立的天主教名校辅仁大学，校名是英敛之取的。他的同道好友，晚年捐资创办上海震旦大学的马相伯曾主张以“本笃”为校名，英敛之坚持取名“辅仁”，典出《论语》中的“会友辅仁”。

英敛之还创办了北京第一所女子中学——静宜中学，英若诚的母亲蔡葆真女士刚过门就当了这所学校的校长，时年19岁。北京培根小学也是由英敛之创办的，他的妹妹英木狄任校长，英若诚和英若识都在这所小学念过书。

英千里　与官场格格不入

对于英家人来说，英敛之的故事太过遥远，类似传说，英千里才是真正改变了家族命运的人。他和妻子蔡葆真（晚清山东巡抚、民国教育总长蔡儒楷之女）一共生了9个子女，长女七香、次子若敬患病早逝，其余几个孩子依次为若勤、若诚、若聪、若采（女）、若识、若智、若娴（女）。

英千里回国后先是在辅仁做教授，后又接受北京大学和北京师范大学的邀请，为两校学生教授英国文学。那年头，教授收入丰厚，同时打三份工的英千里最多时一个月能拿到1000块大洋。

英若识到现在还记得有一次父亲领了薪水，“把大洋往桌子上一堆，让我们小孩儿趴在桌子上抓着玩儿”。

英千里在京郊买了别墅，每年夏天，一家人就坐着马车从城里到温泉别墅度假。后来，他又买了一辆福特牌轿车。英壮遥想当年，甚是感慨：“我爷爷当年那可是真正的大款啊！”

同父亲英敛之一样，英千里也是一位虔诚的天主教徒，他的孩子们

<< 英千里的妻子蔡葆真女士

全都受了洗礼，都有教名，英若诚从小就担当教堂祭坛独唱，祷告和赞美诗也是他们家庭生活的一部分。蔡葆真从未离开过中国，她父亲为了让她配得上那位留洋的准女婿，从小就把她送进教会学校，她同样是一名天主教徒，精通英文和法文。

这样的夫妻在同时期的中国并不多见，在英若识的记忆中，“我们家的民主空气一直很浓”。蔡葆真奉行“树大自直”的教育理念，给予子女最大的自由空间。父亲即便给他们立规矩，也“总是很绅士”。印象中父亲只打过一次孩子。

“我大哥若勤10岁的时候，说话冒犯了母亲，父亲让他靠在桌子上，用一根手杖打他的屁股。这个过程他弄得像一个仪式一样，我估计那可能是英国式的打屁股。”

英若识对父亲印象最深的是晚上的“床边故事会”，“我父亲有3间书房，里面堆满了各种书籍，我们从小就在里面胡乱看书。晚上他情绪一高，就把我们叫去，他躺在床上，我们站在床边上。他给我们讲希腊神话，《伊利亚特》和《奥德赛》基本上都讲完了。每天都讲一段，讲得特别生动，我们特别感兴趣，爱听，太好玩了”。

抗日战争爆发后，英家失去了这份喜乐平静。英千里和辅仁大学的一些爱国人士秘密成立了地下抗日组织“炎武学社”，由辅仁大学文学院院长沈兼士任主席，英千里任书记长，直接接受国民政府的指示，在学生中宣传抗日思想，鼓励学生投身抗战。1942年日伪特务机关把他抓进监狱关了3个月，用尽刑罚，一无所获，只好将他放了。

1944年2月，他再次被捕，国民政府起初以为他已英勇就义，还在重庆为他举行了追悼会。英宁为此特别钦佩他：“一个家族出名人不难，出英雄不易呀，老虎凳、辣椒水，那可是动真格的！老爷子一介寒儒，能视死如归，不屈不挠，了不起。别人我不知道，反正我是做不到我爷爷那样。”

一年后，日本投降前夕，英千里在社会各界的营救下出狱。英若诚当时从天津圣路易中学毕业，已经获得免试进入剑桥大学的资格。英千里与儿子长谈了一次：“当初你爷爷把我送出去，是希望我从小就学习西方文化，从根本上了解西方世界的科技和文明，将来好为自己的国家做事，可他万万没有想到，这造成我一生无法弥补的欠缺。我12岁出国，24岁回来，完全不了解中国社会，很多应该做又很想做的事情都做不了。”他劝儿子以自己为鉴，放弃剑桥，改在国内上大学，“千万不要从一个外国学校出来，再进到另一个外国学校里去”。

英千里知西不知中，英若识讲了一件趣事：“他12岁出国，像个外国人，中文不如英文好。他当教育局局长的时候，很多人找他题字，其实都是我母亲代他写的。”

抗战胜利后，英千里作为抗日英雄受到国民政府的重用，做过北京市教育局局长和南京政府教育部的司长，但他的个性与官场格格不入，这个官当得很痛苦。英若识回忆说：“他很清高，官场那些乱七八糟的事情他都不懂，属于一点不会来事的那种人。”

英若识记得有人给他父亲送过一块银盾，银盾上刻了“步步高升”4个字，“我父亲当时就把这个人骂回去了，这是我亲眼看见的。他一直保持着知识分子的人格，对官场很不适应”。

英千里后来告诫他的子女：“长大之后，一不可为官，二不可从艺。”英若诚清华毕业后跑到北京人艺当了演员，后来又官至共和国文化部副部长，这些都是老爷子料不到，也管不了的事情了。

1948年12月，北京已被解放军围城，英千里作为国民党政府“大陆人才抢救计划”中的重要人物和胡适等人从北京东单机场匆匆飞往南京。在此之前，英若诚曾专门从清华大学跑回城里，劝说父亲留下来，不要跟着国民党去台湾。

“我的宗教信仰怎么办？”这是英千里最大的担忧。

英千里到台湾后与政界再无瓜葛，专心教书。先是主持台湾大学外文系，1955年后又全力投入辅仁大学的复校上。

英家几个孩子中惟有大哥英若勤在那之后见过父亲：“我大哥那时候在上海工作，他跟着他们单位中国石油公司去了台湾，在那里跟我父亲见了面，还帮我父亲买了家具。”

英若勤看到国共两党似有划江而治之势，就离开台湾回到上海，回来之后跟家里人讲了英千里在那边的情况。英若识记得父亲寄过一笔路费给家里，还写了封信，“催我母亲带我们去台湾，他特别惦记我的小妹妹若娴，我父亲走的时候她才4岁”。

英千里走后，蔡葆真带着7个孩子艰难谋生。她卖了一些古董维持生计，凡是在读的孩子，一个都不让他们中断学业。生计艰难，免不了借债度日，她把丈夫寄来的路费都拿去还了债。1950年前后，她写了封信让丈夫再寄一笔钱，这封信下落不明，家人从此与英千里失去了联络。

英千里在台湾收养了邻居家的女儿韩拱辰为义女，1980年韩拱辰在英若诚访美时设法与他取得联系，交给英若诚许多珍贵的资料和照片。

英千里在台湾恪守着天主教徒的生活准则，一生没有另娶。罗马教廷给他授予了爵位，这个殊荣他的父亲英敛之去世后也曾得到过。

海峡的这边，他的孩子们与他划清界限，放弃了原有的宗教信仰，积极向党组织靠拢。却因为家庭出身太差，境外关系复杂，多数被组织拒之门外。

英千里辞世后，蒋介石为他亲笔题写了一块匾额，上书“教绩孔张”4个大字，时任“行政院院长”蒋经国亲自主持了他的追思会。出殡那天，为他抬棺的全是“立法委员”。

（左）英千里与于斌大主教在台湾1960年代的辅仁大学

（右）1961年，英千里与韩拱辰在台湾

1993年，英若诚在马英九帮助下终于成行去台湾访问。马英九和余光中都听过英千里的英美文学课，马英九自美国留学返台后，担任过蒋经国的专职英文翻译；余光中曾说，在英美文学的学习上，他从英千里那里受惠最多。

英若诚为父亲扫墓在当时是岛内各大媒体争相报道的大新闻。英若诚在自己的回忆录里说，在父亲的墓碑上他看到了父亲的照片，“样子比我记忆中要衰老”。这是他与父亲的最后“团聚”，此后他的身体状况恶化，再没有踏上台湾的土地。

英千里走后

有个潜逃到台湾的国民党要员老爸，对于英家兄弟姊妹来说，实在是顶摘不掉的黑帽子。

“那个时候我们都要跟他划清界限，不是嘴上说说，是发自内心的。”大一点的孩子如英若诚、英若聪都积极向党组织靠拢，小一点的也都积极要求入团、入队。1949年10月英若识入团了，他回忆说这个政治上的进步对他的鼓舞极大，他从一个成绩很差的私立学校后进生，一跃成为重点中学北京师大附中的好学生，参加了开国大典的学生游行方阵。他很认真地纠正儿子英宁的戏谑："不是旗杆后面那个，是旗杆西边。"

"那个年代这些东西真的能够对人产生推动作用。"政治生命如此重要，能够激励一个人，自然也能打败一个人。英若识的哥哥、英壮的父亲英若聪就是被击倒的那一个。

英若聪在清华大学建筑系任教，他是新中国成立后的第一批研究生，当时是梁思成的助教，教师团支部的书记，党组织重要的发展对象，"属于又红又专的那种"。没想到1957年"反右"开始不久，他就被错划成"右派"。

英若识清楚地记得四哥当时的痛苦："这个事情让他变得很消沉，我母亲劝他，眼光放远一点儿。他对我母亲说，他的生活已经看不到什么希望了。"

英若聪成了"右派"之后，被人从清华教育队伍中撵了出来，当了工人阶级。这段经历他一直视为人生中的一个污点，很少对子女提及，英壮只知道父亲从抹沙工到架子工，建筑工地上什么工种都干过。

因为这一番折腾，英若聪成了兄弟几个中身体最差的一个。因为教龄被耽误，一直到很晚才评上高级职称，为此他郁郁不欢，1984年还犯过心脏病。自那之后，严重的心脏病一直伴随着他。

1987年，英若聪在毫不知情的情况下，"突然"当选为北京市政协委员。这个消息是英壮在单位读报时偶然看到的，他大吃一惊："我说这事不小啊，这是一个级别很高的荣誉了，对一个无党无派、历经磨难的知识分子来说。"

下班后他带着报纸回家了，想跟父亲问个究竟。写惯了剧本的他，讲话也非常追求画面感："进门之后的镜头是这样的——我父亲正在厨房切黄瓜。我说：'爸，你的保密工作搞得可以呀，这么大事儿都不跟家里说一声的。'他一脸茫然：'你说什么呢？'"

"我把报纸给他，我爸就看，看完不说话，把刀一放，坐在沙发上，大概20多分钟不说话。据说这天晚上，他失眠了。等了20年，他终于得到了认可，得到了社会的认可、体制的认可。"

英若聪被打成"右派"只是英家几个子女遭难的开始。很快他弟弟英若识也被群众专政了，原因是他托同事的朋友打听自己的父亲英千里是否还活着，革命群众给他定下了“妄图和海外联系，图谋不轨”的罪状。

英若识的双胞胎弟弟英若智在天津日子也不好过，他是搞水利的，偏偏喜欢画两笔漫画。有一天他画了一只猫蹲在窗边看月亮，被革命小将发现，认为“猫”与“毛”同音，认定他是在攻击伟大领袖。

这事过了没多久，他惹了更大的祸。他所在的海河治理工程队要搞一个庆祝活动，他热心地揽下了布置标语的活儿，让其他同事早些回家休息。谁知当晚刮了一场大风，第二天集会庆祝时，大家发现“毛主席万岁”变成了“毛主席万夕”。这事被当作一个严重的反革命事件，英若智作为“现行反革命”被投进监狱。3个月后释放，工资却一直停发。

“洋墨水”喝得最多的英若诚，遭遇比几个弟弟更坎坷。父亲是国际俱乐部会员，与诸多外国使节往来密切；他自己成长于教会学校，同学也都是外国人。刚工作那年，他按照组织要求如实填写自己的海外关系，别人最多也就是两三页纸，他整整写了10页。

1952年起，时任北京市长彭真直接授命他利用自己的海外关系，了解西方动向，为组织搜集情报，他还获准可以阅读大量英文读物。结果，1968年他以“美苏双重特务”的罪名被捕入狱，经过多次审讯，他

>>1982年，英若诚与兄弟和妹妹（英若勤、英若识、英若智、英若采、英若聪）

才意识到自己被捕的真正原因是曾经为彭真工作过。

他在北京、河北等几座监狱过了3年牢狱生活，他的妻子吴世良在他被捕的第二天也被抓了。他们16岁的女儿英小乐被送到内蒙古插队，7岁的英达先是跟奶奶生活，后来被迫流浪街头，住在下水道里。

蔡葆真因为有个跑到台湾的丈夫，自己又懂法文，被安上一个疑似"法国间谍"的罪名，造反派不许她跟子女同住，把她隔离到一间只有7平方米的小矮房里。

多年以后，英若诚把自己的牢狱生活作为个人自传的第一章，因为这是他一生中"最离奇"的事情。

英若诚　我为什么热衷于中西文化交流

1980年，51岁的英若诚第一次出国。先去伦敦，又去美国访问了几所大学。他是陪曹禺同去的。后来，他对自己的传记合作者、美国杜克大学教授康开丽女士说："头一次出国一开始不敢相信这是真的，后来又时常陷入内疚之中，因为国人中能够亲眼看到外面世界的人太少，也因为国外物价太高，我们花这么多钱感到不自在。"

他和曹禺都喜欢喝一口，但他们每人每天只有1美金的零花钱，连一瓶啤酒都买不起。于是有一天晚上，他跑出去买了一瓶发酵的苹果汁拿回来，与曹禺当酒喝。

在美国印第安纳大学访问时，东道主发现了他们的拮据，请曹禺做了一次演讲，英若诚做翻译，学校方面给了他们1000美金作为酬劳。

用这笔钱，他买了台德国产的彩色电视机，曹禺买了套音响，他们奋力把这两个大件扛回了北京。后来，他得到机会去意大利拍摄《末代皇帝》，他用剧组给的酬劳买了台热水器，也把它托运回了北京。

改革开放后，他精通的洋文终于派上了正经用场，《推销员之死》《哗变》《请君入瓮》《芭芭拉少校》《上帝的宠儿》都是由他翻译、引进到北京人艺的外国戏。

英达的好友阿忆至今记得自己在大学时代，跟同学一起观看话剧

>>1983年，英若诚与阿瑟·米勒

《上帝的宠儿》时的情景："那时我在北大上大二，跟孔庆东一起跑到人艺看话剧，从那时到现在，俺再没有看过如此震撼和精湛的话剧表演！"

英若诚把自己认为一流的西方大师之作引进到中国，同时也把中国戏剧文化传播到西方。作为密苏里大学的客座教授，他给美国学生排了两部中国话剧：《家》和《十五贯》。他是当时北京人艺海外影响最大的演员之一，《忽必烈》《末代皇帝》《小活佛》《马可·波罗》等影视作品为他赢得了一大批海外观众。

有人把醉心西方文化的他称为"假洋鬼子"，他不以为耻，还让四弟英若聪给他刻了枚"假洋鬼子"的图章。

1991年他与《英若诚》一书作者柯文辉有过一次长谈，完整地讲述了自己的"文化交流观"。

"弘扬民族文化，并不是取消外来文化。……无论是洋奴、假洋鬼子、里通外国，什么文化侵略、黑干将之类的帽子都吓不倒我。……关门主义是代替不了艺术规律和人类渴望相互理解的规律的，……用艺术去感动朋友比说教更有力。

"我们提倡爱国主义，首先要让青少年知道中国与世界的现状，加以对比，祖国才可爱。有的人认为应当把中国说成好而又好，革命灯塔、世界乐园、人间天堂，这便是爱国……这种说法太片面，经不起比较和事实的检验，往往连真正的伟大之处，也被后代轻易否定……

“什么叫爱国？就是‘要在他的领域里赢得他的尊敬！’……世界上什么事都有一套公认的规则，不能关上门做皇帝。

“我经常遇见双方的无知，我们对外国的无知和外国对我们的无知。……我会点儿外文，能看些洋书。……我看了好些书，对咱们中国有用的书，什么爱森斯坦哪，斯坦尼呀，以至于《推销员之死》《哗变》哪，我觉得它是外国文化的精华，但是光我一个人知道有什么用？我得让中国人都知道，我得把它翻译出来。直到现在这还是我的动力！”

1986年，他从一名股级干部一跃成为文化部副部长，主管艺术院团和艺术院校。曹禺送给他一幅字：“大丈夫演好戏当好官，奇君子办实事做真人。”

他同自己的父亲一样，在官场也不失一个知识分子的独立性。他说自己在官场上看了太多喊着“文艺为政治服务”口号的人，他把这种来自上面的极左势力幽默地称为“左上方”。当副部长的时候，他竭力改变这样的状况。退下来之后，他翻译导演了萧伯纳的名作《芭芭拉上校》，这场戏的第三幕有一句经典台词，父亲对干什么都不行的儿子说：“在这种情况下，搞政治也许是你惟一的出路。”

身居高位时，他也没有离开过舞台。1990年6月，他卸任了，锁上办公室的门，交出钥匙，轻快地与同事们握手道别：“欢迎明天到首都剧场，看我的戏。”

晚年，他躺在病榻上，严重的肝硬化时常令他陷入幻象，有时他甚至会用英文发表长篇演说。英达、英壮、英宁哥儿几个轮流值守。有一次他对英壮说：“演出快要开始了，咱们对对词儿吧！”还有一次英达刚走进病房，他激动地对儿子高喊：“唉！你来了！他们（护士和大夫）都是外国间谍，我跑不了了，他们把我的裤子拿走了。”

神志清醒的时候，他对康开丽说，自己这一生因为会洋文遭了些罪，但是“在我的生命结束之前，回想我的一生，在我所有的经历中，我决不会放弃学习外语的机会，这是我从我祖父、父亲那里继承的财富之一。他们把这个知识分子家庭的重任传递给我。……中国人狭隘的爱国精神在政治危机中被利用。现在国际关系舞台上最重要的事实是：占世界五分之一人口的中国已不再闭关自守。中国的门已经打开，这是自最高领导层到街上的普通老百姓一致的共识。历史不会再开倒车了”。

自由选择的第四代和第五代

老英家人才太多，英达他们哥几个成名后，在天上晕了没两天就落地了。英宁说英达跟自己说过好几次：“有时想想我真觉得自己挺牛的，再一想，还是不行，老几辈儿人那种文化地位和历史作用咱还是真没达到。”

英宁小时候每每背不下课文，父亲就拿爷爷英千里的博闻强记激励他，“确实觉得自愧不如，还真能起到激励作用”。

“不骄，不躁”是英宁总结的家族传统：不骄，是因为跟老几辈差太远了，“不敢骄傲，但求无愧对前贤，这是家族历史给我们的动力”；不躁，是因为打爷爷去了台湾之后，一家人就开始过苦日子。用英壮的话说：“在历次政治运动中都抬不起头来，有各种各样的头衔和帽子”。英宁笑着说：“我们英家最艰难的日子都熬过去了，再坏也坏不到哪里去了。”

英壮直到上高中才对自己的家史有个比较清楚的了解，“小时候，家里人都不爱说这些，一是在当时的政治氛围下，这个家庭的历史并不光彩，二是怕小孩听了出去乱说惹祸”。

小时候他问父母：“我怎么没有爷爷呀？我爷爷在哪儿呢？”爸妈都支支吾吾，后来他写剧本就用这个素材编了一个段子：

“我爷爷是怎么回事？”

“爷爷？爷爷，当然，一般人都有爷爷是吧。你呢？也应该有。有归有，但是不好说。”

英达流落街头的时候，他们家的日子也过得很惨，祖业被挤占，一家四口被撵到一个9平方米的小屋里。父母都是双职工，每天下班回家

<< 英家三兄弟片场合影，左起为英达、英壮、英宁（英宁提供）

都很晚。他要照顾妹妹，还要做一家人的饭，“据他们说，我7岁的时候自己杀过一只鸡”。

1968年出生的英宁是英家他们这一辈年龄最小的男丁，他热情爽朗，心直口快，自封“英氏家族总联络官”。海外亲友回国后第一件事就是给他打电话，“安排吃住，张罗饭局，这些都是我的事儿”。

国门打开之后，他们家与海外的亲戚渐渐联系上，“中国人就爱串糖葫芦嘛，家里有个海外亲属，就会一个一个往外接”。

从1980年代到现在，20多年过去，这个家庭已经完全国际化了。他小姑姑英若娴最先去了美国，现在美国从事物理学研究。其后英若勤的儿子英健和女儿英明、英达的姐姐英小乐、英壮的妹妹英凡、英宁的妹妹英悦等人也都出国发展了。

英家第五代有十余人，一半以上都在国外成长。英达与宋丹丹所生的儿子英如镔（满族名巴图）已经长大成人，从英国留学回来，也宣布要进入演艺圈。英宁哈哈大笑：“我们这两代最大的特点是让我们老英家从一个文化世家变成了梨园世家。”

英达与梁欢所生的小儿子英如镝运动天赋出众，9岁时作为主力和北京“虎仔队”的队友们在加拿大的贝尔首都杯（全球规模最大的12岁以下少儿冰球比赛）中夺冠。

英达为了不耽误孩子的前程，干脆把家搬到美国，小家伙现在是芝加哥使命队青少年俱乐部的队长。英达坚信儿子将来能成为出色的职业冰球手，影响力会超过姚明、丁俊晖。为了培养好下一代，他比以前更加忙碌，国内国外来回飞。

英壮和英宁还坚守在情景喜剧生产第一线，巩固着英家的文艺阵地。接受本刊采访时，英壮正把自己关在京城一家小旅馆里修改《地下交通站2》的剧本，英宁自编自导的新戏《桂花打工记》2011年春节前后也要播出了。

英宁在他们家的阳光书房里给记者翻看家庭老相册，书房东面的墙壁上挂着英敛之的墨宝：“文辞清妙世少比，胸次广博天所开。”他笑呵呵地跟老人家开玩笑，要父亲英若识为我们“痛说革命家史”。

糟糕的家庭出身、复杂的海外关系让英若识他们这一代很长时间都不敢大声说话。英宁7岁的时候，听到大人们在家里压低了嗓子议论什么事情，小小年纪忽然冒出一句话，让一屋子大人都愣了：“爸，别乱讲，‘文化大革命’不是一次啊，可能还有第二次第三次！”

“现在的环境多宽松啊！他们都可以按照自己的意愿、自己的天赋去发展。”英若识的总结非常经典，“我觉得一个社会是不是合理，就看能不能让每个人自由地发展。他们是赶上好时代了，我们那个时代是畸形的，现在说‘性格决定命运’，我们那时候哪有这个，什么样的性格都是一样的命运！”

英氏家族的遗传密码

1992年，周忆军（阿忆）第一次与英达见面，“一堆人的一个研讨会上，《围城》刚播不久，他挺红的，好多人挤上去给他塞名片……”

英达手里捏着两摞名片，恰与工作人员之一的阿忆四目相对，“他冲我咧了咧嘴，无奈地笑了笑”。

过了两年，阿忆约宋丹丹采访，远远看到英达来了，他没主动打招呼，“我从来不寄希望我一个普通人认识一个名人之后，他还能记得我、认识我”。让他惊讶的是，英达大步走了过来，准确地喊出了他的名字，还说出了两人两年前第一次见面时的场景。

后来，阿忆意识到并非自己给英达的第一印象太过深刻，“而是这家伙的记忆力太好了，这么多年那么多人采访他，他甚至连某家电视台的某个摄像都记得，屡次把人惊着”。

再后来，阿忆与英达成了至交，与英达的父亲英若诚及其他英家人都有过接触，终于发现这种“照相式的记忆力”出自他们老英家的遗传。

非洲食蚁兽aardvark

英若诚的父亲英千里和钱锺书曾被公认为当时“中国人英语最好的两位”，英千里为了锻炼自己的记忆力，经常背词典。英若诚他们小的时候，英千里常主动跟他们“玩游戏”，英若识对此记忆犹新：“我父亲拿出厚厚的《韦氏大词典》，让我们随便在里面找单词考他，每次我们都难不倒他。我记得有一次我找了一个特别偏的、非洲的一种食蚁兽，拿这个单词考他，没想到他竟然也知道，哎呀，我真是服了。”那个单词过了60多年，英若识还记得，

>>1988年，英若诚和戴安娜王妃、彼德·奥图尔在电影《末代皇帝》英国的首映式上

“aardvark！印象太深刻了！”

有趣的是，多年之后，英若识本人也成了儿子英宁的活字典：“我写剧本的时候，遇到什么字儿、什么词儿想不起来，一个电话打给老头儿，他张口就能告诉我，每次都这样，比字典还好使。”

英若识觉得英家人的好记性一小半是天生的，还有大半是“兴趣广泛，爱学习”带来的。“说好听点叫‘百科全书’，不好听的就是‘杂家’，我们家人都有这个特点。”

小时候，他常跟英若勤、英若诚、英若聪几个哥哥一起侃大山，英若诚从小就天文地理无所不知，“他后来总被人叫作‘英大学问’，其实更应该叫他‘英大学习’。他思维敏锐，学习能力非常强，这点我很佩服他”。

在几个哥哥眼中，家里知识面最窄的就是小妹妹若娴，哥哥们山南海北聊大天儿的时候，她一句话都插不上，“感觉她傻得不得了，结果她到学校后，把从我们这儿听的东西讲给同学，在同学眼中她居然很渊博”。

表演、绘画和音乐是大家共同的爱好，很小的时候，他们就在家里像模像样地演戏、办画展。英若诚还弄了手摇唱片机回来，几个弟弟妹

（左）英达在《风声》拍摄现场

（右）英宁和父亲英若识

妹一放学就围着听西洋管弦乐。

1968年4月，英若诚被捕了。在狱中，他主动接近所有会手艺的人，向他们学习如何制作奶酪、西点，如何孵小鸡、盖房子，如何做毛笔，乃至生产假鸦片。利用自制的毛笔和墨汁，他在狱中记了许多关于制作食物和其他各种手艺的笔记，他称之为“生存笔记”。他不指望还能回到剧场做演员，想着多学些手艺，为出狱后一家人的生计早做打算。

出狱后第一个冬天，他被分派到剧院锅炉房，看到柴火堆中好多木料，觉得可惜，就捡了不少回家做家具，做了一个很大的书架，还有一张大桌子。

女儿英小乐从内蒙古插队回北京，爷俩儿和泥做砖，一块儿盖了间小房子当储藏室。卧室里腾出一块地方，把他先前做的桌子一摆，朋友们就可以来打桥牌了。

英达从小就天分过人，英若诚用补发的工资从琉璃厂淘了许多好书，其中有一套契诃夫小说。英达只有11岁，就看得津津有味，对爸爸说：“我不知道还有这么有意思的书。”英若诚还想办法弄了一台二手唱机，在家里偷偷放贝多芬给英达听。

阿忆坚定地认为英达是自己认识的最聪明的人：“我认识的人里面，没有一个在智力上是英达的对手。他随手翻书，过目不忘，咱们读书1000条信息你最多只记得20条，他全在脑子里。他其实是一个学问非常大的人，各个行业的专业术语，专业人士半天说不明白，他打个比方，说个笑话，就让人再明白不过了。一块儿坐着说历史能让研究历史的没话说，谈医学能让当医生的自叹不如。他只是把自己打扮成了一个演员、一个导演。”

2001年，由于阿忆的推荐，英达从演艺界闯进主持界，《夫妻剧场》《夫妻天下》《明星大课堂》《英达老故事》这些栏目在各地方卫视收视率都挺高，有的甚至达到8%以上。阿忆所在的九合成传媒成为英达的重要合作伙伴。“他的酬劳绝对是主持人里最高的，第二名都没办法跟他比。但是公司觉得很值，他只要在节目录制前10分钟看一下策划，知道这期节目的大概框架是什么，剩下的事情你就不用管了！他所有的主持都是即兴反应，不用准备。”

英壮比英达小4岁，对英达也有几分崇拜。英达从小字写得好，会画画，还会用橡皮泥捏各种动物，英壮一直觉得奇怪——“他在哪儿学的那么些手艺！”上中学的时候英达还写过一个小说，说的是一个发生在香港的银行劫案，英壮当时还上小学呢，没怎么看懂，只是觉得“写得很热闹，挺新鲜！”

把悲剧当喜剧来演

英若诚去世5年之后，《英若诚自传》中文版才由中信出版社出版。英达为父亲的自传写了序言：“每天生活在身边，再伟大的传奇人物也会显得平庸。……在读这本书的过程中，我又一次惊奇地发现了我的父亲，他的聪明，他的锋利，他的博学，他的幽默……敢情我到今天还没有超越他！”

“生活即使是悲剧，也要当作喜剧演下去。”这是英宁打小从父辈身上学到的东西，幽默是英家人对苦难生活的反戈一击。

英若诚在监狱里花了整整一年时间，做了本《毛主席诗词》，毛笔、红黑两色墨水都是他自制的。他照着监狱里发的报纸画毛主席像，诗词部分他模仿的是毛泽东的书法，评论部分则用自己的笔迹来写。这

<<英若诚与吴世良在意大利

本令人叫绝的《毛主席诗词》现在存放在美国的一个博物馆里。“我的一生看似充满了曲折和不幸，人们也许会因此感到不平，但我的自身体验完全不是那样。人本能地追随积极向上的东西，我也是这么做的。如果这部传记值得读，值得写，最主要的目的是要证明我在‘文化大革命’这样的环境中怎样主动积极地度过在监狱里的日子，权当一本‘坐牢手册’吧。”

英若诚在清华追求吴世良时，曾对她说过，不能保证她富贵，但能让她幸福，永不孤单，“结婚后每天都有笑声”。

梁欢嫁给英达后，同样也是天天乐得合不拢嘴。

阿忆告诉记者，英达最爱谈的有3个话题：“一是他儿子，二是反对中医，三是历史。他口才好，是个话痨，像个孩子，得理不饶人。一块儿坐下来吃饭，谁要是想跟他理论，这顿饭就别吃了。”

梁欢曾经挺认真地拉着阿忆，要他抽时间好好整理一下英达的思想，“她说你看英达天天在为我们的政府操心，想了特别多好主意”。

“英达讲，为什么我们看篮球那么激动，因为进球多啊！再看足球多沉闷啊，忙活半天，0：1，还有0：0的，那有什么好看的啊。所以英达主张把球门再扩大两倍！这样就可以不停地进球。他天天就想这种主意。”

英达和梁欢的儿子英如镝4岁就能把圆周率背到1000多位，弹钢琴拿过国际大赛6岁以下组特等奖，3岁学滑冰，之后学打冰球，2011年才11岁就已经满世界参加比赛了。

陈寅恪家族

卫毅 刘子超/撰文

一个枯坐书斋的冷静学者，何以热而不衰，甚至成为某种文化符号？学问以外，恐怕与他赞誉王国维、自己也力持不失的“独立之精神，自由之思想”不无关系。曾经失落或即将失落独立与自由的人们需要借他招魂。

实际上在众多回忆文章中，我们可以发现两个不同的陈寅恪。有些人着意挖掘他作为历史研究者在学术史上的意义；另一些以思想、政治、文化的视角，描摹和想象他，将他看作思想史或政治史上的象征性人物。

的确，陈寅恪是当代文化史绕不过去的人物，其贯通中西的渊博学识，卓尔不群的学人风骨，以及气象万千的学术成就，可称一时无两。更令人叹为观止的是义宁陈氏家族。陈寅恪这座高峰，原是拔起于群峰并峙之处。翻开新编《辞海》，陈宝箴、陈三立、陈衡恪、陈寅恪四人分立条目。一家三代祖孙四人享有如此殊荣者，恐怕翻遍《辞海》也难再见。

故而陈氏家族的百年浮沉，烛照出了中国近代文化人命运的一个缩影。

家族悲欣：追寻百年的独立与自由

面对照相机镜头时，6岁的陈寅恪有些不知所措。他身着长衫，脚穿布鞋，前额刮得锃亮，辫子挂在脑后，站在一株低矮的桃树旁。这是1896年的春天，湖南长沙巡抚署后花园“又一村”。照片上，五个小孩并排站立，从左至右依次为陈康晦、陈隆恪、陈新午、陈方恪、陈寅恪。纵是料峭初春，仍能瞥见此处为花木繁盛之地。他们的祖父是湖南巡抚陈宝箴。

在19世纪末的中国，照相乃是稀罕之事。相机在19世纪中叶传入中国，同时进入的还有军舰和枪炮。陈家兄妹拍摄这张照片的前一年，则是中国历史上山穷水尽的一年。自1894年与日军开战，已过一年，清廷看不到获胜的希望。农历新年刚过，正月十八日，日军占领刘公岛，北洋水师提督丁汝昌自杀，曾无限风光的北洋水师全军覆没。清廷委派李鸿章与日本议和，在日本马关春帆楼签订了《马关条约》，内容包括割让台湾、澎湖等岛屿。消息传来，国人震惊，彼时在直隶布政使任上的陈宝箴痛哭：无以为国矣。

正月二十日，年轻的光绪帝召见了陈宝箴，详尽地询问了应对当前战事的策略。陈宝箴逐一复奏。觐见翌日，他条分缕析了京畿防备的诸项事宜。这份奏折称为《觐奏兵事十六条》，包括“固畿辅”“择军将”“严津防”“简军实”“筹急款”等项。

祖父在京殚精竭虑之时，年幼的陈寅恪正随家人在湖北武昌生活。他母亲俞明诗则担心自己哥哥的安危——陈寅恪的舅舅俞明震此时正身处风雨飘摇的台湾。

同年七月，经清廷重臣荣禄举荐，陈宝箴升为湖南巡抚。九月，他从直隶赴长沙就任，家眷随后也离开武昌，回到了熟悉的长沙。

>>1896年陈氏兄妹合影于长沙巡抚署后花园『又一村』。左起陈康晦、陈隆恪、陈新午、陈方恪、陈寅恪

走出江西乡野的客家人

陈家在长沙湘江东岸城北通泰街居住多年，1890年7月3日，陈寅恪出生在通泰街的“蜕园”。

“我叔公（陈寅恪）跟我父亲（陈寅恪侄子陈封怀）在一起时，说的是长沙话。”如今在中科院华南植物研究所工作的陈贻竹向本刊记者回忆。

长沙只是这个四处奔波的家族暂时的居处。他们最早的家，在江西修水竹塅——赣北幕阜山腹地的一处山村。修水古称义宁，所以陈家被称为“义宁陈氏”。

“最近忙的是陈家大屋的保护。”陈贻竹说。竹塅村陈家祖辈居住之所已超过两百年历史。陈家大屋门前的场地上，竖着用紫红麻石条砌

就的旗杆石和旗石墩，顶部正中凿有竖旗杆用的圆孔。旗杆石为陈宝箴中举时所竖，刻着“清咸丰元年辛亥陈宝箴中举竖”；旗石墩是陈宝箴之子陈三立中进士时所竖，刻着“光绪己丑年主政陈三立”。

义宁陈氏为客家人，在竹塅已经住了几代，承续着耕读传统，但一直未有人考取功名。直到咸丰元年（1851年）八月，年方二十的陈宝箴中了举人。

陈宝箴中举时，清王朝的统治正面临巨大威胁。1851年，在广西桂平金田村，另一位客家人的后裔洪秀全建立太平天国。咸丰帝诏令各地创办团练以御太平军。陈宝箴的父亲陈伟琳创办义宁州团练，陈宝箴协助其父帮办团练。

1860年，陈宝箴进京会试落第。他并未马上返乡，而是与各地应试的举子切磨道义，结交了众多“隽异方雅之士”。其中，他与易佩绅、罗亨奎尤为要好，被称为“三君子”。

这一年，京城发生了一件大事——英法联军火烧圆明园。国难当头之际，陈宝箴无心在京等待三年后的考试，赶赴湖南投入军营。他到湖南之前，好友易佩绅、罗亨奎已奉湖南巡抚骆秉章之命，招募了一支千

<< 1934年初春，在北平中山公园，左起朱益藩、陈宝琛、陈三立

人义勇军“果健营”，驻守湘西，配合清军抵御太平军的来袭。

不久，翼王石达开率领十万太平军猛攻“果健营”，义勇军累月死守，粮草行将耗尽。陈宝箴冒死雪夜从小道潜行至永顺求援，并马不停蹄押运粮草返回军中。“果健营”巩固了防守，太平军久攻不下，退兵而去。陈宝箴与“果健营”自此扬名。

1863年，陈宝箴来到两江总督曾国藩安庆驻地。此前，曾国藩已对义宁团练大为激赏，对陈宝箴也有耳闻，数次邀他加入幕府，并赠其一副对联：“万户春风为子寿；半杯浊酒待君温。”进入曾幕的陈宝箴如鱼得水，被誉为“海内奇士”。

几年后，曾国藩调任直隶总督，督办直隶、山东、河南三省军务。陈宝箴随后也入京觐见，“以知府发湖南候补”。不久，他将家眷从江西竹塅接到了湖南长沙。

“陈宝箴是这个家族走向全国的关键人物，他是一个转折点。在江西，土客矛盾使得客家人只能在偏远的地方生存，种的是最差的田，长年吃的是红薯。作为客家人，他们只能靠个人奋斗，没有其他根基。义宁陈氏的历次迁徙中，恐怕这一次迁移意义最为重大。”对义宁陈氏颇有研究的学者张求会分析道。

力推维新的湖南巡抚

1898年，同样是在长沙，陈寅恪与几位兄弟留下了一张合影。他们身后的背景板是手绘的湖山，悠远宁静。照片上的几个人，神色多少有些冷峻。这一年的长沙各种思潮涌动，山水之间并不平静。对这个家族和这个国家来说，是波诡云谲的一年。

这一年的戊戌变法运动，全国十八行省的督抚，最有力推行的是湖南巡抚陈宝箴。他推行新政之举，其子陈三立曾概括为六项：董吏治、辟利源、变士习、开民智、敕军政、公官权。希图有一番作为的光绪帝对陈宝箴倍加赏识，于“百日维新”中的8月5日、10日连下两道谕旨嘉奖他。

早在1897年，湖南学政江标改革校经书院，陈宝箴就大力扶持。

校经书院创办的《湘学报》也得到了陈宝箴的推崇，他通令全省各州县订阅，还拨款购买梁启超等人创办的以“变法图存”为宗旨的《时务报》，分发各府厅、州县书院。

在他的倡导下，湖南成立了南学会——以行民权、立议会、促地方自治为宗旨的政治团体。随着湖南新政进入深水区，尤其是梁启超等人的到来，新政发生改变，从单一的洋务实业朝关涉民族、民权等方向转化。时务学堂培养了一批新学子，蔡锷便是其中代表。外人则将湖南称为中国最富朝气的省份，甚至比作日本维新时期的萨摩和长州。

湖南新政迅猛展开之时，京城里帝后两党的争斗也已水火不容。光绪帝命各省督抚网罗“通达时务、勤政爱民之员”随时推荐进京。陈宝箴举荐了17名维新人才，其中谭嗣同、杨锐、刘光第三人被光绪帝委以重任。

陈宝箴父子施行的是一条不伤国体、稳健渐变的改革之路。“其实，陈宝箴父子在当时的改革中是很孤立的，守旧派认为他们乱来，激进派认为他们步子太小，各方矛盾聚集在他们身上。湖南开始办矿务总局，谭嗣同跟陈氏父子的观点就不一样，到底官办、官商合办、官督商办，还是商办？民族工业的滋生、蔓延和发展，问题非常复杂。陈家父子不像我们想象的那么理想化，而是非常务实，有时还要顾及人情世故。他们感受到的痛苦和难堪很真实。”张求会说。

1898年八月初六，光绪被囚，慈禧垂帘听政，除了京师大学堂，所有新政俱被废止。戊戌变法失败，“六君子”被杀，陈宝箴父子因“滥保匪人”，被“革职永不叙用”。

九月十七日，陈宝箴将巡抚印信移交给了新任巡抚俞廉三。陈氏父子的政治抱负就此终结。

“凭栏一片风云气，来作神州袖手人”，陈三立于光绪二十一年（1895年）春所作的两句诗，不幸成谶。

从两公子到一散原

1899年，9岁的陈寅恪再次面对镜头已无惊惶之色，这几年他已习惯了照相。这是陈宝箴与孙子及重孙的合影。陈方恪、陈寅恪、陈覃恪、陈封可、陈衡恪、陈隆恪都在镜头里，坐在最中间的陈宝箴神色平静而落寞。拍摄地点已移至江西南昌。

一年后，陈宝箴突然去世。他的死至今成谜，一说是病死，一说是慈禧赐死。他去世时，至亲子孙都不在身边。儿子陈三立日夜兼程，从南京赶到南昌奔丧。

陈三立是陈宝箴任湖南巡抚时最为得力的助手。“三立”之名典出“太上有立德，其次有立言，其次有立功”的古训，他是名副其实的实践者。

咸丰三年（1853年），陈三立出生于江西修水竹塅。年少时，他与弟弟陈三畏就读于陈宝箴创办的四觉草堂，受中国传统文化的熏陶，打下良好的诗文基础。

陈三立的书法，深受乡贤黄庭坚影响，质朴古拙。然而，彼时殿试流行馆阁体，他的书法风格并不合潮流。他回乡苦练了三年书法之后，才于光绪十五年（1889年）成为进士。

中进士后，陈三立被授吏部主事考功司行走。其时他父亲陈宝箴正在武昌任湖北布政使，襄助湖广总督张之洞推行洋务实业。张之洞提出了中国工业化的构想。受此吸引，陈三立离开吏部衙门，来到湖北任事。

陈宝箴任湖南巡抚时，新政急需人才，求贤若渴。为此陈三立多方结交有识之士，梁启超、谭嗣同、唐才常、皮锡瑞、熊希龄等一时齐聚湖南。宾主时常聚集在陈三立的书房中，“相与剖析世界形势，抨击腐朽吏治，贡献新猷，切磋诗文，乐则啸歌，愤则痛哭，声闻里巷，时人称之为：义宁陈氏开名士行”。

陈家父子的改革思路有一脉相承之处。

“所谓的革命、守旧、维新是很复杂的，除了观念和思想、路径的取向、具体的实践差异，还有一个中国特色：人际关系。陈宝箴父子交往的对象是不分新旧的，他们一直强调没有党派、新旧之争，思想根源还是在于务实，在于家国情怀，骨子里还是有士的观念、风范、价值取向。晚清以来，士有清流、浊流之分，陈家兼具清流和浊流的优点，一方面崇尚气节，另一方面又懂得务实。”张求会说。

陈三立对陈宝箴帮助极大。时务学堂开学时，陈宝箴原打算聘用康有为任中文总教习。陈三立却向父亲推荐了康的学生梁启超。他认为梁已经超过其老师。

退出政坛后，47岁的陈三立依父亲长眠的散原山（西山古名散原山），以地名为号，自称“散原”。

清末民初的诗坛，曾出现繁盛局面，各方流派皆标新立异，对诗歌的发展进行了探索与实践。陈三立被公认为这一时期同光体诗派的领袖。钱锺书曾说，唐以下的大诗人可以用一个地理词语来概括——“陵谷山原”，“原”即陈散原也。

陈三立与续配夫人俞明诗多数时候住在南京。俞明诗是浙江绍兴人，其父俞文葆曾任湖南知府。之后俞氏家族在绍兴兴旺起来。俞文葆的孙子俞大维是后辈中的佼佼者。

俞大维在德国留学时曾与一德国女子相爱，并生下一子，取名俞扬和。回国之后，他与表妹陈新午结婚。陈新午是俞大维姑姑俞明诗的女儿。义宁陈氏与绍兴俞氏两个家族，成为两代姻亲。这两个家族的交往还可上溯到陈宝箴。陈宝箴曾入曾国藩幕府，而俞大维的母亲又是曾国藩的孙女。俞扬和长大成人后，娶蒋经国的女儿蒋孝章为妻。这样，陈、俞、曾、蒋这四个中国近现代史上的著名家族就有了姻亲关系，形成一张极具中国特色的人情关系网络。

游学日欧美

1904年，陈衡恪、陈寅恪、陈隆恪留下一张合影。此照摄于日本。兄弟三人已剪去辫子，留着短发。陈隆恪曾在照片后题诗一首：“负笈东瀛鼎足随，偶留色相果何为。沧桑变灭寻常事，识取观河皱面谁？”

儿子远去东瀛，陈三立曾亲自到上海吴淞口送行。当年谭嗣同在给别人写信时说，跟陈三立商量，两家的子弟以后都要送到国外去学习。“当时出国留学是不得了的事，除了有经济实力，还要有眼光和风险意识，这有救亡图存的民族忧患意识，所以说陈寅恪这一辈能出国深造，

>>1904年日本留学时的三兄弟，右衡恪、中寅恪、左隆恪

跟家族的观念是一脉相承的。”张求会说。

留洋求学成为这个家族命运的又一个重要转折点。1905年，延续千年的科举制被废除，更证明了这家人的眼光。

陈寅恪身体不好，在日本又患上了脚气病。1906年寒假返家后，俞明诗不忍让儿子再东渡。陈寅恪进入上海复旦公学，同班同学中有日后的著名学者竺可桢。1909年秋，陈寅恪赴德国入柏林大学，1911年入瑞士苏黎世大学，次年回国，在上海虹口家中自修文史。

1913年春，他再赴欧陆，入法国巴黎高等政治学校社会经济部就读，1914年秋至1918年，第一次世界大战期间回国。1915年赴北京，一度担任袁世凯北洋政府经界局局长蔡锷的秘书。

1918年秋，陈寅恪原打算重返柏林大学继续学业，但一战刚结束，战败的德国元气大伤。陈寅恪改去美国哈佛大学，随蓝曼研修梵文和巴利文，着重学习印度语语言学、希腊文，并选读了闪米特语等。

蓝曼极其欣赏两位从中国来的学生陈寅恪和汤用彤。1921年2月17日，他在给时任哈佛校长罗威尔的信中写道：“他们对我真有启发，我衷心希望我们能有许多这样精神高尚而且抱负不凡的人——来活跃我

<< 中年俞大维

们本国的大批学生。我深信，他们两人都会对中国的前途有卓越的贡献。”

陈寅恪在哈佛交往最密切的人是表弟俞大维。比陈小7岁的俞大维在上海圣约翰大学毕业后，到哈佛研习哲学，成绩优异，3年12门课程全A，获得博士学位，并拿到谢尔敦海外游学奖学金，以及去德国留学进修的机会。

1921年秋，陈寅恪回到柏林大学，受业于东方学家、梵学大师海因里希·吕德斯。在柏林大学期间，他学习了藏文、蒙文、满文、西夏文、突厥文等古文字。多年后他“懂十几门语言”的美誉在此打下基础。

陈寅恪此次由美国转学德国，表弟俞大维一路同行，两人连续同窗7年。他们在海外的中国留学生中颇有名望。陈寅恪在德国学习期间与傅斯年、毛子水等留学生交往较多。傅曾对毛说：“在柏林有两位中国留学生是我国最有希望的读书种子，一是陈寅恪，一是俞大维。”

俞大维对表哥陈寅恪了解极深。多年后他在《怀念陈寅恪先生》一文中曾介绍说：“他平生的志愿是写成一部‘中国通史’，及‘中国历史的教训’……因他晚年环境的遭遇，与双目失明，他的大作未能完成，此不但是他个人的悲剧，也是我们这个时代的悲剧。”

北归南渡

陈丹青曾画过一幅油画《国学研究院》——梁启超、王国维、赵元任、陈寅恪、吴宓，呈“人”字形站立在清华校园里。这是一幅仅存在于油画中的合影。画中陈寅恪的形象来自他与史语所同仁摄于北海静心斋前的照片。

1925年，清华学校向国立清华大学过渡，除保留留美预备部外，计划新设大学部和研究院。研究院原拟兼办自然科学、社会科学各科，后因经费短缺先办国学一门。陈寅恪的老朋友吴宓受命主持筹建清华研究院后，立即向校长曹云祥力荐陈寅恪担任研究院导师。

1926年1月，陈寅恪接受邀请，结束了长达十数年的国外留学生涯，前往清华任教。

1926年7月，陈寅恪初到清华，与几位单身男教师住在工字厅，其中一位体育教师叫郝更生。1928年初春，郝更生与陈寅恪聊天时提到女友高梓有一位好友家里挂着一幅字，署名南注生。他向陈寅恪请教“南注生”为何许人，并说了说女教师的情况。陈寅恪听完，惊讶道：此人必灌阳唐景崧之孙女也。

陈寅恪读过唐景崧所著《请缨日记》，熟悉《马关条约》割让台湾、澎湖予日本时的晚清政局，而且自己的舅舅俞明震曾在台湾辅佐唐景崧成立“台湾民主国”，所以他对唐景崧的诸多事情都十分了解。“南注生”是清朝台湾巡抚唐景崧的别号——这是他向郝更生做出的解释。因对这幅字非常感兴趣，他向郝更生提出，希望能拜访其主人。

果不其然，女教师叫唐筼，正是唐景崧的孙女。陈寅恪与唐筼由一幅字而结识，坠入爱河，1928年成婚。两人结婚之后至1937年，生下三个女儿：陈流求、陈小彭、陈美延。其中“流求”“小彭”取自琉球、澎湖岛名，都与乙未割台有关。女儿的名字中亦呈现出陈寅恪的家国观念。

（左）青年陈寅恪

（右）青年唐筼

1937年11月，自天津开往青岛的济南号邮轮，在甲板上玩耍的陈流求与陈小彭留下了合影。陈寅恪一家此番航程，不是旅游，而是躲避已经烧至北平的战火。

1937年7月7日，卢沟桥事变爆发。7月末，北平沦陷。8月8日正午，日军大举开进北平城。

值此变局，84岁的陈三立忧愤难平，不进食不吃药，身体状况变得十分糟糕。在陈寅恪女儿的记忆中，俞大纯常来问疾，先与家人攀谈，述说外界局势不妙，到了陈三立床前，却故作满心欢喜高声说："姑爹，好消息，今日又打了胜仗。"陈三立开始几天听到打胜仗的消息稍感欣慰，后来发现这是为了哄他，便不肯进食服药。陈流求曾目睹家人几次捧着一碗流质食物进入祖父卧室，最后又原样端了出来。陈三立在弥留之际仍然牵挂战事，曾问陈寅恪："外传马厂之捷确否？"

1937年9月14日，老人去世。

为亡父治丧期间，陈寅恪右眼视力急剧下降，被诊断为视网膜脱落。医生让他立即住院做手术。这类眼科手术在当时难度极大，陈寅恪与唐筼考虑之后觉得，若做手术，右眼视力虽有恢复希望，但须长时间疗养。此时陈寅恪坚决不肯再在沦陷的北平教书授课，最后决定，放弃手术，任凭右眼失明。

1937年8月，教育部讨论决定由北京大学、清华大学和南开大学组成长沙临时大学，校址设于长沙。

1937年11月3日，陈三立去世后49天，陈寅恪一家离开北平，从天津至青岛，奔向长沙。接下来的几年间，他与家人千里辗转，奔走于昆明、桂林、香港等地。正是在此乱世之中，陈寅恪在学术上开始了第一次厚积薄发。1940年，50岁的陈寅恪写出了奠定他在隋唐史领域地位的专著《隋唐制度渊源略论稿》。一年之后，又写出《唐代政治史述论稿》，尽显学术才华。

1946年，在南京萨家湾俞大维家的草地上，陈寅恪与亲人们留下了抗战胜利后的第一张大合影。照片上大家的眼睛都对着镜头，除了陈寅恪——此时他已看不见镜头在哪里了。1945年秋至1946年春他曾远赴伦敦，经英国著名眼科专家主刀，做了两次手术，但视力未能恢复。

平静的生活总是短暂。1948年12月，战火再次逼近北平。胡适请邓广铭找到陈寅恪一家，告知国民政府由南京派飞机来接人，时任交通部长的俞大维带来口信，要陈寅恪一家随此飞机离开北平。飞机已经降落在北平南苑军用机场，陈寅恪的大女儿陈流求向家人表示不愿离开北平，许多同学都在校园迎接解放，况且考上清华不易，这么一走，恐怕很难再回来。

唐筼劝说女儿：现在是烽烟四起的紧急时刻，父亲失明，母亲有心脏病，你妹妹美延年龄还小又瘦弱，你不和我们一起走，连个提文稿箱、搀扶父亲的人都没有，何况这次是大维姑父传话来接我们离开，也是亲人的一番好意。陈流求本来执意不走，经母亲反复劝说，感觉到家中的实际困难，自己有责任为父母分忧，于是决定一起登机。

1948年12月15日上午，胡适一家与陈寅恪一家在南苑机场登机。傍晚时分，飞机降落在南京明故宫机场。陈寅恪与家人匆匆离开北平，自忖将与此地永诀，心绪难平，写下了这样的诗句：

临老三回值乱离，蔡威泪尽血犹垂。
众生颠倒诚何说，残命维持转自疑。

去眼池台成永诀，销魂巷陌记当时。
北归一梦原知短，如此匆匆更可悲。

果然，此后陈寅恪再也没回过北京。

岭南一九四九

陈寅恪的学生蔡鸿生如今是中山大学历史系退休教授。他对一张陈寅恪与陈序经、姜立夫于1950年代初摄于广州中山纪念堂的照片印象特别深刻。“你仔细看看陈寅恪以往的照片，他很少笑的，这张照片里，他看上去特别高兴。”

1949年1月16日，陈寅恪与家人从上海登上招商局海轮秋瑾号，在海上航行三天后，抵达珠江口黄埔港。岭南大学校长陈序经派人来港口迎接，然后转电船，溯江至岭南大学码头。

陈序经懂得陈寅恪的重要价值。在陈寅恪到达岭大的第二天，1月20日出版的《岭南校报》登出了消息：“本校聘请到名教授陈寅恪”。

陆键东在《陈寅恪的最后20年》中写道：“岭南大学这段校园生活，成为陈寅恪后半生为数不多的一段有些亮色、泛起一些快乐波澜的岁月。岭南大学的校风以及有些游离于现实政治的环境很适合陈寅恪，而陈序经也是他一生中碰到的为数极少的知音式领导。命运的机缘在这位大半生凄苦的大师迈入人生第60个年头，似乎开始展现它的宽容。陈寅恪有点像生活在美丽的桃花源里。”

现实世界的桃花源总是虚幻而短暂。1949年10月14日下午，最后一支国民党军队在撤出广州前，炸毁了连接广州城南北的海珠桥。一个小时之后，共产党的军队进入广州。

陈寅恪该何去何从？他当时做何打算？几十年来，这都是一个有争议的问题。

“文革”期间，陈寅恪迫于压力曾写过《第七次交代底稿》：“当广州尚未解放时，伪中央研究所所长傅斯年多次来电催往台湾。我坚决不去。至于香港，是英帝国主义殖民地。殖民地的生活是我平生所鄙视的。所以我也不去香港。愿留在内地。”

余英时曾撰文说：“陈先生最后未能离开广州固是事实，但我们决不能说他自始至终从来没有考虑过‘避地’的问题，因为‘避地难希五月花’‘浮海宣尼未易师’等诗句已彻底否定了这种推测了。”

2010年，张求会经朋友帮忙，从“中研院”拿到了1949年5月傅斯年以史语所名义为陈寅恪一家向台湾警务处申请办理入境的电报底稿。电报写着：“查本所专任研究员兼第一组主任陈寅恪先生自广州携眷来台工作，兹附上申请书四纸，敬请惠发入境证是荷。”张求会认为，这是陈寅恪在1949年有意赴台的直接证据。

陈寅恪最终留在广州，进入了他人生的最后20年。

1952年，全国高校院系开始大规模调整。在广州，岭南大学、广东法商学院等与原中山大学合并，组成新的综合性大学中山大学。这一年冬天，陈寅恪转为中大历史系教授，巧的是，系主任是他在清华任教时的学生刘节。

独立之精神，自由之思想

1986年初秋，陈流求与陈美延在清华大学里找到了“海宁王静安先生纪念碑”，并在碑前留影。此碑立于1929年，碑文由陈寅恪撰写，为的是纪念投湖自尽的王国维。陈寅恪自己对治学的态度在碑文中表露无疑，而1953年的经历，是他践行这一学术信念的明证。

1953年，中共中央决定设立历史研究委员会，毛泽东亲自指定陈伯达担任主任。历史研究委员会于当年创办学术刊物《历史研究》。郭沫若亲自在创刊号上撰文指出：“学习应用马列主义的立场、观点和方法，认真地研究中国的历史。”

历史研究委员会还决定成立由三个所组成的历史研究所，在这份初步拟定的名单中，出现了郭沫若、陈寅恪、范文澜三个人的名字，委员会初步决定此三人分别出任一所（上古史研究所）、二所（中古史研究所）及三所（近代史研究所）所长。

这是“政府希望陈先生北返”的信息。如何让远在广州的陈寅恪接受任命，成了一个问题。北大历史系副教授汪篯被委以劝陈寅恪北返的任务，他曾是陈的学生和助手。

汪篯于1950年2月在北大加入中国共产党，第二年他成为北京马克思列宁学院（中央党校前身）的带职学员，接受马列主义教育。1953年11月，尚未从马列学院毕业的汪篯带着中国科学院院长郭沫若和副院长李四光的两封信南下广州，拜见老师陈寅恪。

1953年11月21日晚，他将两封信交给了陈寅恪。次日晨陈寅恪便做出由妻子唐筼执笔的答复。此后经年，在全国学界流传的“陈寅恪公然提出不学马列”的说法，便源于这个早晨的答复。

汪篯并没有马上放弃，他努力向师母了解老师的状况。唐筼对他说，陈寅恪最不愿意看到别人写文章时时提到马列主义，一看头就痛，但他在上课及平时“决无讽刺现在政府等情事”。

10天过去了，12月1日上午，陈寅恪与汪篯做了一次正式长谈。汪篯如实记录下了陈寅恪自述的对科学院的最后答复：

> 我的思想，我的主张完全见于我所写的王国维纪念碑中。王国维死后，学生刘节等请我撰文纪念。当时正值国民党统一时，立碑时间有年月可查。在当时，清华校长是罗家伦，是二陈（CC）派去的，众所周知。我当时是清华研究院导师，认为王国维是近世学术界最主要的人物，故撰文来昭示天下后世研究学问的人。特别是研究史学的人。我认为研究学术，最主要的是要具有自由的意志和独立的精神。所以我说“士之读书治学，盖将以脱心志于俗谛之桎梏”。“俗谛”在当时即指三民主义而言。必须脱掉“俗谛之桎梏”，真理才能发挥，受“俗谛之桎梏”，没有自由思想，没有独立精神，即不能发扬真理，即不能研究学术。学说有无错误，这是可以商量的，我对于王国维即是如此。王国维的学说中，也有错的，如关于蒙古史上的一些问题，我认为就可以商量。我的学说也有错误，也可以商量，个人之间的争吵，不必芥蒂。我、你都应该

如此。我写王国维诗，中间骂了梁任公，给梁任公看，梁任公只笑了笑，不以为芥蒂。我对胡适也骂过。但对于独立精神，自由思想，我认为是最重要的，所以我说“惟此独立之精神，自由之思想，历千万祀，与天壤而同久，共三光而永光”。我认为王国维之死，不关与罗振玉之恩怨，不关满清之灭亡，其一死乃以见其独立自由之意志。独立精神和自由意志是必须争的，且须以生死力争。正如词文所示，“思想而不自由，毋宁死耳。斯古今仁圣所同殉之精义，夫岂庸鄙之敢望。”一切都是小事，惟此是大事。碑文中所持之宗旨，至今并未改易。

我决不反对现在政权，在宣统三年时就在瑞士读过资本论原文。但我认为不能先存马列主义的见解，再研究学术。我要请的人，要带的徒弟都要有自由思想、独立精神。不是这样，即不是我的学生。你以前的看法是否和我相同我不知道，但现在不同了，你已不是我的学生了，所有周一良也好，王永兴也好，从我之说即是我的学生，否则即不是。将来我要带徒弟也是如此。

因此，我提出第一条：“允许中古史研究所不宗奉马列主义，并不学习政治。”其意就在不要有桎梏，不要先有马列主义的见解，再研究学术，也不要学政治。不止我一人要如此，我要全部的人都如此。我从来不谈政治，与政治决无连涉，和任何党派没有关系。怎样调查也只是这样。

因此我又提出第二条：“请毛公或刘公给一允许证明书，以作挡箭牌。”其意是毛公是政治上的最高当局，刘少奇是党的最高负责人。我认为最高当局也应和我有同样的看法，应从我说。否则，就谈不到学术研究。

至如实际情形，则一动不如一静，我提出的条件，科学院接受也不好，不接受也不好。两难。我在广州很安静，做我的研究工作，无此两难。去北京则有此两难。动也有困难。我自己身体不好，患高血压，太太又病，心脏扩大，昨天还吐血。

你要把我的意见不多也不少地带到科学院。碑文你带去给郭沫若看。郭沫若在日本曾看到我的王国维诗。碑是否还在，我不知道。如果做得不好，可以打掉，请郭沫若做，也许更好。郭沫若是甲骨文专家，是“四堂”之一，也许更懂得王国维的学说。那么我就做韩愈，郭沫若就做段文昌，如果有人再做诗，他就做李商隐也很好。我的碑文已流传出去，不会湮没。

陈寅恪的答复，在1953年的中国，堪称惊世骇俗。当时有“南北二陈”之说，他常会被人与陈垣做比较。他们都曾经历“三朝”，陈垣在1948年底的国民党“抢运学人”计划中，也被列入重点抢运的名单。国民党的专机也曾在炮火中，数次等候陈垣上机，但陈垣没走。他在一封致胡适的公开信中写道：“青年学生都用行动告诉我，他们在等待光明，他们在迎接新社会，我知道新的力量已经长成，正在摧残旧的社会制度，我没有理由离开北平。”陈垣的转向被认为是时代巨变的典型，时代之潮铺天盖地而来，身处其中的人们相信，没有人能置身事外。

陈寅恪是例外。

他给科学院的答复抵达北京后，这一年，历史研究所正式成立，三个所长分别是郭沫若、陈垣、范文澜。

学术上的爆发

一张摄于1950年代的照片里，陈寅恪坐在椅子上，披着围巾，拄着拐杖，兴致很高地给学生们讲课。听过课的蔡鸿生记得很清楚，上课地点是陈寅恪家二楼的走廊。

“先生家二楼的过道里，摆着七八张椅子。他当时给我们开的课名叫‘元白诗证史’。选修他课的人不多，我们全班总人数42个，4个人选了这门课。有一些教师也在旁听，有兴趣就来。先生的课不用考勤，不用写作业，不用考试，不用评分，只需要预习，要不听讲时会满头雾水。他助手黄萱会控制上课时间，时间到了就按下铃。”蔡鸿生说。

陈寅恪当年住过的二层小楼，如今已辟为“陈寅恪故居”，供访客参观。在二楼的走廊里，摆放着数张上课用的椅子，可以想见当年情形。

在蔡鸿生的记忆里，陈寅恪所用的书都是“大路货”，图书馆都可以借到，“但别人没有他那种深度的认识。”蔡鸿生认为学术的魅力尽在于此，“先生常讲，学术需要发覆，发覆就是创造力。”

陈寅恪当时的著述都是口述，然后让助手黄萱记录下来，这让蔡鸿生非常佩服。此后留校任教的他曾经让自己的研究生试着口述5000字的论文，没人能够做到。

蔡鸿生听课期间，知道陈寅恪正在写《论再生缘》。这本书写出来后油印了一些。章士钊南下看望陈寅恪时，携此油印本去往香港。

最后的时光

一张摄于1957年的照片里，在助手黄萱的协助下，陈寅恪正口述《柳如是别传》。他的眼睛虽已失明多年，依然透着智慧之光。从1953年至1964年，他口述了两部专著《论再生缘》《柳如是别传》，总篇幅达90万字，几近他所有著述的一半。

过去的一年，是中国知识分子1950年代最后的好时光。1956年2月在《中共中央关于知识分子问题的指示》中，中共肯定了中国知识分子在现代化国家建设中的地位。

“1956年，对他来说，春天来了，这是他心情比较好的一年。”蔡鸿生回忆。那年寒假他没回家，是在中大过的年。他和同学们准备大年初一到老师陈寅恪家拜年。“我们跟师母联系，说好来看望先生，先生同意了。他心情很好，跟我们几个学生聊了半个多钟头的家常。”这是陈寅恪最后一次接受拜年。

1957年“反右”开始，中国知识分子面临新的劫难。1959年，周扬曾去拜访陈寅恪。陈寅恪原本坚决不见，在校方一再劝说下，勉强答应。据周扬回忆，“他问，周先生，新华社你管不管，我说有点关系。他说一九五八年几月几日，新华社广播了新闻，大学生教学比老师还好，只隔了半年，为什么又说学生向老师学习，为何前后矛盾如此。”周扬感觉“被突然袭击了一下”，甚为被动地做了一番解释，“新事物要实验，总要实验几次，革命、社会主义也是个实验。”陈寅恪并不满意，说，实验是可以，但是尺寸不要差得太远。

1961年9月，广东省委书记陶铸提出要向知识分子“赔礼道歉”。陈寅恪所住的中山大学东南区一号二楼成为被重点关注之地。

1962年7月，陈寅恪洗漱时突然摔伤，医院的诊断结果是：右腿股骨颈折断。从此他的行动十分不便。

陶铸对陈寅恪一直十分关照。为方便他散步，专门铺设一条白色水泥路；为他能欣赏戏曲，送上较好的收音机；为护理他，还派出“三个半护士”。但受到优待的陈寅恪，仍摘不掉“资产阶级知识分子”的帽子。好几次政治排队中，他都被列为“中右”。很多人无法理解陈寅恪凭什么享受如此待遇。彼时在中大流行的说法是：我们都没有饭吃，为什么要这样优待他？

1963年7月，中大党委副书记马肖云向陶铸汇报学校工作时，反映了“群情”，认为对陈寅恪的照顾太过分，陶铸大怒。一份当年的谈话纪要记录了他的原话：“你若像陈寅恪老这个样子，眼睛看不见，腿又断了，又在著书立说，又有这样的水平，亦一定给你三个护士。”

“文革”开始后不久，陶铸上调北京，仍多次对广东省委做“遥控

<< 《陈寅恪集》

>>晚年陈寅恪夫妇漫步中大

指示”：对陈寅恪的待遇要保持原状。然而他连自己都没有保住。1967年1月4日，被视作当时中国政坛第四号人物的陶铸突然被打倒。曾与他有关的人，在新的一年里面临随之而来的灾难。

陈贻竹当时在中山大学读书。他向本刊记者回忆：“我是从大字报里才知道自己的叔公这么有名。”大字报将陈寅恪居住的东南区一号楼覆盖了，甚至贴到了陈寅恪的屋里，贴到他的床头。

从1967年初开始，“造反派”纷纷上门逼陈寅恪交代与陶铸的“黑关系”。当年夏天，唐筼心脏病发作，濒临死亡。陈寅恪担心妻子先他而去，预先写下一副给爱妻的挽联：

涕泣对牛衣，卌载都成肠断史；
废残难豹隐，九泉稍待眼枯人。

陈家正好位于中大制高点大钟楼的对面。两年多的时间里，陈寅恪被四面八方的高音喇叭声包围。以往他尚且要依靠安眠药才能入眠，此时他精神所受之摧残，可以想见。造反者津津乐道于这针对盲人学者的独特批斗法，甚至将喇叭设在他床前，“让反动学术权威听听革命群众的愤怒控诉”。

“叔公家没搬之前屋子里外都贴满大字报。1968年之前，我跟妈妈去看过叔公一两次，他当时不说话，不能谈政治，也不能谈感受。”陈贻竹说。

1969年春节过后，陈寅恪一家被勒令搬出东南区一号二楼。1969年10月7日晨5时许，陈寅恪因心力衰竭去世。

45天后，唐筼去世。她曾对人说：“待料理完寅恪的事，我也该去了。”

陈寅恪去世后，墓地多年未能落实。直到2003年，他才与爱妻唐筼合葬于江西庐山植物园。墓地前立有一块巨大的石头，上面刻着：独立之精神，自由之思想。

2009年，陈寅恪与唐筼去世40年，义宁陈氏后人齐聚庐山植物园，留下了这么多年来人数最多的家族合影。次年，陈寅恪的三个女儿出版了回忆录《也同欢乐也同愁》。在书中，女儿们提到陈寅恪回忆他1896年拍照的情形：

<<陈寅恪两个女儿陈美延（左）、陈流求（右）与陈小从（陈寅恪外甥女）在陈寅恪庐山故居的留影

> 当时五个孩子并排站立，陈寅恪心中暗自思量：长大后是否难以辨认照片上哪个孩子是自己？恰巧，快门按下时他正站在一株低矮的桃树旁，为将来看此照片时

不致出错，他伸出右手，拈住了一枝桃花。

（感谢蔡鸿生、陈贻竹、张求会、曹天忠对本文的帮助。实习记者乔芊对本文亦有贡献。参考书目：《陈寅恪集》，陈流求、陈小彭、陈美延《也同欢乐也同愁——忆父亲陈寅恪母亲唐筼》，陈小从《图说义宁陈氏》，蒋天枢《陈寅恪先生编年事辑》，卞僧慧《陈寅恪先生年谱长编（初稿）》，余英时《陈寅恪晚年诗文释证》《现代危机与思想人物》，张求会《陈寅恪的家族史》，叶绍荣《陈寅恪家世》，陆键东《陈寅恪的最后20年》，蔡鸿生《仰望陈寅恪》《读史求实录》，胡文辉《陈寅恪诗笺释》，汪荣祖《史家陈寅恪传》等）

梁漱溟家族

卫毅 刘子超/撰文

梁漱溟曾说，假如有人向他的朋友问起他是怎样一个人，朋友回答“他是一个有思想，又且本着他的思想而行动的人”是恰如其分、最好不过的。

思想似乎是人人都有的，但在他看来，大多数人有而等于没有。他们的头脑杂乱无章，所谓的思想，不外乎人云亦云。原因在于他们内心并没有不能忽略过去的问题，也就不会认真寻求其解答。他的思想，原是来自“感受问题之刺激，切志问题之解决”而不能不用心“寻个明白”。所以他说自己是“问题中人”，而非“为学问而学问”。

思想既是从刺激自己的问题中来，自然要回到解决问题的行动中去。所以他不甘于坐谈而喜欢行动：“有出世思想，便有出世生活；有革命思想，便有革命实践。特别为了中国问题，出路所指，赴之恐后；一生劳攘，亦可概见。”

辛亥时期，他高中尚未毕业即投身革命。新文化运动中，他尝试东西方文化比较研究，为中国传统文化做辩护。1927—1937年，他奔走于广东、河南、山东做乡村建设实验10年，试图由乡村出发建立起新的政治秩序和经济秩序。抗战时期最重要的是团结，他和“第三方面”的朋友们致力于国共合作。抗战胜利后最重要的是建国，他又致力于军队国家化、和平统一。新中国成立后，因替农民说话成为反面教员，“国事已上轨道而无所用其力”，就回头写自己最重要的著作《人心与人生》。

他不是没有失去过自信。共产党实现中国的稳定统一，建立起新的政治秩序，做到了他没做到的事，“而我所设想者似乎已经证明不对”。于是认真学习马列，分析中共成功的原因并检讨自己。但后来自信又恢复了，因为“他（毛泽东）的道理浅，我的道理深”。

儒者风骨

“至大”，就是廓然大公，无我；“至刚”，就是没有任何东西能左右我的言行，在是非问题上，没有交易可言。梁漱溟认为，人就应该这样。

那天早晨，梁济收拾好纸笔，说是要去亲家彭翼仲家住三五日。临行偶然从报上看到一条国际新闻，像是自言自语又像是提问：“世界会好吗？”二儿子梁漱溟说：“我相信世界是一天天往好里去的。”梁济点点头：“能好就好啊。”说罢出了门。这竟是父子俩的最后一次谈话，说的还是社会问题。

3天之后，梁济投净业湖自尽。

再过3天，就是他1918年农历十月初十的六十大寿。

族谱记载，梁家始祖也先帖木儿是元朝宗室，世居河南汝阳。1859年，梁济出生在北京，父亲梁承光担任内阁中书，梁济的生母是他的侧室。祖父梁宝书曾担任遵化州知州，此时还健在。但他在梁济出生时已因得罪上司被免职，梁家一直为其债务所累。梁济8岁时，父亲病死在山西永宁州知州任上。祖父与家人返回北京，借住在大女婿家中，隐姓埋名，以躲避债主的追讨。一年多的时间里，全家人的零用只花了二两多银子。

梁济就在这种贫寒凄苦的环境中成长。在遗著《侍疾日记》中，他曾追忆幼年夜读情景：“篝灯古屋，人声寂息，生慈用面糊粘补破书，逐本补苴，毫无倦色。”嫡母则与他孤灯相对，“常勉以成人立品数大事，频问男长大后愿为何等人，而男殊无志气，所对皆卑靡庸劣，不称旨，慈亲常废书而哭，掩袂告生慈曰：‘如此钝劣，终恐苍天负我，吾两人何所望耶？’然训责之后仍复劝勉，或命作对，或命讲书，夜分始息”。

他是家中的独子，家人自然期望他考取功名，恢复先辈的荣耀。但他显然并没有考试的才能，中举人时已经27岁，自此未能更进一步考中进士。20多岁时，有官宦之家愿意把女儿许配给他，他因担心对方不能过苦日子，拖延数年才结婚。他做过义塾老师、王公贵族府中的家庭教师、官员的秘书，40岁才当上从七品的内阁中书，后来参与修撰皇家档案。1906年，他被调往巡警部（不久改为民政部），任外城教养总局、分局两局的总办委员，筹划罪犯教育等事宜。此后断断续续做了些类似的小官。帮他维持家中生计的是夫人典当的妆奁。

20年前的革命家

尽管本人以科举入仕，梁济却决意不再让儿辈走这条窄路。他和妻子张春漪共有4个孩子。长子梁焕鼐生于1887年，留学日本明治大学，商科毕业。次子梁焕鼎（梁漱溟）生于1893年，生于1894年、1896年的两个女儿梁新铭、梁谨铭都在清末毕业于京师女子初级师范学堂。1898年梁漱溟开蒙，梁济没让他读四书五经，和几家亲戚共同请了教师

>>幼年梁漱溟家庭合影

在家讲授世界地理常识。次年北京出现第一个“洋学堂”中西小学堂，梁济把他送入这所学校，既学中文又学英文。不久义和团杀信洋教或念洋书之人，英文念不成了。因为社会动荡，梁漱溟不断转校，前后念了两次家塾和4个小学。

梁济深悟自己幼年所受教育过于严苛，因此对孩子极其宽容，几乎从不以严肃的神情面对孩子，梁漱溟从没挨过父亲的打，也完全感觉不到任何精神上的压迫。

14岁后，梁漱溟渐渐有了自己的思想。梁济认为好便给予鼓励，不同意也只是让儿子知道他不同意，从不干涉。起先儿子关心国家大局、看轻学问而有志事功，很有些像他年轻时的作为；两人谈论起时事也往往意见相合，所以梁济曾给儿子取字“肖吾”（像我）。进入民国后两人分歧越来越大，却一如既往好谈，于是不免不欢而罢。有时梁济已经睡下了，儿子还站在床前大声说个不停，他也并不喝止。许多年后梁漱溟感叹：“除了先父之外，我没有见过旁人的父亲对他的儿子能这样地信任或放任。”

“明知大势难救而捐此区区”

梁济的自杀令人诧异。从他之前在生活中的表现，一点也看不出他有以身殉清的意向。而事实是清帝逊位之后没几天，殉身的念头就开始在梁济心头盘旋。1912年6月他参加同乡团拜时，在神明和父亲灵位前暗自立誓：“必将死义，以救末俗”。1913年他几次去天安门观察环境，看到有巡逻，怕自杀遇救，只好改地，“其实心犹在天安门下也”。

有许多事延迟了他的行动。7年之后的自杀只是达成宿诺。但他不是一个改良主义者吗？为什么要为逝去的王朝殉身呢？

辛亥革命时，得知梁漱溟参加了革命组织，他劝告儿子说，立宪足以救国，何必革命呢？如果大势不可挽回，我何尝不想国家由此有一转机？但我们家几代做清朝的官，就等天命决定好了，别跟着他们造反。儿子不肯听，他也没有强求。1917年张勋拥立溥仪复辟时他并不欢欣，反而写信劝张放弃，“屯兵养望，监督民国实行仁义之政”。在遗书中，他说自己“决非反对共和，而且极赞成共和”。

也许可以说，曾经站在清末改良思潮前沿的梁济对渐进改良的拥护胜过对暴力革命的信心，对国家命运的关切胜过对清室一姓的忠诚。他真正关心的是，共和，是不是真正的共和，民国之民，能不能安乐。可惜在他看来，伴随共和国而来的是时局混乱、道德沦丧和人民疾苦的加深。

梁济不可化解的痛苦在于，他认为社会的基础是道德，而他身处的时代正值中国传统文化-道德秩序解体的前夜。而中国进入现代时所遭遇的政治、经济、社会、文化问题，不可能只凭道德精神解决。

正如梁济预想的那样，他的死对社会产生的道德影响是他此前一生的努力都无法比拟的。逊帝溥仪下诏追赠谥号表彰他的忠义；20天后，他的一位朋友，蒙古旗人、前理藩部郎中吴宝训也自沉于湖中；连他猜想听到消息会大骂的陈独秀，也说他的自杀“总算是为救济社会而牺牲自己的生命，在旧历史上真是有数人物”。尽管有人称他为“梁疯子”，但一般人都被他的行为感动。

死，竟是他最有效的改良手段。

两次欲自杀，一度想出家

梁漱溟说，他不是“学问中人”，而是“问题中人”。他一生精力都用在两个问题上：一是人生问题；一是中国问题。对人生问题的追问，使他出入于西方哲学、印度宗教、中国学问，而被视为哲学家；对中国问题的求索，使他投身于辛亥革命、乡村建设，发起中国民主同盟，而被视为社会活动家。

因为崇尚事功，此时中国问题对梁漱溟的刺激，远大于人生问题。他很注意民主和法治等观念，自以为大有心得。在他看来，英国式议会制度、政党政治比美国和法国都要完善，是理想的学习对象。至于政治改造的手段，最好的莫过于俄国虚无党人暗杀的办法，一方面很有效，一方面破坏不大，不至于引起国际干涉。

武昌起义爆发，即将中学毕业的梁漱溟在学校待不住，参加了汪精卫获释后暗中组织的革命团体京津同盟会。不久清帝退位，暗杀暴动可以搁下了，他又和一班朋友办《民国报》宣传革命，“漱溟”二字正是当时总编给他拟的笔名。

做了一年多的新闻记者，与社会频繁接触，渐渐知道事实不尽如理想。1913年，他离开了《民国报》。

母亲的病逝更令他悲痛不已。重病中她曾把不愿结婚的儿子叫去，“挽儿手而泣”，劝他娶妻。坐在旁边的梁济却沉默不语。第二天写纸条给儿子：“汝母昨日之教，以衰语私情，堕吾儿远志，失于柔纤委靡，大非吾意。汝既不愿有室，且从后议。不娶殆非宜，迟早所不必拘耳。”

普通人一到晚年多半希望能有孙辈，梁济不例外。他自杀前，大儿子梁焕鼐结婚10年，只生了两个女儿，按传统观念说，梁家尚无人传宗接代，但他始终没跟梁漱溟提结婚的事。他希望儿子继续学业也并不催促，任由他在家闲居了两三年。在那段时间，梁漱溟沉浸于佛学中，甚至想出家。他给舅父张耀曾写信提到决心当和尚的事，说以前和尚可以托钵化缘，现在恐怕行不通，他近来致力于医学，将来可能当和尚而以行医维持生计。

读佛学的成果之一，是有感于友人黄远生被刺写就的《究元决疑论》，认为人生惟一的出路就是皈依佛法。但出世固然好，如果能领悟佛法，入世也不妨。此文不但自己当时很满意，后来还引出好些朋友关系。蔡元培就是在读过后才决定请他去北大教印度哲学。

为佛陀、孔子出一口气

1916年，因张耀曾（时任司法总长）推荐，梁漱溟走出书斋，担任司法部秘书。第二年张耀曾下野，他也离职南游。10月，返回北京，有感于旅途中所见军阀战祸，写了《吾曹不出如苍生何》一文呼吁社会各界出来组织国民息兵会，共同阻止内战，培植民主力量。他自费印了数千册分送给人，稍后来北大任教，在教员休息室放了些。旧派学者辜鸿铭阅后自语："有心人哉！"新派教授胡适读过后在日记中记下一笔：梁先生这个人将来定要革命的。

到北大第一天，梁漱溟就问蔡元培对孔子持什么态度。蔡元培沉吟道，我们也不反对孔子。梁漱溟说，我此番到北大实怀抱一种意志、一种愿望，即是为孔子为释迦说个明白，出一口气！

1918年11月7日，他在《北京大学日刊》登启事，征求研究东方学术的同道中人，然后办了个孔子哲学研究会。他说自己已决意出家，出家前留出一两年为研究东方学术的人开个头。但他刚将自己的意见"略微讲了一个梗概"，3天之后，父亲梁济就自杀了——他最终没有活着看到儿子回归他所信奉的儒家。

北大是新文化运动的重镇，朝夕与陈独秀、胡适、李大钊这些"新青年派"相处，倾心东方旧文化的梁漱溟"无时不感觉压迫之严重"，但他不肯盲从而要寻找自己的路，"天下人自己都会找对的路。只怕不求，求则得之。不对也好，总会对的"。

>>梁漱溟夫妇

1920年春，梁漱溟放下了出家的念头。他发现儒家与佛家的人生态度正好相反。“有朋自远方来，不亦乐乎”，“饭疏食饮水，曲肱而枕之，乐在其中”，一种和乐的人生观贯穿《论语》全书。“正是由于我怀人生是苦的印度式思想，一朝发现先儒这般人生意趣，对照起来顿有新鲜之感。”

当年秋天，他开始在北大演讲“东西文化及其哲学”，提出世界文化分为三大体系：西洋文化、中国文化、印度文化。这三大体系都是世界性的文化而不是地域性的文化。一种文化“不过是一个民族生活的种种方面”，总的来看有3个方面：一是精神生活，如宗教、哲学、科学、艺术；二是社会生活，如社会组织、伦理习惯、政治制度、经济关系；三是物质生活，如饮食起居。

人类所遇到的问题有3种：一是人对于“物”的问题，障碍是自然界，可以解决；二是人对于“人”的问题，障碍是他人的心智，能不能解决不由个人决定；三是人对于“我”的问题，障碍是人的生命本身，性质上绝对不能解决。他自己的人生思想，也从西方哲学，经过印度宗教，回归中国学问，“仿佛世界文化中三大流派，皆在我脑海中巡回了一次”。

既已放下出家的念头，也就不必坚持独身了。1921年，他与黄靖贤成婚，“率新妇拜公遗像而哭”。4年后，谢绝外务，校订父亲遗著付印。这一年，长子培宽出生，3年后次子培恕出生。

乡村建设——迂缓的革命

1950年代初，梁培恕去看父亲。谈话中梁漱溟考过他对革命的理解。梁培恕答：“突破现有状态即是革命。”梁漱溟点点头：“本来担心你会把暴力斗争认作革命。”他自己这么下定义：“革命就是否定一种秩序，而要求建立新秩序，其结果也就是社会构造的一根本变革。”中国历史上只是秩序扰乱又恢复，未建立新秩序，社会构造历久不变，在这个意义上，中国几千年来没有革命。而1930年代他投身乡村建设运动志在革命：改造中国的社会构造。

在梁漱溟看来，清末以来的历史简直就是改革运动失败史。急于自救的中国人对西方制度心向往之，始终不明白为什么这种制度无法在中国真正建立。他提出了3层原因。第一层是20年来没有成功的原因：西方政治是多数人的政治，中国改革是少数人的改革，多数人没有这样的要求。第二层是短时间内不可能成功的原因：没有相应的物质条件。第三层是永远不可能成功的原因：东西方民族精神背道而驰——西方是个人本位，中国是伦理本位。西方围绕个人权利观建立制度，中国靠道德教化、社会伦理维护秩序。中国的自救之道是由散漫的村落社会演进为经济上和政治上有组织的社会。新政治习惯（对团体生活和公共事务的积极参与）与新经济道路（生产和分配社会主义化），都应该从乡村起步。

他的思想从实在的问题中来，现在又回到实在的行动中去。1927年他去广东做乡治实验，1929年又去河南参与筹办村治学院。1931年，在山东省主席韩复榘的支持下，他和村治学院的朋友来到山东邹平开始新实验。他们权限很大，整个县都可说是他们的实验室。1933年内政部把邹平划为实验县后，县长也听命于他们，后来干脆由研究院来提名，梁漱溟也代理过几个月。

修缮一座庙、一家盐店，改建数间基督教堂弃用的房子，加盖百余间平房、一所礼堂，这就是乡村建设研究院的“第一期工程”。按梁漱溟的设计，研究院将起到3种作用：制定计划、方案和政策；训练乡村建设干部；引起年轻的知识分子对乡村问题的兴趣。

研究院下设研究部、训练部，用于培训乡建工作者。1931年到1937年，“前后同人同学不下四千余人”（包括菏泽），梁漱溟亲自做思想教育。他说乡建工作者只有以出家当和尚的心情去做事才能做得好，做得起劲。中国革命的关键在于“上层动力与下层动力接气”，以乡间人磨砺知识分子，以知识分子变化乡间人。

“学校”，指的是乡农学校，后来发展为村学、乡学。

在梁漱溟的构想中，学校应该是村人的聚会场所，受信赖、能办事的乡村领袖和全村居民常常聚在这里商量本村的事。事办好了，团体生活的新习惯也养成了。同时要扩大农民的视野，使其从关心一家，扩大到关心一村，最后到关心一国。推广开来，全国都养成新的习惯，制度也依靠习惯建立起来。他试图让中国传统的伦理情谊也发挥作用。比如中国人有敬祖习俗，他就设想在村学里放上“民族祖先”牌位，增强村民的民族观念。此外，还试着改造补充传统的“乡约”。

1934年，国民政府准许各省划出一两个县政建设实验县，实验团体在这些特定的县拥有较大权限。菏泽成了山东第二个实验县。稍后济宁成立下辖十几个县的专区，研究院院长梁仲华去济宁担任专员，梁漱溟由研究部主任接任研究院院长。早在一年前，他就撤销了邹平县的8个区158个乡和镇，把全县划分为14个乡和366个自然村，保留下来的县政府，原有5个局缩小为科并合署办公，把行政干预减到最低限度。

“纳社会运动于教育之中，以教育解决社会问题”，这是邹平乡建运动与当时一些试图扶助农村、救济农村的活动大相径庭的地方。梁漱溟相信受教育的农民可以自救，可以激发出活力。

用人格去感召农民的路没有走通，事实上起了作用、被农民记住的是经济工作。不过，记住的是成果，梁漱溟所讲的道理人们还是忘了。

梁漱溟把促进合作组织、引入科学技术和金融流通列为“农业进步的三个要点”，三者相互促进循环推动。他自称是合作主义者：合就是和气，作就是创造。合作组织提倡大家共用合作产业，使公产大于私产。他所设想的公产使用方式有一点像今天的社会保障制度，但是由合作社而不是政府承担学校、医院、娱乐开支，乃至学生们的免费午餐。

农民爱各干各的，连贷款给他们也被赋予了教育和推动合作化的任务：你一个人借钱不行，组织一个生产合作社就借给你。

邹平在1931年底就建立了第一个生产合作社。后来，各种合作社只有棉花运销合作社比较成功，但也不合梁漱溟提倡合作事业的初衷。社员急于得利，将80%的利润用于分红，没给公共事业留下多少资金。乡建工作者自己没有政权而依附政府，梁漱溟将希望寄托在乡村建设能够转变大形势，推动政府采纳这个方法，最终完成民族自救。一旦乡建运动成为大势所趋，各地军阀也不会与之为敌。

但乡建运动并没有对大局产生影响。他集合众多朋友全力以赴干了7年的事业，抗战爆发之后不用几个月就烟消云散了。

与毛泽东通宵长谈

很多熟识梁漱溟的人认为他不适合搞政治，他原本也不愿意搞政治。但战争改变了一切。1937年夏，国民政府召开的庐山谈话会因七七事变终止。中途折返的梁漱溟被请去南京参加“国防参议会”。之后政府迁到汉口，国防参议会改为国民参政会，他担任驻会委员（常委）。政府要参议员去各地考察，他选择了陕西和河南，但“目的地实是延安”，因为“对于中国共产党的转变，是真是假，是深是浅，极考虑之而欲求一个明了”，“同时亦是测探统一前途的消息”。

1938年1月，他在延安停留了20天，见了边区政府代主席张国焘和总书记张闻天。谈话最多的是毛泽东，除了设宴欢迎和送行是礼节性的，其余6次，每次至少两个钟头，其中有两次通宵。毛住的地方不火自暖，“在他们的社会中，似对他特别优待……是从屋外掘地，转于地下烧煤，所费不赀。在全延安更无此设备。又他出门走路，有四卫士相随，别的人俱未见有”。毛白天睡觉，下午五六点起床，然后开始办公、会客，到天亮时再睡下。据说这习惯是在军中养成的：日间听完敌情报告，夜里筹划对策，早上做出指示后，部队前去作战，他回去睡觉。

梁漱溟对毛泽东印象很好：“他不落俗套，没有矫饰，从容，自然，而亲切。彼此虽有争辩，而心里没有不舒服之感。”听他谈话时毛随手记录。“秃笔粗墨，在大纸上横行写来如飞。我一边谈，他一边写。我谈完，他便手指所记要点，一条一条答复。条理清楚，句句到题。”当时他对抗战前景很悲观，毛“从国际方面，敌方，我方，三下分析给我听，转换我的悲观见解不少”。

两人都认为中国问题有两面：对外求得民族解放，对内完成社会改造（即建设新中国）。梁问：两者应当分别解决还是一并解决？毛答：这原是相关的事，不应分开。但眼前应当一切服从于抗战。梁却认为应在抗战同时推进社会改造，否则必生后患。毛说：单为抗日而团结的确有一时手段之嫌。但社会改造问题重大，牵涉甚远，倘若各方面意见不一，岂不又影响眼前抗日？不如走一步，说一步。梁说：对这类困难，当以热心信心克服，努力求得最后结果。毛说：你的意见是好的。两党正在起草共同纲领，和你所说的国是国策很相近。梁问：假如国是国策定下来，党派问题是否将实现根本转变？毛答：是的，那样全国将只有一个联合的大党。

按一般规律，革命党为完成革命必须掌握政权实施其方针，今后共产党是否一定要取得政权？之前，梁漱溟问过张闻天，张回答得很吃力。现在他又拿这个问题来问毛泽东，毛游刃有余，反问他："我们不是已经有一部分政权了吗？假如国民党邀我们参加到中央政府去，我们亦可以参加，他如不邀，我亦不强求。即使他来邀，而我们亦待考量大局相宜否。"梁漱溟揣测其意：不否认要有政权，而表示不夺取政权。

两人对中国未来前景的看法分歧比较大，原因在于对中国的历史文化认识不同。梁漱溟认为中国和诞生马列主义的西方在本质上是不同的，中国老社会有其特殊构造，与欧洲中古或近代社会都不一样。毛泽东也认同中国社会有其特殊性，"但他说：中国社会亦还有其一般性，你太重视其特殊性而忽视其一般性了。我回答他：中国之所以为中国，在其特殊之处，你太重视其一般性，而忽视其特殊性，岂可行呢？"

两人的对话到此为止。

"一觉醒来，和平已经死了"

1939年2月至10月，梁漱溟偕友人出入华北、华东战地。一路上他看到了些什么？他看到铁路、公路都在日军控制之下，中国军队如须穿越，只能在深夜急行军。他看到许多县城都被敌人掌握，许多土匪加入游击队。他看到各方面军队集中在敌人不到的地区，给养无不取之于当地百姓，乞食于老百姓时不问内容，先行吞咽。他看到有些地方八路军和国民党军已经开始火并。"……游击区域短兵相接，与大后方雍容坐谈者不同。我初去时，问题将开始，还没有大决裂……在归途上所见所闻益多……我们自己朋友学生亦连连被杀……"

梁漱溟急切地回到后方想办法。他去找中共在重庆的代表谈话，找蒋介石的亲信张群谈话，找蒋本人谈话。他对中共提出解决党派问题的办法，特别说到一点：军队脱离党派统一于国家。中共答复：这和中共的理论有出入，但道理上讲军队应该属于国家。国民党这么办，我们就照办。张群则相当坦率：军队是蒋先生的命根，你要他命根怎么行？

梁漱溟也知道有实力才解决得了问题，但他不相信只有军队才是实力。在他看来，两大党以外的人有防止内战影响抗战的任务。国共以外小党派的朋友们原本就有联合之意。于是，青年党、国家社会党、第三党（今农工民主党）、职教会、救国会、乡建派，加上以个人身份参加的张澜、光明甫，组成“统一建国同志会”。他们的第一次重大考验，是在“皖南事变”后劝说中共参加第二届国民参政会。这次劝架不幸失败。从香港返回内地，他去了老家桂林。

有两件事可以表现出他的特立独行。一是共产党派人带了周恩来的密信来，请他去靠近他们的地区建立乡村建设或民盟的据点，他们愿帮助他开创出一个局面。二是蒋介石成立了宪政实施协进会，自任会长，连发电报邀请他。两个邀请他都“没有什么考虑”就拒绝了，理由是“我不能靠近哪一边。靠近哪一边……对于我要广泛团结全国各方面来说，是不合适的”。共产党失望，蒋介石失望，民盟同志也失望：他不和大家一起向蒋施加压力推动宪政。

1944年，日军攻陷桂林，梁漱溟避居两广之间的偏僻镇子八步。一年后他就在这里获知了抗战胜利、国共和谈的消息，并到重庆参加政治协商会议。政协会议分5个小组：宪法起草、国民大会、政府组织、施政纲领、军事。出席军事组的民盟代表是梁漱溟和张东荪，共产党是周恩来和陆定一，国民党是张群和邵力子，此外是青年党和社会贤达各二人。梁漱溟的“现役军人脱离党籍”提案本来不可能通过，但竟然通过了。邵力子说，梁先生意思很好，事实上做不到的。梁漱溟拍着桌子说做不到也得做。中共方面周恩来缺席，陆定一没有坚持反对。第二天周恩来一入场就说，让我们的军人脱党是做不到的，昨天通过的通通不算。“结果我的话被推翻了。”

会议一闭幕梁漱溟就宣布：他将继续做文化研究，脱离政治。但他非但没能脱离，反被推为民盟秘书长（总书记）。国共调停人马歇尔回国述职之后又来重庆，解放军送他的礼物是打下长春。马歇尔请民盟也帮忙斡旋。梁漱溟就这样陷入更加现实的政治——“抢救和平”。

9月29日，周恩来致信马歇尔，请他转告蒋介石：进攻张家口双方即全面破裂。10月6日，马歇尔和大使司徒雷登向蒋介石力争7个小时，才得到停止进攻10天的承诺。10日，梁漱溟去上海见周恩来。次日坐夜车回南京，下车翻开报纸，发现国军已拿下张家口。“一觉醒来，和平已经死了。”

梁先生迟到了

1949年，当初一同组织民盟的人要么去了台湾，要么到了北京。梁漱溟是个迟到者，1950年1月才到北京，其时毛泽东正在莫斯科。3月回到北京后，毛约他见面，问他对国事有何看法。他说：“得天下易，治天下难。”毛笑着摆手：“治天下难，得天下也不易啊！”并请他参加政府工作。他不确信国家能就此统一稳定，想保持“对各方说话历来的立场资格”，说：“像我这样的人，先把我摆在政府外面，不更好吗？”毛面露不悦，片刻又谈笑自若，劝他去各地看看解放后的变化。梁漱溟深感这次谈话不如十多年前舒畅。

他去了华东、华中和东北参观，在各地都是“第一把手”出面接待。第一站自然是山东，同行的有长子梁培宽和学生李渊庭。次子梁培恕1949年起在济南工作，去邹平与他们会合。梁漱溟的发妻黄靖贤1935年逝于邹平并埋在那里。当年，在悼念妻子的文章中他曾这样写道：“在这中国问题极度严重的时候，她又早早离开我，给我以爽利的身子，容我以全副的精神，对付大局问题。”

梁培宽、梁培恕幼年逃过两次难，两次都是为了躲避日军，两次父亲都不在场。第一次是1932年，梁培宽7岁，梁培恕4岁，母亲带着他们先去张家口再转赴大同，住在一位亲戚家。推算下来，这时梁漱溟在邹平的乡村建设实验刚刚开始。第二次是1937年，母亲已去世，堂姐梁培昭带着他们和自己的5个孩子从邹平逃到青岛。梁漱溟在南京参加国防参议会。

>>梁漱溟与儿子留影

1938年，华北、华东沿海被日军占领，梁漱溟托一位远房兄弟把两个孩子从青岛经上海、香港、广州带到汉口，与他重聚。在汉口只住了半个来月，他又带着孩子上路了。最后，梁培宽和梁培恕被安顿在了四川南充的表姑家中。梁培宽一向不提要求，当父亲离开南充去重庆时，只是流泪。问起来才说，今后照顾弟弟的责任怕要落在自己身上了。这年他13岁，弟弟10岁，表姑还有个不满周岁的孩子需要照顾。之后他充当了弟弟的实际监护人。

和父亲聚少离多的状态直到新中国成立后才结束。但兄弟俩没有怨言，有记忆以来父亲就常常不在家，他们习惯了这种状况，也认同父亲去做更重要的事。

梁漱溟父子是1950年5月5日晚9时到的邹平。次日早饭后去看一别十三载的县城。历经战乱，县城内完整住房所剩无几，遍地残砖碎瓦。原乡建研究院房舍已夷为平地。

县委的人陪他们在城内外走了一圈，一路重复着一句话："这里当初是……"梁培宽和梁培恕不时交换印象互相唤起回忆，梁漱溟神情沉静内敛。

几乎是空城，然而终究有人住。“在一处地方大约有十来个人等着。他们并不靠近，约束着自己，只以笑容表情意。”从东关出去，上一个坡，有人踉踉跄跄追上来，喊着：“梁院长！梁院长！我是老范，管传达的老范。外国人来参观都是我领他们进去。”梁漱溟噙着眼泪，笑着向他伸出手去，老范没这习惯，僵在那里，太激动，竟不再说话。

中午县委设宴，大家稍稍追忆过去，一位老者说，那是邹平的好时光。梁漱溟只以“我们做得很不够”作答。

下午他带两个儿子去看他们的母亲。并没有坟头。一位附近的居民脚尖轻轻点地，说：“就在这里。”没有用香烛。默立，泪水在眼眶里打转。几分钟后，他抬起头来，大家缓步走开。

在邹平只停留十几个小时，向县委的人致谢告辞，决然离去。

第二年他去四川考察土改，向主政西南区的邓小平说，我在北京参与土改法的制定，除了学习，也想看看一切所行合不合法。

毛泽东看出他喜欢自己得出结论，越发劝他多出去走动。梁漱溟却辞谢了，提出想去一家国营工厂当副厂长。毛面露惊异之色，但没有表态。一年后，他又提出想去苏联留学，毛坦言这不可行，“他们不知道你在搞什么”，劝他还是在国内参观调查。几年后，他才醒悟毛再三劝他出去参观，是想用这种方式转变他的思想。

通过考察，梁漱溟认为共产党对中国做了三大贡献：实现全国统一稳定，为中国人引进了团体生活，激励了人心。“到今天共产党这条路算是大有成功希望，而我所设想者似乎已经证明不对，但……一个真正用过心来的人，是不能随便就承认，随便就否认的。”所说用过心，是指对中国社会和所形成的文化用过一番心思。

“1953年事件”

对梁漱溟来说，“1953年事件”是个意外。周恩来几次劝他，他才在1953年9月11日的政协常委扩大会上发了言，其中有这么一段话：“过去20年的革命全在于发动农民、依靠农民。依靠农民革命所以成功在此，而农民在革命中亦有成长，但进入城市后，工作重点转移到城市。……一切较好干部都来做城市工作……今建设重点在工业，精神所注更在此。生活之差，工人九天，农民九地。农民往城里跑，不许他跑。人力财力集中城市，虽不说遗弃吧，恐多少有点。然而农民就是人民，人民就是农民，对人民照顾不足，安顿不好，建国如此？当初革命时农民……与共产党亲切如一家人，今日已不存在此形势。”讲完回座，注意到“周似未能接受”，并让秘书拿来材料，证明工人日常开支多。

次日，他列席中央人民政府会议，毛泽东即席讲话：“有人不同意我们的总路线，认为农民生活太苦，要求照顾农民。这大概是孔孟之徒行仁政的意思吧。然须知有大仁政有小仁政，照顾农民是小仁政，发展重工业是大仁政。……有人竟班门弄斧，似乎我们共产党搞了几十年农民运动还不了解农民。笑话！”

梁漱溟感觉毛“似暗有所指”，半夜起来写信，第二天面交毛，“主席坚谓我是反对经济建设路线的人，竟不得自明”。

16日会上，他“发言分三段，自以为无事”。17日午后入场，座前有印刷品：1949年春他发表于《大公报》的两篇文章之一，劝中共不要以武力求统一。“我明白是要批判我。”果然，先是章伯钧发言，诸多指责。继而是周恩来作长篇讲话，追述往事，说他一贯反动。他站起来质问为什么没印另一篇指责国民党是内战战犯的文章。无人应答。当周恩来说到他想升官发财时，他愤怒地打断，“说我想升官发财！笑话，笑话，笑话。”

周恩来发言时毛泽东3次插话。一次说，“人家都说你是好人，我看你是伪君子。”一次说，“你不是以刀杀人，却是以笔杀人。”最后说，“对于你非止这次不开除你的政协委员，下届政协仍将有你。为什么？因为社会上有一部分人还受你迷惑。”他站起来想辩解，主席台上宣布会期延长一天，准许他明日发言。

梁漱溟心气很盛：对我施加高压手段那我是不受的。毛主席从来不打无把握之仗，这次打击我怕未必有把握。18日上午有人问他准备怎么发言，他笑着说，你们晚间再来，且看胜负如何。

18日午后梁漱溟到会发言。以往政府开会列席人员不多，这次却有两百多人，他发言不到10分钟便被群众制止。他向主席台上说："现在我惟一的要求是给我充分的说话时间。我很希望领导党以至在座的党外同志考验我，给我一个机会，就在今天。同时我也直言，我还想考验一下领导党，看看毛主席有无雅量。等我把事情的来龙去脉说清楚，毛主席能点点头说：好，你原来没有恶意，误会了。这就是我要求的毛主席的雅量。"

毛泽东这时插话："你要的这个雅量，我大概不会有。"梁漱溟紧接着说："主席你有这个雅量，我就更加敬重你，若你真没有这个雅量，我将失掉对你的尊敬。"

毛泽东建议让他再讲10分钟，并说他的作用就是借揭露他的反动思想，使大家分清是非。梁漱溟依然坚持："我有许多事实要讲，10分钟讲不清楚。"

毛泽东说："你这个人啊，就是只听自己的，不听大家的。不让你讲长话，你说我没有雅量，可是大家都不让你讲，难道大家都没有雅量吗？"经全场（包括列席者）表决，剥夺了他的发言权。5位民主党派代表和统战部长李维汉先后发言，李提到他上午说过"胜负如何"的话。会议最后一幕是举手表决，把他的问题交付政协全国委员会讨论处理。

奇怪的是，开过会后他的"问题"被挂了起来，不做结论不给处分，有些开会通知乃至宴会（如公宴金日成）请帖仍送上门来。只是，1955年邹平县公安局曾在全县范围内3次收缴与乡建运动有关的物件，力图没有遗漏。

事件之后，毛泽东、周恩来与梁漱溟再没有来往。

1976年，周恩来去世后几天，梁培恕和父亲提到，从报上的照片看毛泽东身体状况不好。梁漱溟说："肯定过不了今年。"梁培恕震惊得呆了几分钟，说："总理和主席在同一年逝世，那就是一个新的历史时期开始了。"梁漱溟说："就这个意思。"9月，毛泽东逝世。17日，政协宣布次日追悼大会安排，说他不必参加。街道革委会的同志找上门来，约他第二天看电视转播。他如约去看。

两位领导人的追悼活动都将梁漱溟摒于门外，但他比许多人更肯定两人的功绩。他曾向人说，周恩来差不多是一个完人。对毛泽东，他说“此公自是世界历史上卓出之伟大人物”。“你不要以为始终是一个毛泽东。他在变，你不能拿他的一段、一角来概括或推论他的前头或后头。那不行。所以实质上没有一个毛泽东，而是有无数毛泽东。是前后变化的，种种不同的毛泽东。”

匹夫不可夺志

共产党有自己的路线，“国事已上轨道我无所用其力”。在政治主张上梁漱溟一度失去了自信，“自愧不如共产党多矣”，“拟写中共从何而得以挽救中国”。1957年别人以为他要鸣放，他并没有。次年全国国家干部向党交心，他说，心里虽然有冲突，国家统一稳定是事实，“不服自服”。比如他说自己改造不了出世思想。于是“每位先生对我提意见都说到这个问题”，说这是拒绝为人民服务。因为政协委员们不都懂佛学，他为他们解说，并说自己承认，马列主义作为世间法完全对，但马列主义不承认出世说，结果是“我承认马列主义，马列主义不承认我”。

1953年后，他当了二十余年“反面教员”，渐渐明白“所有现在对我的批判是说给广大群众的，还是说给我的？……我想二者兼有，而主要在前者”。他仍然明知某些话不能说还是忍不住要说。一次是“批林批孔”运动。他先是说了对于林彪的意见：“林彪无路线可言”，“我认真找过，没有发现”，“路线是公开的，可以见人的”，“不敢见人的不是路线”。“而刘少奇主张很多，都是公开的。彭德怀也有信给毛主席，他对党的路线、政策有怀疑，公开提出自己的主张”，“只是所见不同或所见不对”。这被认为是把路线斗争说成了权力之争，有意反对领导党的定论。

对批孔他原想不发言，终因不能坐视误导写了《今天我们应当如何评价孔子》。经江青点名，政协的批斗集中到了他身上。1974年1月到9月，先是每周4次批判会，后减至3次，8月减至1次。每次批判他都认真听，批判间歇还打太极拳。9月下旬举行各组联席会议，主持者问他感想，他说：“三军可夺帅也，匹夫不可夺志。”习惯了批判一方获胜的主持者惊愕之余让他做解释。他说：“我认为，孔子本身不是宗教，也不要人信仰他，他只要人相信自己的理性。我只是相信自己的理性，而不轻易去相信别的什么。别的人可能对我有启发，但也还只是启发我的理性，归根结底，我还是按我的理性而言而动。因为一定要我说话，再三问我，我才说了‘三军可夺帅也，匹夫不可夺志’的老话。吐露出来，是受压力的人说的话，不是得志的人说的话。‘匹夫’就是独一人，无权无势。他最后一着只是坚信自己的‘志’。什么都可以夺掉，但这个‘志’没法夺，就是把这个人消灭掉，也无法夺掉。”

“文革”10年不改常度

“事情发生的初期几天内，我稍有些不自然外，却从内心到外表基本不改常度。几天之后到现在就完全平平常常了——此指精神亦指身体说。你们不必挂念。”“事情”，是指1966年8月24日的抄家、批斗，妻子被殴伤，他幸未挨打。“梁济先生殉道处”石碑，也被破了“四旧”。“你们”，是指两个儿子，挂念父亲是人之常情，形势特殊，故而“不必”。惟一不能忍受的是无法写作，为此给毛泽东、周恩来写过信，都无回音。

“书之出版与否，非所计，甚且限于自己寿命，是否得完成其书亦复难定。但我生活一日，必致力于此一工作一日耳。”抄家后半个月，已开始写《儒佛异同论》。之后又写《中国——理性之国》。《人心与人生》半部手稿被抄去，扔在一间屋子的地板上，钥匙在一位民警手中。他问民警：那一摞稿纸对别人没用，对我非常重要，能还给我吗？民警说，他没权力动屋里的东西，你可以留意它不被人随便拿走。自此他时时用目光守护那摞纸。后来文稿发还给他，当日便给朋友、学生写信，告知喜讯。

梁培恕关心父亲的方式很特别，写信，托继母的妹妹带去，告诉父亲社会失常，他的境遇并不特别。他相信父亲是个理性的人，了解基本事实，便知如何自处。别的事对梁漱溟似乎无关紧要。自家房产归公，被收房租，被迫搬迁，房间只8平米，木板置于地上当床，都无怨言。但他仍有情感上的需求。和两个儿子接触会给他们造成压力，那就多去看孙辈。

梁培宽的长子梁钦元生于1957年，次子梁钦宁生于1964年；梁培恕的儿子梁钦东生于1960年，女儿梁钦奇（后改名梁彤、梁钦慧）生于1963年。梁钦元至今记得祖父带他们出游时用餐，只给4个孩子要了二两米饭，“他认为孩子的胃口是被撑大的”。另一件事是祖父后来告诉他的：一次他生了病，喝药怕苦，父母给了他一块糖。正好祖父来，说：“糖吃多了不好。”他反问了一句：“多少算不多？”祖父记得这件事是因为“你很想把这个度搞清楚”。

出乎梁漱溟意料的是，一些因缘而至的“外人”给了他很多关心和帮助。一户姓赵的人家帮他处理生活中的杂务近十年。一对工人兄弟陈维博、陈维志则把他当老师，他改稿写稿，他们帮着抄写、装订。陈维志还听他讲了孔孟、老子、佛学。“社会结构为文化骨干”这个观点梁培恕后来读父亲的全集时才知道，比陈维志晚了20年。他感叹，父亲最需要对谈的人，不够条件对谈，能听他讲也好，当时陈维志是周围惟一够条件听他讲的人。

>>梁培宽（姜晓明摄）

1975年，《人心与人生》完稿。次年，梁漱溟给为他抄写书稿的田慕周写信，称“使命完毕，可以去矣”，“我一任其自然，无意求速，亦不作推迟之想”。落款“老僧”。同年，“文革”结束。

在雾中远远地看见了孔子

1979年，续弦陈树棻去世。年底，梁漱溟搬入木樨地的“部长楼”，“陈永贵在楼上，曹禺在楼下，对门是丁玲”。但他仍然受限。1980年末《北京晚报》刊出《一位刚直不阿的老人》，自“1953年事件”后第一次正面报道他，北京日报社为此写了检讨。一位曾大起大落的领导说：“搞宣传的人怎么可以这样没有头脑？说他刚直不阿，他对谁刚直不阿？”他的著作仍不能正常出版。4年后，梁培宽、梁培恕一同去银行取钱汇往上海，《人心与人生》才在学林出版社自费出版。

此时他的身体已不比从前，儿辈、孙辈轮流“值班”陪着他。读高中的梁彤就经常住在爷爷那里。高考前要报志愿，有人建议她：“就学哲学吧，你爷爷就是哲学家。”爷爷笑着摇摇头：“她学不了，她好动。”他不要求儿孙们继承他的学问，而是尊重每个人的个性。热爱迪斯科的梁钦宁给他表演了一段，问他喜不喜欢，他笑笑说：“你喜欢就好。”

梁彤还记得，房管所的人来找过爷爷，要把归公了的院子交还给梁家。“我当时就觉得，整个一个院子，人家还给你，为什么不要？他说：‘里面住了近十户人家，要回院子，他们的生活就会受到影响，国家安排他们也有困难。’于是房管所先打了个欠条。”这个院子2002年被拆，在原址上修建了现在的解放军歌剧院。

自梁漱溟迁入木樨地新居后，访客络绎不绝。但1980年8月来的这位有点特别。他叫艾恺，是意大利裔美国人，博士论文《最后的儒家》研究的正是梁漱溟。早在1973年第一次来中国时他就试图与梁漱溟见面，未能如愿。多年之后论文已出版成书，才终于得以拜访研究对象。他有备而来，带着笔记本和录音机，半个月里每天去梁家做访谈。访谈一开始梁漱溟就说：我还是希望你了解我的思想的根本，就是儒家跟佛

>>2011年10月31日，艾恺和梁家兄弟

家。如果能够对佛家跟儒家多了解，比了解我过去的一些事情都重要。

访谈临近结束，艾恺问：您算一个圣人吗？梁漱溟说，就他的理解，圣人的生命和人格高过普通人。他认为孔子和王阳明是圣人。艾恺又问：您觉得您还是一个普通人吗？梁漱溟说：普通人。我可能比其他的普通人不同的一点，就是我好像望见了，远远地看到了，……并且还不能很清楚地看见，好像天有雾，在雾中远远地看见了孔子是怎么回事，王阳明是怎么回事，远远地看见。

艾恺发现梁漱溟是个表里如一的人："他的文章诚实地反映出他的观感，未曾因为要顺应时局而掩饰真心，所以我透过文字所见到的梁先生，与我后来实际上对谈的梁先生，是一致的。"

此后他多次来中国访问梁漱溟，原本还想请他去美国看看。"他好像也很愿意啊。我是打算陪着他去做演讲，我做翻译。美国那边也说可以，中国政府没有同意。"1987年11月，中国文化书院举办"梁漱溟学术思想国际研讨会"。这是梁漱溟在公众场合的最后一次露面。他以坚决的口吻宣示："我不单纯是思想家，我是一个实践者。我是一个要拼命干的人。我一生是拼命干的。"

1988年3月，一位倾心佛学的女教师领来一个上了两年大学转而出家的小和尚。他是来领受佛法的。梁漱溟似乎忘了周围的一切，面对着这很像自己的年轻人，反复说着同一句话："就是要发愿，发悲愿。"他每说一遍，小和尚就高声重复一遍。两人坐的椅子不知何时并到一起去了。

几个月后，1988年6月23日，他在医院留下了最后一句话："我累了，我要休息。"

为父亲做的三件事

父亲去世后，梁培宽、梁培恕兄弟为他做的第一件事是抵制介绍父亲生平的稿件对"1953年事件"的描述。统战部起草人的初稿隐晦提到毛泽东不容异见，梁漱溟"受到不实事求是的批判"，中央书记处将其改为"受到批评"，并恢复他反对过渡时期总路线的说法。梁氏兄弟坚持：父亲生前不接受的说法，他们不能替他接受。一定要这么发布，全体遗属将不出席官方的遗体告别仪式。最后，新华社发的《梁漱溟先生生平》没有提及此事。

还有一些事开始在梁漱溟去世前。

梁培宽1986年退休，在此前后开始做整理父亲文字的工作。

生命的最后几年，父亲的精力和头脑都在衰退，一天只能写三四行字，第二天还要想一想才能加上几句。他帮着父亲处理信件，"问他要怎么答复，按他的意思写回信，他看了再签个字"。

父亲去世后，他开始主持出版《梁漱溟全集》。那时候身体比现在好，早上起来不吃早饭就开始干，编好一本出一本。从1989年到1993年，终于出齐8卷。此后，他又陆续编辑了几十种单行本。现在，他还想编一套"勉仁斋丛书"。"就我来说，如果有能力，对我父亲的思想做进一步的研究，替他做发挥的工作，那当然是最理想的。但我自知没有这个能力。"

也是1986年，父亲还在世，梁培恕却有了为他写传记的念头。

为什么要为父亲写传记？因为自1950年代受批判之后，父亲在社会上消失了。到1960年代许多人已经不知道这个人。1977年重新为人所知，是因为《毛选》第五卷中的一篇《批判梁漱溟的反动思想》。那是一个片面、扭曲的形象。梁培恕跟哥哥商量。梁培宽觉得，儿子写父亲

《儿子梁培恕所著《中国最后一个大儒——记父亲梁漱溟》

的传记，很难掌握分寸。但梁培恕决心已定。等他1991年真正开始写时，哥哥也不得不参加进来。“当时我在国外。写成几十页就寄回国让他看。他就在上面提意见，极其细微。刚好我们年纪差得不远，同样的生活环境，很多事情我知道他也就知道，等于自我检查一遍。”

第一稿写了六七章之后，他觉得离心里的目标比较远，作废。1997年回国后重新开始写。“我意识到环境还是要在国内——大环境。还有小环境，就是说你要真想写得好，必须非常孤独甚至绝对孤独。”他借了表哥在广电局的一个一居室。“生活简单化，没人来，自己也不出去，几天不见人，想起来什么，随时就写。”2001年基本成稿。又过10年，2011年3月，《中国最后一个大儒——记父亲梁漱溟》终于出版。书名是出版社定的，他原想叫《至大至刚——记父亲梁漱溟》，“这是父亲对自己的期许”。

孙辈走的路更多元

在梁钦东看来，祖父按自己的本心去做事，认为什么事是当时最重要的就去做，没有算计得失。父亲这一辈因为时局限制，没能真正像自己想的那样去过，有些才能没有发挥出来。而今天的环境很大程度上允许他们这一辈做自己想做的事。

梁家这一辈走的路更多元。

梁钦元大学毕业后，在钢铁研究总院做过特种陶瓷材料的科研工作，曾经是高级工程师。但他觉得这不是自己真正想做的事，便离开那里出来闯天下，现在成了一位心理咨询师。

梁钦宁在大学读的是法律专业，没有按部就班地成为律师，而从事摇滚乐策划，现在在北大民营经济研究院工作。

梁钦东大学读的是建筑系，毕业后在北京工作了5年，后去美国读建筑景观设计硕士。1995年回国后一直在建筑设计界工作。

梁彤从师范大学毕业后没有去当老师而从事了新闻业，在法制日报社工作至今。

祖父仍在影响着他们。

一次，梁钦元去一家著名公司讲减压课。“讲课只能在他们的午餐时间，他们一边吃饭一边听。讲完该我吃了，大家围着我不走。有员工跟我倾诉，压力太大——从国外出差回来，可能拖着拉杆箱就要来办公室上班。”他马上想起祖父的话来：经济生活分散了人心，而组联了人身。

梁彤说：“他离开我们这20多年，我生活当中一直有他的影子。之前20来年跟他生活、相处的感触慢慢回来了。以前没想到，时间越长影响反而越来越深刻。”

一两年前，梁培恕问儿子：你现在的事业，世俗地讲算是很成功了。但这真是你自己想做的事吗？你真觉得快乐吗？

梁钦东跟妻子提过，哪一年放下工作，两个人找个偏远农村的小学教一两年书，看自己能不能适应。此外他还有一个梦想：“我爷爷当初就说，农村人都往城里跑，导致了乡村的空虚。现在也还是这样，大家都想到城里生活。我觉得应该让农村人在农村也过上体面的生活。我想去农村办个农场，做有机农业开发。如果政府能提供制度上的保障，我真愿意去做这个。”

这是不是有点新乡村建设的意味？

“世界会好吗？”在2011年，向梁培宽先生重新提出这问题。

他的回答是：“那当然。我父亲是乐观的，他看得远。要是看不远的话，没法乐观。三年五年，十年八年，甚至更久，就能变好了？这么看的话，肯定非常悲观失望。你必须有一种很长远的眼光。我自己没有这样的眼光能看那么远，但我相信他。”

（参考书目：《梁巨川遗书》，《梁漱溟全集》，梁漱溟、艾恺《这个世界会好吗》《吾曹不出如苍生何》，梁培宽编《梁漱溟先生纪念文集》，梁培恕《中国最后一个大儒》，艾恺《最后的儒家》，李渊庭、阎秉华编《梁漱溟先生年谱》，汪东林《梁漱溟问答录》《1949年后的梁漱溟》。感谢艾恺先生、吴浩先生、付帅先生、梁家后人尤其是梁彤女士为采访提供的诸多帮助）

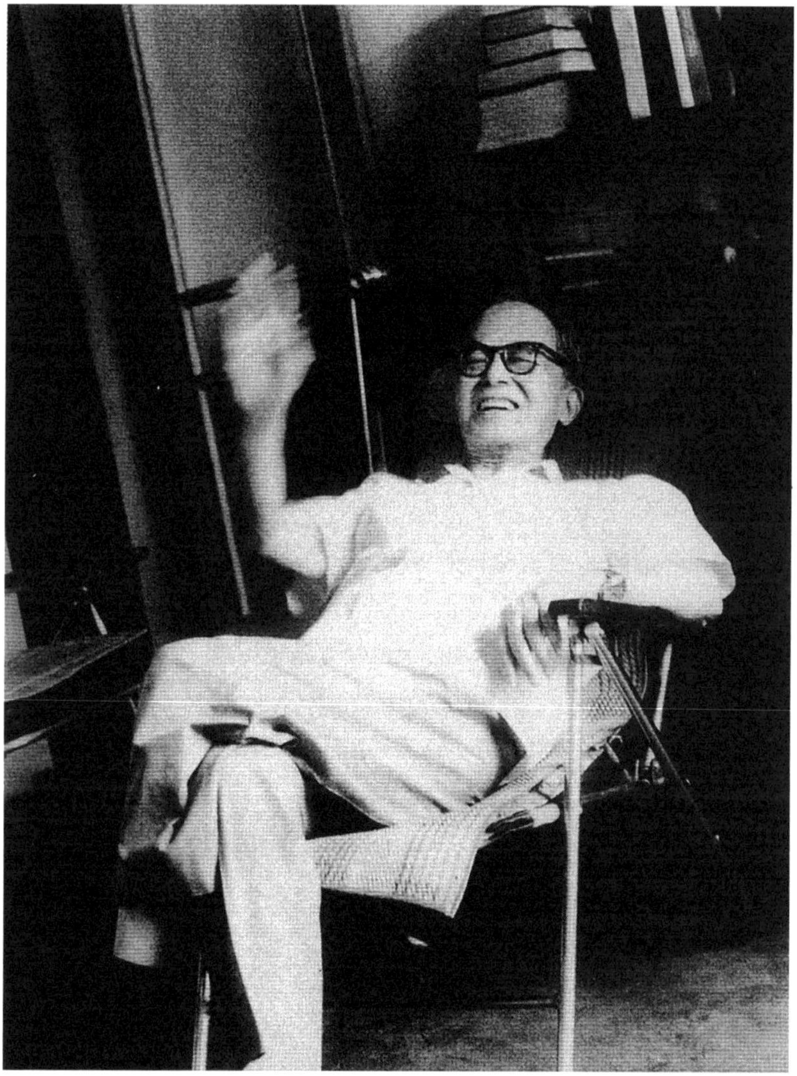

钱锺书家族

李乃清/撰文

钱锺书先生故去十多年了。临行前，他留下遗言：“遗体只要两三个亲友送送，不举行任何仪式，恳辞花篮、花圈，不留骨灰。”杨绛先生谨守遗言，依之操办后事。

钱先生去了，令人想起弘一法师的临终偈子：花枝春满，天心月圆。

钱锺书：苍莽昆仑 一代鸿儒

钱锺书先生故去十多年了。临行前，他留下遗言：“遗体只要两三个亲友送送，不举行任何仪式，恳辞花篮、花圈，不留骨灰。”杨绛先生谨守遗言，依之操办后事。

钱先生去了，令人想起弘一法师的临终偈子：花枝春满，天心月圆。

但悄然西行的钱锺书还是震动了世界，连法国总统雅克·希拉克也发来情辞恳切的唁电，说：我向这位伟人鞠躬致意，他将以他的自由创作、审慎思想和全球意识铭记在文化历史中，并成为未来世代的灵感源泉。

寓居美国的余英时也说：默存先生是中国古典文化在20世纪最高的结晶之一，他的逝世象征了中国的传统文化和20世纪同时终结。

这样一个划时代的人物，足令人深长思之。

嵚崎磊落的人生

钱锺书的一生颇有传奇色彩。

他1910年11月21日生于无锡一书香门第，其父钱基博是文史大家，一生著作甚丰。钱基博长兄基成无子嗣，按例将锺书过继给基成为子。

降生之初，有亲友送来一部“常州先哲丛书”，伯父据以取名仰先，字哲良，而“锺书”一名，则因“抓周”时紧抓一书而得。

“钱锺书幼承家学，在钱老直接指导下，博读群书，精于写作，古文根底非常雄厚。进入学校后，他念的中学、大学及国外的高等学府全是第一流的。”（郑朝宗）

未入清华前，钱已驰誉全校。1929年进外国语文系时，数学才考了15分，但国文和英文两科特优，校长罗家伦约他面谈后立即定夺：如此奇才，当破格录取。

大学期间，钱已创下读书第一、发表文章第一、“横扫清华图书馆”等多项“纪录”。“他的中英文造诣很深，又精于哲学及心理学，终日博览中西新旧书籍，最怪的是上课时从不记笔记，只带一本和课堂无关的闲书，一面听讲一面看自己的书，但考试时总是第一。”（饶余威）

上课不做笔记，却爱在本子上乱画。同班的许振德，曾恼怒他夺去自己的“第一”，但钱的一次解惑，令他由衷钦佩，两人遂成好友，上课常同坐后排。许君上课时注意某女生，钱就在笔记本上画了一系列《许眼变化图》，在班中流传颇广。

据说，其师长吴宓曾对几位学子感慨道：“当今文史方面的杰出人才，老一辈中要推陈寅恪先生，年轻一辈人中要推钱锺书，他们是人中之龙，其余如你我，不过尔尔！”

钱爱读书，且记忆力惊人，“一目十行，过目成诵”，同学乔冠华称他具备了“照相机式的记忆”。其用功之勤，亦无人能比。许振德说，他“在校时，以一周读中文经典，一周阅欧美名著，交互行之，四年如一日。每赴图书馆借书还书，必怀抱五六巨册，且奔且驰。且阅毕一册，必作札记”。

据他的同学、小说家吴组缃回忆，有一次在校园咖啡馆，曹禺对吴组缃偷偷道：“钱锺书坐在那里，还不赶紧叫他给你开几本英文淫书？”吴请钱开三本，没想他随手拿过一张纸，当下写满正反两面，列了四十多本，同时写下作者姓名及内容大概，令吴、曹两位校园才子叹服不已。

1930年，钱穆要出版《国学概论》，请钱基博作序，老先生就让20岁的儿子试刀，后来竟一字不改交付了，因为钱锺书的这篇序文确实写得老到畅达。事实上，大学四年中，他已在《大公报》《新月》等报刊发表文章近二十篇。在论孔夫子哲学思想的文章中，他说“孔子近乎乡绅”，令张申府“深感其创辟可喜”，连连惊叹他是“现在清华最特出的天才”，“全中国人中，天分学力再没有一个能赶得上他的”。

1935年，钱锺书考取英国庚子赔款公费留学生，偕娇妻杨绛同船赴英，前往牛津大学进修。钱所报的英国文学专业仅一个名额，据说其他考生皆因他的报考而放弃，吴宓的一名研究生后来只得改报畜牧专业，去了爱丁堡大学的动物遗传所。

留学期间，钱读书勤奋异常，每逢假期，同学大多离校去别处观光，他却泡在牛津的图书馆，将那里18世纪后的经典通读一遍，并将图书馆译名“饱蠹楼”（Bodleian），颇有书虫饱餐后的快意。

“饱蠹楼”的书不能外借，钱养成了笔记习惯。结果，这个被称为拥有“20世纪人类最智慧头颅”的聪明人一生都没丢下这项“最笨”的功夫，许多书他要反复阅读，并将新知新得不断添补到笔记上，最后成了只有他自己才能看懂的天书。从国外到国内，从上海到北京，他的笔记在木箱、麻袋、枕头里进进出出几番周折，直至字迹模糊纸张破软。抗战时他靠这样的积累完成了《谈艺录》，“文革”中他又凭着大量笔记完成了《管锥编》。

钱在牛津顺利取得硕士学位，其毕业论文《十七、十八世纪英国文学里的中国》半个世纪后还为英国女王访华时所调阅。尽管这个学位极少有中国学生拿过，但钱却以为，区区一个文凭，耽误了他宝贵的时间。后来，他和《围城》中的方鸿渐一样，从英国去了法国。进入巴黎大学后，他放弃了学位，只求自由读

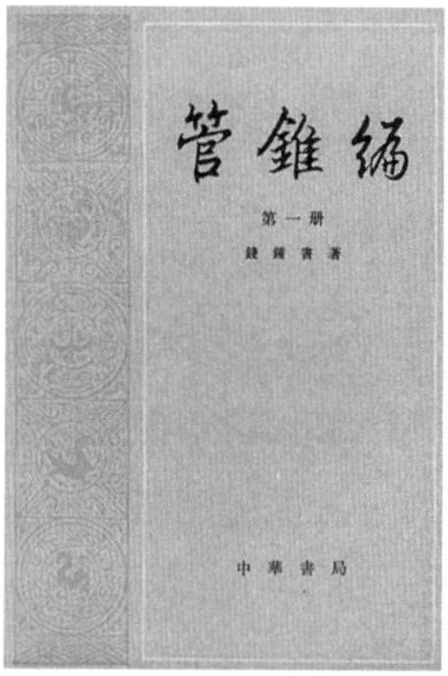

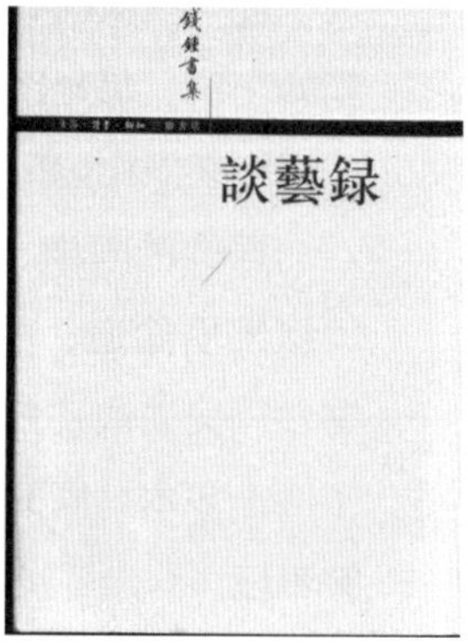

^^钱锺书著作《管锥编》《宋诗选注》《谈艺录》

书，其间遍览法、德、意等国文学原著，空闲时间在咖啡馆结识了一些留学生同胞，看见了人性中赤裸的本相，成为他日后小说中的素材。

回国后，28岁的他成了西南联大最年轻的教授。他留了胡子，拿着藤杖，颇具绅士风度，学生们对这位年轻老师极其佩服。“他总是笑眯眯的，闪动着一对炯炯有神的眸子，既严肃又幽默。他老是站着，手臂撑在讲台上。有时也离开讲台，在黑板前来回慢慢儿踱着，在黑板上书写英、法、德、意大利文以及拉丁文等。……他很少提问学生，总是滔滔不绝地讲着，仿佛一股不尽的智慧灵泉涓涓地从他嘴里奔流出来。”（赵瑞蕻《岁暮挽歌——追念钱钟书先生》）但联大这个教授，钱只当了一年，据说他年纪太轻，学问太好又口无遮拦，虽深受学生欢迎，却难免引起学识不如他的老先生的不快。

钱后来跋山涉水去了湖南，在刚刚建立的蓝田国立师范学院担任英文系主任，那里的学生们，对这位魅力十足的年轻老师同样佩服得五体投地。当年的学生周令本回忆：“他讲话声音很磁，讲东西总是带上表情，惟妙惟肖，上课很吸引人，我们每堂课一个字都不敢漏掉。”

蓝田的生活单调刻板，格调却丰富多彩。冬季严寒，找个木炭盆生火取暖，每到深夜，拿废报纸包两个鸡蛋，水浸湿了投进炭火，煨熟了就是夜宵。钱用小镇上买到的毛边纸开始撰写《谈艺录》，同时他已开始构思《围城》，在湘西的山沟里，和国师的同事们围坐炭火旁，钱所讲的故事就是小说的雏形。

钱在蓝田待了两年，1941年夏回沪。上海整个沦陷后，他与妻女挤在复兴中路一个狭小的亭子间，住在沿街的房子里，常在午夜听到刺耳的军靴声，岳父把在女子学院授课的钟点让给了钱，这样才维持了平日的生计。就是在这样的境遇中，他完成了《谈艺录》的修改，完成了《围城》的创作。

1946年之后，钱任南京中央图书馆英文馆刊《书林季刊》编辑，连载于《文艺复兴》月刊的《围城》1947年由上海晨光出版公司出版，此后连年再版。而用文言写就的诗文评论集《谈艺录》则在第二年由开明书店出版。

同年，台湾大学、香港大学、英国牛津大学先后聘其赴教，他均辞谢。理由很简单，他给同窗Stuart的信中写道：Still，one's lot is with one's own people.（人的遭遇，终究是和祖国人民联结在一起的。）钱还说过，“不是故国之外无世界，但不是我的世界”，杨绛也说：“我国是国耻重重的弱国，跑出去仰人鼻息，做二等公民，我们不愿意。”

1949年5月上海解放，钱举家北上，定居北平，任教清华外文系；1955年起任中科院社科部学术委员。他将身心投入了学术研究。自1950年代起，先后拿出了《宋诗选注》《旧文四篇》《七缀集》乃至纪念碑式的巨著《管锥编》。

“注释了历史，注释了社会，也注释了十年动乱”

早在大学期间，钱锺书已立下志愿：“但愿竭毕生精力，做做学问。”而学术研究伴他一生，未曾须臾相离。

承家学渊源，16岁时他已读完《古文辞类纂》《骈体文钞》《十八家诗钞》等书；大学期间，专习西语的他不弃“宿好”，立下“亲炙古人，不由师授”的雄心，选择有名家笺释的集部书，对照注释和原文，大量检索所引书籍加以验证；“横扫清华图书馆”的深研力索中，他已建立比较文化的观念；留学英法期间，眼界大开，“渐悟宗派判分，体裁别异，甚且言语悬殊，封疆阻绝，而诗眼文心，往往莫逆冥契”。（《谈艺录》）

可以说，钱锺书一生治学，都在实践他那句名言——“东海西海，心理攸同；南学北学，道术未裂。”

“在钱先生眼里，所有学问都可以打通，所有知识都有一体性。”王水照回忆道，“他说自己感兴趣的是对具体文学作品的鉴赏和评析，他反对建立体系，但我认为，他的学术世界有个核心，即‘融通’，这也是他人生境界的高峰。”

据杨绛记述，钱锺书小时候最喜欢玩一种游戏，“原来只是一人盘腿坐在帐子里，放下帐门，披着一条被单，就是‘石屋里的和尚’。我不懂那有什么好玩。他说好玩得很；晚上伯父伯母叫他早睡，他不肯，就玩‘石屋里的和尚’，玩得很乐。所谓‘玩’，不过是一个人盘腿坐着自言自语”。这件“小时候干的营生”，钱锺书乐此不疲“玩”了一辈子：在自己的“石屋”里，不受干扰地读书、笔记、沉思，于他，便是极乐。

写《谈艺录》时，正值兵荒马乱的抗战时期，正如其1942年的序中所言，“虽赏析之作，而实忧患之书也”。在湖南蓝田师院执教之余，钱锺书已完成一半书稿，因返沪养病而中断。不久上海沦陷，他“侍亲率眷，兵罅偷生”，身处“忧天将压，避地无之”的困境，却以坚强毅力“销愁舒愤，述往思来”。

新中国成立后，钱锺书“奉命”编撰《宋诗选注》，该书以丰富深邃的学术内涵和“另类”的编选目光，令学界叹服。然而，1950年代中期的这部古典文学选本，曾被划为“资产阶级唯心主义白旗”，后来，在夏承焘《如何评价〈宋诗选注〉》与日本学者小川环树的书评相继刊发后，钱才获得“平反”。

1971年，钱杨夫妇从五七干校回京，房子被人强占，两人只好住在社科院文学所的办公室里，白天写作的桌子，晚上打开铺盖就是床。在这样的生活环境下，钱锺书开始整理多年积累的笔记，着手写作《管锥编》。当时“文革”尚未结束，钱锺书就敢写那些与“三忠于，四无限”毫无关系的书，可见其勇气。

两百年前，清代学者在令人窒息的学术环境下创造了乾嘉学派的辉煌；两百年后，历经“文革”劫难，钱锺书用同样的方法撰著《管锥编》。全书以古奥典雅的文言写成，引用古今中外近四千作家的上万本著作（包括大量英、法、德、意、西原文），以130万字通盘考论《周易》《诗经》《左传》等十部中国古籍的词章及义理，打通时空、语言、文化和学科的壁障，以求在学术世界“泯町畦（打破疆域）”，“通骑驿（互相沟通）”。

1979年，李慎之看完四卷《管锥编》后向钱锺书祝贺，钦佩他“自说自话”，无一趋时语，一个字都不理30年来统治全中国的意识形态。钱锺书淡淡一笑，摇摇手说“天机不可泄漏”。

“《管锥编》是一部写在‘人生深处’的大著，”陈子谦说，钱锺书“按照历史本来的和应有的面貌进行辨析，从传统文化和文化传统中去发掘文化心理”，在具体鉴赏评析中抒发他对历史、人生的深刻识见，“注释了历史，注释了社会，注释了人生，也注释了十年动乱。”

刘再复指出，“（朱光潜、冯友兰、金岳霖、贺麟等）那一辈的人文学者，他们在1949年前有所创造，而之后则忙于自我否定和依据新的意识形态标尺‘照着说’，结果反而‘后’不及‘前’”。这辈学人中间，“钱锺书几乎是惟一的例外，他在不能为的语境中找到一种大有可为的著述方式，写出了似堡垒又如深渊的《管锥编》，而且蕴含着可让后人阐释不尽的‘接着说’与‘创着说’”。（《当代人文学术批评家的崛起与写作》）

《围城》内外

杨绛说：“我认为《管锥编》《谈艺录》的作者是个好学深思的锺书，《槐聚诗存》的作者是个‘忧世伤生’的锺书，《围城》的作者呢，就是个‘痴气’旺盛的锺书。”

“《围城》里的人物和情节，都凭他那股子痴气，呵成了真人实事。”

（左）新婚的钱锺书和杨绛，搭乘P&O公司的邮轮赴英留学

（右）《围城》书封

《围城》1944年动笔，1946年完成，两年里钱锺书“锱铢积累”，“平均每天写五百字左右”。那段日子，他在沦陷区的上海，工作没着落，岳父把自己授课的钟点让给他，以此维持生计。一次，杨绛编写的话剧上演，钱看完后表示：“我想写一部长篇小说。”杨绛大为高兴，催促他快写，甘做“灶下婢”的她，劈柴生火烧饭洗衣，每天就等着那“五百字”。

“他把写成的稿子给我看，急切地瞧我怎样反应。我笑，他也笑；我大笑，他也大笑。有时我放下稿子，和他相对大笑，因为笑的不仅是书上的事，还有书外的事。我不用说明笑什么，反正彼此心照不宣。”

“围城”的书名，脱胎于法国谚语，“结婚犹如‘被围困的城堡’，城外的人想冲进去，城里的人想逃出来。”小说主人公方鸿渐在法国学成归来后辗转奔波，四处碰壁，听到此“围城”之说，联系自己的经历，便对“人生万事，都有了这个想法”。

“方鸿渐是个被动的主角。Things happen to him。”钱锺书曾如此点评道。

这个“被动的主角”，并非典型书生，他有一点滑稽，人不坏，但无能。据说，他的原型取材于钱锺书的两个亲戚：“一个志大才疏，常满腹牢骚；一个狂妄自大，爱自吹自唱。”书中，钱锺书还活灵活现地描绘了一批知识分子肖像：故作高深的诗人、道貌岸然的教授、功架十足的留洋博士……发噱的形象令人捧腹。李健吾晚年回忆，看到小说部分书稿时他们“又惊又喜，又是发愣，这个做学问的书虫子怎么写起小说来了呢，而且是部讽世之作，一部新儒林外史”。

《围城》中处处散落着令人惊艳的幽默，但又不乏感伤、深沉的力量。或许，正是这种奇特的品质，令夏志清眼前一亮，声称它是“中国近代文学中最有趣和最用心经营的小说，可能亦是最伟大的一部”。（《中国现代小说史》）

1980年《围城》重版，首印13万册，至1990年底又重印7版，每次加印约6万册；随着同名电视剧的热播，年逾古稀的钱锺书一下进入了寻常百姓家；在海外，因夏志清的推崇，《围城》也获得极高的国际声誉，先后被译成英、德、法、日、捷克等多国文字。

1980年代初，著作等身的哈佛大学教授哈里·莱文应邀来华，计划中就包括拜见钱锺书。见面那天，钱亲自开门，对莱文笑嘻嘻道："啊，你是来参观这个神话动物（原话：mythological animal）——中国的高级知识分子……哈哈！"交流中，两人在世界文化版图上纵横驰骋，相谈甚欢。然而，回程路上，莱文坐在车里闷闷不乐，直到最后才冒出一句："我自惭形秽！……我所知道的一切，他都在行。可他还有一个世界，而我对其却一无所知！"（朱虹《两位文化巨人的相会》）

1979年，钱与一批中国学者首次出访美国，他操一口流利的英语，旁征博引的演讲把"耶鲁大学在场的老外都吓坏了"（费景汉）；他"在哥伦比亚大学的'表演'使得洋同事面面相觑"（夏志清）；据当年在哈佛读书的美国汉学家艾朗诺回忆，"钱先生好像一瓶香槟酒，一开就大发。我们非常佩服他，没想到中国学者中有像他学问这么好的"。艾朗诺由此迷上钱，后来把《管锥编》译成了英文。

从狂傲到"默存"

钱锺书曾在散文《说笑》中写道："一个真有幽默的人别有会心，欣然独笑，冷然微笑，为沉闷的人生透一口气。也许要在几百年后、几万里外，才有另一个人和他隔着时间空间的河岸，莫逆于心，相视而笑。"

儿时的他，已显出其禀赋异于常人，表现在"专爱胡说乱道"，"好臧否古今人物"。考上东林小学后，父亲为其改字"默存"，叫他"少说话"。事实上，直到后半生他才渐渐敛住锋芒。

青年时期的钱锺书，俨然今日酷评家，著述中笔挟风霜，生活中口无遮拦。有评者认为，小说《猫》有影射梁思成、林徽因夫妇之嫌，而圈中文人尽数被他揶揄了一番；在《容安馆日札》中，钱氏评人更见苛刻，于并世名流如冒鹤亭、邓之诚、谭戒甫、陈寅恪、钱仲联诸公，多所讥弹……对此，施蛰存生前也有评议："他学问是好的，但嘴巴糗！喜欢讲人家，狂妄得狠呀！"

历史学家向达曾与钱一同留学伦敦，他似乎看出了钱狂傲背后的率真：“一般人对他颇多误解，其实他是‘语狠心慈’，有见解，有真情，是一位典型的文人。”丁伟志也说：“他确实有着一身傲骨，对于一切看不惯的人和事，常常抱着天真的态度，一针见血地捅破某些精心糊起来的包装纸。他的时而幽默时而犀利的雅谑，传出去，自然免不了会使得一些没有雅量的人士，觉得难以下台。”

早年，素闻藏书家黄裳年轻时爱慕有“甜姐儿”之称的女明星黄宗英（据说笔名“黄裳”也有“黄的衣裳”之意），在得知黄裳觅得佳本《痴婆子》后，钱锺书便调皮地赠给他一副对联——“遍求善本痴婆子；难得佳人甜姐儿。”黄是有雅量的人，因其妙对“贴切浑成”而“恕其唐突”，50年后仍激赏不已。

1940年代，钱杨寓居沪上，一度与傅雷为邻，常相往来，傅聪、傅敏兄弟对钱杨之率朗幽默都存有深刻印象。

傅聪告诉记者：“钱杨是中国知识分子里头非常特殊的一个典型，现代的中国知识分子很少像他们这样，有一种irony，说幽默太浅了，irony是一种智慧，笑里带泪，泪里带笑，很双关的，有点反讽，对的，就是反讽！但他们背后是有灵魂、有爱的，很多人觉得钱锺书是玩世不恭，其实完全不是这样的。”忆及往事，傅又感慨道：“他俩还有一种

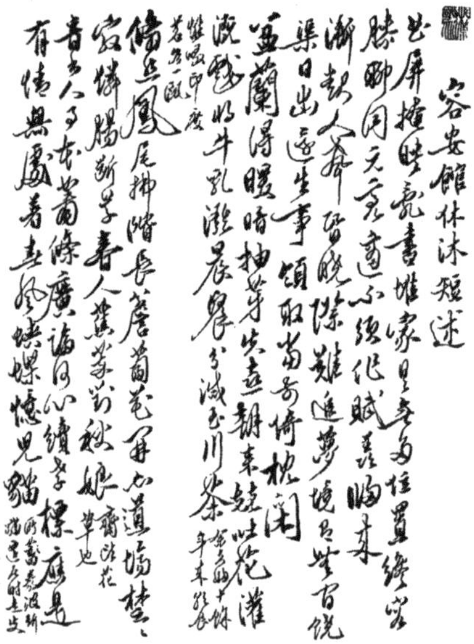

（左）钱锺书

（右）钱锺书手迹

赤子之纯，微笑的后面有一个悲天悯人的精神，给我一种安心的、充满智慧的、温暖的感觉。”

钱锺书主张“化书卷见闻为吾性灵”，书读多了也读通了，他便有了自己的看法，也变得有定力，“文革”时宠辱不惊，地震亦临危不惧。1976年唐山大地震，钱杨暂住的学部7号楼西山墙被震裂，社科院让大家搬到不易坍塌的大食堂，董衡巽对记者回忆道：“钱瑗本想让二老到上海躲一下，他们怎么也不愿意，人家都住外面大食堂，后来他们一看没必要就又搬了回去，管他震不震。”同住的许德政指着南墙一条从自己房间直伸到他们房间的裂缝让钱看，谁知他竟满不在乎：“别怕，那裂缝原来就有，季康曾用薄纸条封住，几次余震，那裂口都原缝不动。”他还特别强调，“不是‘原封不动’，是‘原缝不动’！”

世间诸般变化，他均豁然以对，练就了“天子呼来不上船”的胆魄。

黄永玉在《北向之痛》中回忆，“四人帮”横行时，某天通知学部要钱锺书去参加国宴，“是江青同志点名要你去的！”钱锺书一再拒绝：“我很忙，我不去！”通报者只得讨饶：“那么，我可不可以说你身体不好，起不来？”钱立马回应：“不！不！不！我身体很好，你看，身体很好！哈！我很忙！我不去，哈！”

钱锺书自辩：“人谓我狂，不知我之实狷。”

淹博的知识、深刻的讽喻，是他学术研治和文艺创作的一贯风范；而在这些令人叹服的著述背后，是一张隐隐含笑、耐人寻味的面孔。

据他在社科院的同事徐公持记述：“他在会上不大发言，大部分情况下只是听别人说话，有时他听着听着会低头微笑，笑什么当然只有他自己知道了。”（《古代组“老先生”印象记》）

“伊门槛老精呃，政治运动捉勿牢伊，伊样样勿讲，避开风头。”李文俊认为他精明。

然而，那只是钱锺书“默”然而“存”、以求治学的“隐身大法”。

傅敏说他“绝顶聪明，极有智慧，是个里方外圆的人，所以能在夹缝中生存下来”。

丁伟志强调：“敏感的问题，他不是没有看法，实际上他看得很清楚，立场很鲜明，但是他不参与公开活动议论现实政治问题。”

诚如余英时所言——“偶尔箭在弦上，也会流露出锐利的锋芒。”

王水照举了一例：“我们在河南干校，当时抓‘516反革命集团’，搞运动很惨烈，死了不少人。有次上面在批斗，钱先生私下跟我讲，‘强者不吐实，弱者吐不实’。重点是后一句，点出逼供信的真相，弱者交代的东西都不真实。当时觉得他真够大胆敏锐的。”

待后来《管锥编》出版，王水照读到论《史记·李斯列传》条时，发现“严刑之下，能忍痛者不吐实，而不能忍痛者吐不实”赫然在目。

“他胆子很大，‘文革’的时候也敢讲。”董衡巽又举一例，“周恩来去世的时候，钱先生跑来跟我说：‘现在大字报出来了，说‘文革’是法西斯，这话说得真好！’”

王水照告诉记者：“外人对钱先生的理解还是有些隔，在他的诗作中就有不少现实的感慨，只是包裹得比较深。”

1957年，钱在“反右”前夕写下《赴鄂道中》五首绝句，现引录两首：

奕棋转烛事多端，饮水差知等暖寒。如膜妄心应褪净，夜来无梦过邯郸。

驻车清旷小徘徊，隐隐遥空碾懑雷。脱叶犹飞风不定，啼鸠忽噤雨将来。

“啼鸠忽噤雨将来，噤声嘛，‘山雨欲来风满楼’的形势他当然感受到了。”

李慎之曾撰文道：“因为钱锺书历来认为朝市之学必成俗学，有不少后生把他看成不食人间烟火的人，但是对人民的关怀与对祖国的关怀，一直煎熬着他的心。”李举钱1989年夏的一首七律《阅世》，该诗庶几可称钱晚年封笔之作。

阅世迁流两鬓摧，块然孤喟发群哀。
星星未熄焚余火，寸寸难燃溺后灰。
对症亦知须药换，出新何术得陈推。
不图剩长支离叟，留命桑田又一回。

回首过去的一个世纪，饱览群书、博古通今者大有人在；精多国语言、学贯中西者不乏其人；专于治学又擅创作者，也不只他一人……但钱锺书是独特的，他从儿时起便“锺”情于书，只因其中乐趣无穷；二十多岁已决志“竭毕生精力，做做学问”；沦陷孤岛的战乱岁月，他将平日里积攒的种种不屑不满化为“忧世伤生”的诗话集《谈艺录》与长篇小说《围城》；历经十年浩劫、走过一个花甲后，他那些“写在人生边上”（散文集）的批注，对“人·兽·鬼”（短篇小说集）世相种种的感悟，渐渐汇成历史、现实、人生的大江大海，积淀为浩瀚深沉的扛鼎之作《管锥编》。

夏志清的评价应该是许多人的共识：“像钱锺书这样的奇才，近百年来我国还没有第二人堪与他相比。”

（参考书目：《钱锺书集》《杨绛文集》《容安馆札记》《钱锺书先生百

年诞辰纪念文集》《听杨绛谈往事》《文化昆仑》《一存千思》等。感谢丁伟志、王水照、李文俊、董衡巽、傅聪、傅敏等接受专访；吴学昭提供帮助；实习生王杨卡佳、宋娜参与录音整理）

杨绛：百年淑子 映月泉清

“锺书逃走了，我也想逃走，但是逃到哪里去呢？我压根儿不能逃，得留在人世间，打扫现场，尽我应尽的责任。”

对于悲痛和酸楚，她从不多著一字；潺潺缓缓地道来，举重若轻。

传说中的“南沙沟”，离钓鱼台国宾馆极近，小区门口有人站岗，里面清一色三层旧式小楼，楼距很宽，中间是静谧的乔木和草坪。

据说，这里几百户人家中，没有封闭阳台也没进行装修的，如今只有这一家。杨绛拒绝封起阳台：“为了坐在屋里能够看到一片蓝天。”

1977年春，钱锺书一家告别学部办公室的蛰居生活，搬到此处新宅，这也是钱人生中的最后居所。30多年来，这是一个略显寂寞的地方，因为主人罕有的孤独；但它也不断迎来送往，因为主人稀世的分量。

“他们家不是一般的朴素啊！”好几位被访者都向记者感叹，钱杨夫妇捐了八百多万元版税给清华的贫寒学子，自己却过着极其简朴的日子：素粉墙、水泥地，天花板上还有几个手印，据说，那是钱锺书活着时杨绛登着梯子换灯泡留下的。

客厅即书房，中间安放着一张大写字台，钱锺书过去坐这里，他走后杨绛继续在此伏案，坚韧地写出《我们仨》《走到人生边上》等近作，年届白寿的她如今仍天天读书，笔耕不辍。

家里一切都保持钱锺书在世时的旧样。西墙边放着两张沙发，专为接待客人；东、北两排靠墙书柜，实际仅一个书架，且多是工具书；南面一溜明亮的玻璃窗，映出主人的剔透。

钱杨是无锡同乡，1932年相识，1935年喜结良缘，恩爱60多年。夏志清称：“整个20世纪，中国文

>>杨绛

学界再没有一对像他俩这样才华高而作品精、晚年同享盛名的幸福夫妻了。”

“钱锺书和杨绛是我最喜欢、最尊敬的一对夫妇！他们的婚姻是最美满的！”听闻记者要写钱杨，素来拒绝媒体的傅聪欣然受访，深情回忆道：“我常常看到他们之间会心地微笑，有种内心的交流无时无刻不在那儿，两人在一起，就是有种默契，又有温柔在，每次看他们我都被感动。我想，看过《干校六记》的人都能感觉到，他们夫妇能够活过来靠的就是这种互相之间的交流：他们都是知识分子里面最高层次的人，所以他们的交流不是普通的，还有intellectually（理智上）思想上的高度交流，上升到哲学的美的高度，让人羡慕！”

“世间好物不坚牢，彩云易散琉璃脆。”1997年，钱杨二老的独女钱瑗去世，一年后，缠绵病榻的钱锺书也走了，“我们仨失散了”。敛起丧亲之痛，当年已近九十高龄的杨绛开始翻译柏拉图的《斐多篇》。人们惊讶地发现，没多久，这位纤小瘦弱的老太太在忘我的文字中硬硬朗朗地站起来了！

这十多年来，面对时间这位严酷的判官，杨绛仿佛大战风车的“堂吉诃德”，越战越骁勇：翻译、写作之外，她还一人揽下了整理钱锺书学术遗物的工作。那是几麻袋天书般的手稿与中外文笔记：除了2003年出版的3卷《容安馆札记》，还包括178册外文笔记（共34000页），

2014年6月，整理完的20卷《钱锺书手稿集·中文笔记》面世。恐怕难以想象，一个老人居然能扛下如此超负荷的重担。

如今，迎着即将到来的百岁生日，她微笑着，倔强着，还在孜孜矻矻地“打扫现场”……

半部《红楼梦》加半部《儒林外史》

求学清华时，杨已开始写作并发表作品。她的第一篇散文《收脚印》（1933年）和第一篇小说《璐璐，不用愁！》（1934年）都受到任课教师朱自清的嘉奖，并推荐至《大公报·文艺副刊》上发表，1936年

<< 1934年4月2日至9日，钱锺书从上海北来探望杨绛，两人在北平郊区周游

《璐璐，不用愁》还被林徽因选入《大公报丛刊小说选》。

解放前，杨绛发表的短篇小说《小阳春》被收进《新文学大系》；1978年后，她又创作了《“大笑话”》《玉人》《鬼》《事业》等短篇，后收入1980年出版的《倒影集》。其中，《“大笑话”》和《事业》分量最重、篇幅最长。作品中的陈倩、周默君、陈倚云等都是才智非凡、工作忘我的知识女性典型。后两位老少校长，反映了杨绛青年时代的某些经历，她自己曾任振华女校上海分校校长，换句话说，也当过“行政干部”，尽管她自谦“我不懂政治”。

早在艰难的抗战时期，中共上海地下党曾在文艺界组织了二十多个职业剧团开展戏剧救亡运动。刚从国外回沪的杨绛，在陈麟瑞（笔名石华父）、李健吾等人的鼓动下，业余创作了四幕剧《称心如意》。此剧在金都大戏院上演，由黄佐临执导，李健吾也粉墨登场扮演剧中一位老翁。杨绛虽是剧坛新手，但“出手不凡，功底深厚，初出茅庐便一鸣惊人，《称心如意》引来阵阵喝彩声”。看过此剧的赵景深在《文坛忆旧》中评议道：“此剧刻画世故人情入微，非女性写不出，而又写得那样细腻周至，不禁大为称赞。”

此后，杨绛又创作了喜剧《弄假成真》《游戏人间》及悲剧《风絮》，延续英式戏剧传统，讽刺人性的弱点，幽默人生的悲欢，柯灵赞她“解剖的锋芒含而不露，婉而多讽”。

1945年，夏衍看了杨绛的剧作，顿觉耳目一新——“你们都捧钱锺书，我却要捧杨绛！”

1958年，年已47岁的杨绛下决心“偷空自学西班牙语”，从原文翻译《堂吉诃德》。她无师自通，锲而不舍地完成了这项庞巨的翻译工作。译稿历尽磨难，“黑稿子”在“文革”中“被没收、丢弃在废纸堆里”，“九死一生”，总算逃过劫难。

1978年4月，杨绛翻译的《堂吉诃德》出版；同年6月，西班牙国王和王后访华，她应邀参加国宴，邓小平惊讶道：“《堂吉诃德》是什么时候翻译的？”此事一言难尽，杨绛忙于和西班牙王室握手，无暇细谈，只好答非所问：“今年出版的。”

1986年10月，西班牙国王奖给75岁的杨绛一枚“智慧国王阿方索十世十字勋章”，表彰她对传播西班牙文化所做的贡献，向来低调的杨绛，只得接受电视新闻镜头的闪光一照。

说起翻译，这位大家的第一篇译文还是当年叶公超布置的“作业”。

清华读研时，杨绛已和钱锺书确立恋爱关系。一次叶请她到家里吃饭，饭后拿出一本英文刊物，让杨译出其中一篇政论《共产主义是不可避免的吗？》，说《新月》要发表此篇译文。她当时心想：叶先生是要考考钱锺书的未婚妻吧？只好迎接“考试”。此前她从未学过、做过翻译，虽在政治系毕业，但对政论一向无兴趣。别说翻译，对她这个姑娘家而言，读这样的文章，难度也可想而知。然而，她硬着头皮交稿时，叶公超却说“很好”。不久，《新月》就发表了她的这篇“处女译文”。

抗战胜利后，杨绛译自哥尔德斯密（1730—1774年）的散文《世界公民》的一段，题为《随铁大少回家》，受到翻译名家傅雷的称赏。解放后她译的47万字的法国小说《吉尔·布拉斯》，又受到朱光潜的称赞：我国散文（小说）翻译“杨绛最好”。

“文革”后，杨绛创作了中国第一部以干校生活为题材的纪实散文，《干校六记》的语言朴实无华，却蕴含真情，1981年出版以来在国内外引起极大反响，先后被译成日、英、法、俄等多国文字，有美国学者称它是“20世纪英译中国文学作品中最突出的一部”。

《干校六记》的文字“哀而不伤，怨而不怒”，1989年2月以其独特的品味荣获“新时期全国优秀散文（集）奖”，在24部获奖作品中名列榜首。面对祝贺，杨绛淡淡笑道：“中国历史上，大凡状元都不是优秀的文学家。”

对于自己那部描绘解放初思想改造运动中各类知识分子身心历程的长篇小说《洗澡》，杨绛说：“《干校六记》是真人真事，而这本小说完全是假的，没有一个真的人，没有一件真的事，也没有我本人，但是我所写的情况气氛是完全真实的。”

这部18万字的小说被施蛰存誉作“半部《红楼梦》加上半部《儒林外史》”，并说“（杨绛）运用对话，与曹雪芹有异曲同工之妙”，“《洗澡》中的人物，都是‘儒林’中人。不过最好的一段，许彦成、杜丽琳和姚宓的三角故事，却是吴敬梓写不出来的”。

一次，舒展和杨绛闲聊，“您到七十多岁拿出一部长篇小说，怪不得夏公要捧您，因为您是文艺领域各种样式的大票友，文、武、昆、乱不挡，生、旦、净、末满来！”

这一回，杨绛则以其无锡家乡民谚打趣道：“那叫作‘猪头肉，三不精’！”

温文尔雅与刚强不屈

“文革”初期，别人被斗得狼狈不堪，钱锺书却顶着活无常式的高帽子，胸前挂着名字上打叉的大牌子昂首阔步，任凭街上的孩子哄闹取笑，既不畏缩也不惶悚。

在暴虐横行、风声鹤唳的年代，瘦弱的杨绛还有过“壮举”。

“外人看去她是柔弱的娇太太，面对阶级斗争肯定吃不消或者往后退缩的样子，但有一次，她真的让我刮目相看！”叶廷芳向记者回忆了1966年夏的一次批斗会，“‘文革’初期钱锺书被贴了大字报，杨绛就在当中一角贴了张小纸条澄清。后来群众批牛鬼蛇神，全所一百多人面前，把八九个人都拉出来批斗，站一排，杨绛站在最右边，当时一起被批的还有宗璞、邹荻帆、李健吾等，其他人都低着头，你说什么都接受，就算不符合事实也不敢说话，就她一个人，脸涨得通红。他们逼问杨绛，为什么要替资产阶级反动权威翻案。她跺着脚，怒不可遏地据理力争：就是不符合事实！就是不符合事实！这次以后我就对她刮目相看了，一方面是她的勇敢行为，另一方面是她对丈夫的忠贞，绝不允许有不符合事实的批判。”

“杨先生是非常较真的，‘文革’初清洗厕所，污垢重重的女厕所被她擦得焕然一新，把我吓了一跳，也顿生敬重之心；她给钱先生改大字报的事，若是我们肯定说不要贴，但她就会打着电筒去找去修改。”1970年7月，初下干校的张佩芬和杨绛同被分在河南息县，在四人间的“干打垒”小屋中有过半年“联床之谊”，张的印象中，杨绛在干校时少言、自制，相熟后会用她特有的方式“让我们开朗起来”，例如坐在小马扎上轻声叙说家人趣事。

“我听杨先生讲，她削苹果一刀削到皮不会断，而且薄，所以她爸爸只吃她削的苹果。说到钱先生，杨先生总是嘲笑他生活‘无能’，左右脚穿错鞋，说他下干校‘打前站’时把脏衣物都打包寄给她，诸如此类的。但说到学问，她说自己是钱先生的尾巴。他们俩互相非常尊重，钱先生对她非常崇拜的，从来不说她不好，还说她翻译得比自己好多了。”

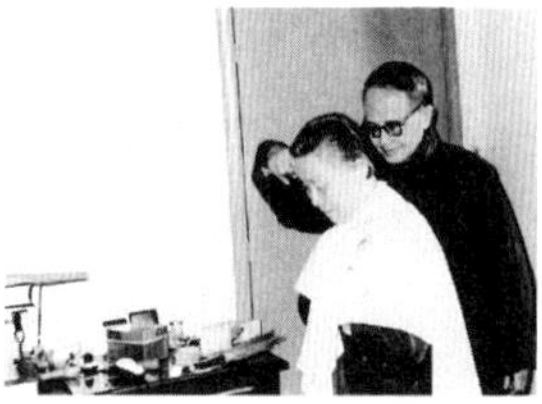

^^杨绛：『锺书和我互相理发，我能用电推子，他会用剪刀。』

1969年11月，年近花甲的钱锺书告别妻女先下了五七干校，学问通透的他，侍弄煤、锅炉却是外行，水总是烧不开，被大家笑称“钱不开”。半年后，杨绛也来到干校，两人不在一个连，但能偶尔相聚。

据叶廷芳回忆：“两连在地界上是毗邻的，差距一里左右。我和杨绛都在‘菜园班’，她当时也快六十了，白天由她看管菜园，她就利用这个时间，坐在小马扎上，用膝盖当写字台，看书或写东西。钱锺书担负送信工作，每天下午四五点，他去‘公社’取件时，总要绕道百十来步到我们这里看他的妻子，我们看到她把写的东西递给他，他一般就站在那儿也不坐下来，拆下来看看，聊几句就走了。”

在信阳的日子，杨绛依然寡言。据叶说，她和别人不同，似乎总是“笑嘻嘻的”，“我们当时都叫她杨老太（因为当时有个歌），全所的群众会上，她发言也不多，你看不出她忧郁或悲愤，总是笑嘻嘻的，说‘文革’对我最大的教育就是与群众打成一片”。

只是有一次，“我们大家都在劳动，凿井、种菜、浇菜……菜地旁边突然起了个坟堆，我就听到她说，死的人多冷啊，坟地里草都没有……当时是夏天，我还奇怪她怎么会想到冷”。事实上，那时候的杨绛刚刚遭遇丧婿之痛，他们的女婿王德一，批斗中不堪受辱自杀了。

待《干校六记》出版后，叶廷芳才恍然大悟：“原来她当时不光是在那儿写信，我本以为她在写内心的痛苦和独白，但是书里没一个字关于阶级斗争，而且也没写我们这些人的名字。”

“她就是这么的含蓄，没有一点complain（抱怨），反而更感人，因为没有一句protest（抗议），真是个高贵高尚的灵魂。”采访中说起《干校六记》，傅聪感慨无限，“1979年我第一次回来去北京看他们，我印象最深的就是，杨绛先生老是嘀咕嘀咕地说‘至少勿要害人’（沪语），她这话重复了很多次，几乎是喃喃自语，里面包含多少辛酸、多少折磨啊！那时‘文革’刚结束，可见在她心里有多深的创伤。”

“杨先生的笔仿佛既是放大镜，又是望远镜，在洞察那个不幸时代的历史进程，在审视那个荒唐时期的艰难人生。”从郑土生日后的文字中可见其感恩之情，“在她温文尔雅，慈眉善目的外表下，有一颗刚强不屈的心；她有主持正义，不顾自己安危，救人于危难之中的胆略和气概。”

为默存而“默存”

> 风里孤蓬不自由，住应无益况难留。匆匆得晤先忧别，汲汲为欢转兼愁。雪被冰床仍永夜，云阶月地忽新秋。此情徐甲凭传语，成骨成灰恐未休！

钱锺书的《代拟无题七首》当年是为杨绛的小说人物而作的，据杨说，他原本还不愿意，杨嗔怪道，自己为他的《围城》写了白话“歪诗”（苏文纨的雕花沉香骨扇上有首情诗，即杨代笔之作），而今自己的小说要几首典雅情诗，为何不得？“默存无以对，苦思冥搜者匝月，得诗七首掷于余前”，杨一看，“韵味无穷，低徊不已。绝妙好辞，何需小说框架？”为此，她打消了创作念头，“得此空中楼阁，臆测情节，更耐寻味”。

显然，杨绛在读这些情诗时，发现已不是什么“代拟诗”，而是钱锺书对自己的再度表白，所以也舍不得匀给小说人物了。

1932年，春，清华古月堂门口，杨绛与钱锺书初见。

这个书生瘦瘦的，“青布大褂，毛布底鞋，戴一副老式大眼镜”，眉宇间“蔚然而深秀”。

没多久，钱就给杨写了信，“约在工字厅见面”。他开口第一句话是：“我没有订婚。”她接口道：“我也并非费孝通的女友。”两下释然。

就像她母亲所说的：“阿季的脚下拴着月下老人的红丝呢，所以心心念念只想考清华。”

钱杨两人此后开始通信，“我们只是互相介绍书，通信用英文。那时清华园内有邮筒，信投入邮筒，立刻送入宿舍，通信极便。他的信很勤，越写越勤，一天一封”。

学期终了，钱锺书希望杨绛考清华研究院，这样两人便可再同学一年。“他放假就回家了。他走了，我很难受，难受了好多时。冷静下来，觉得不好，这是fall in love了。”

钱毕业离开后，写了许多信给她，又作了许多情诗，其中有诗句写道：“侬娘小妹剧关心，髫辫多情一往深。别后经时无只字，居然惜墨抵兼金。”钱的旧体诗写得文辞典雅，情深意切，可惜杨的回信并不多，她说自己不爱写信，为此他略有抱怨，后来写《围城》，他还念念不忘此事，《围城》里的唐晓芙也不爱写信。

大约是钱锺书写信写得太勤，其父钱基博看出了端倪，有一回，老先生擅自拆了杨绛的回信，从而对其大加欣赏。大意是，钱锺书形容他一位朋友和女友通信时，每句开头总是“朋友呀”。杨绛不赞成交这种朋友，回信道：“‘毋友不如己者’，我的朋友个个比我强。”老夫子觉得此言“实获我心”，便给杨绛回信，夸她明理懂事，并郑重其事把儿子“托付”给她。

这以后，钱锺书便由父亲领着，上门正式求亲，两家举办订婚宴，那晚钱穆也在座。两人虽系自由恋爱，结合倒是沿着“父母之命，媒妁之言”老老实实走了一遍程序，1935年7月13日，结婚仪式在苏州庙堂巷杨府举行，婚礼新旧参半：杨家新式，钱家旧式。

多年后回忆，杨绛还在文中幽默道：“（《围城》里）结婚穿黑色礼服、白硬领圈给汗水浸得又黄又软的那位新郎，不是别人，正是锺书自己。因为我们结婚的黄道吉日是一年里最热的日子。我们的结婚照上，新人、伴娘、提花篮的女孩子、提纱的男孩子，一个个都像刚被警察拿获的扒手。”

婚后的杨绛，为默存而“默存”，甘于牺牲自己的才学、时间、精力，成就钱锺书的治学和创作。对于痴气十足的钱锺书，她体贴关爱，揽下生活里的一切担子，台灯弄坏了，“不要紧”，墨水打翻了，“不要紧”。她的“不要紧”伴随了钱一生。钱锺书的母亲夸她“笔杆摇得，锅铲握得，在家什么粗活都干，真是上得厅堂，下得厨房，入水能游，出水能跳，锺书痴人痴福”。

钱锺书对她也恋慕至极，将《写在人生边上》“赠予季康”。短篇小说集《人·兽·鬼》出版后，在两人“全存”的样书上，钱又写下浪漫痴语：“赠予杨季康，绝无仅有的结合了各不相容的三者：妻子、情人、朋友。”对于从小嗣出的钱而言，这份博大的“三位一体”的情感中或许还包含着一份母性关怀。有一次，杨绛要捐掉她为钱锺书织的一件毛衣，钱抱住不放，说：“慈母手中线。”

“我们不论在多么艰苦的境地，从不停顿的是读书和工作，因为这也是我们的乐趣。”（《我们仨》）只要有书，这对夫妻便能乐在其中。翻译家董衡巽向记者回忆，看小说，杨绛是钱锺书的Taster，“一般是杨先生先看嘛，看得好的再推荐给钱先生再看，要节约钱先生时间。他们阅读的面很广，严肃的书也看，消遣的书也看。他们俩都喜欢英国的当代小说，比如杨先生她推荐我看奥威尔的《1984》《动物庄园》，你想想‘文革’前推荐我看这种书，那是很有胆量的”。

曾被朋友们称作小“钱锺书和杨绛”的翻译家夫妇李文俊和张佩芬向记者共同回忆：1973年，听说钱锺书一家遭欺凌搬进了学部办公室，他俩一同前去探望，谁知钱杨对先前发生的不快只字不提。钱取下正使用的英语词典，给李讲解他在书页上下写满的字迹，“杨先生则在房间另一头向我娓娓传授，如何在一间斗室里调和锅碗瓢盆与笔墨纸砚。那情景，恰如江浙人惯说的调侃话：‘螺蛳壳里做道场’”。

两人相濡以沫63载，共同营造了最纯净的婚姻，钱锺书曾如是总结：“我见到她之前，从未想到要结婚；我娶了她几十年，从未后悔娶她；也未想过要娶别的女人。”

“锺书病中，我只求比他多活一年。照顾人，男不如女。我尽力保养自己，争求‘夫在先，妻在后’，错了次序就糟糕了。”钱锺书缠绵病榻的日子，全靠杨绛一人悉心照料。丁伟志回忆道：“钱先生当时不能进食，只能靠鼻饲，每个菜都是杨先生亲自给他做，菜都做成糊状，鱼要做成粥，一个小刺都不能有，都是杨先生一根一根剔掉的。”

“哎呀，后来不得了了！钱先生在北京医院，女儿钱瑗在西郊，杨先生这么大年纪两边跑。一家三口人，后来一下走两个，尤其是女儿的走毫无思想准备，我想她一定受不了，这个打击太大了啊！她居然非常坚强，一滴泪都不掉。”

傅聪回忆：“我上次见她，她说最近特别喜欢德沃夏克。在我看来，德沃夏克其实是人情味最重的作曲家。”丁伟志对记者形容道：“你现在看见杨绛会很惊讶，你看她这样高龄，头脑仍是清清楚楚，而且写很小的字，手一点都不抖，走路都不需要人扶，脚步很轻捷。”

2014年2月23日，张佩芬突然接到杨绛一个电话。

“因为她只懂英文和法文，不通德语，偶尔也会找我帮忙，她把字母念出来，我记下来查，查好后我给她回信，她收到后第二天马上就电话回我道谢。”

“她有说在写什么吗？”

“我不敢问她，之前问过，她会不高兴的。《走到人生边上》出版前一两个月，问她写什么，她说还忙着，还在写，不肯说写什么，后来就出版了。”

“那她请教您的德文是什么内容呢？”

“像绕口令似的，没什么意义，拆成单独的词语就是单独的意思，猜测不出来；也许她还在翻译，可能是她翻译的书里面碰到的德文词；

也可能是她在整理钱先生的笔记。”

“挺好的。”那通电话中，提及近况，杨绛也只说了这仨字；她的耳朵几乎听不见了，“即使戴着助听器也听不见”；小辈们笑称，跟她打电话就是她的“一言堂”，别人问什么她也“答非所问”，所以只能在《走到人生边上》写下“一连串的自问自答”。

据张佩芬回忆，杨绛所寻德语共18个字母，一口气读完，好似一个拗口的游戏，倘若加以分割，便是3个独立的单词——给予，赠予了，已经离开了。

（参考书目：《杨绛文集》《听杨绛谈往事》《我们仨》《钱锺书集》《钱锺书先生百年诞辰纪念文集》等。感谢叶廷芳、张佩芬、李文俊、丁伟志、傅聪、董衡巽等接受专访，吴学昭提供帮助，实习生王杨卡佳、郁琳参与录音整理）

钱基博与杨荫杭

钱锺书和杨绛都是无锡人，两人的父亲钱基博和杨荫杭也都是文化名人。

无锡钱氏属名门望族，可追溯至吴越王钱镠，至钱基博祖父辈已入寒门，但却一直奉持着“清廉自守，一心向学”的家风。杨氏虽非望族，却也是累代相传的读书人家。

钱基博（1887—1957年）字子泉，别号潜庐，出生在国事衰朽的清末。他在自述中说：“因为我祖上累代教书，所以家庭环境，适合于‘求知’；而且‘求知’的欲望很热烈。”

从5岁至15岁，钱基博与孪生兄弟钱基厚读完了《易经》《尚书》《毛诗》《礼记》《春秋左传》《史记》《唐宋八家文选》《资治通鉴》等，并精熟顾祖禹《读史方舆纪要》，打下了极其扎实的文史基础。

杨荫杭（1878—1945年）字补塘，笔名老圃，又名虎头。1895年考入北洋大学堂；1897年转入南洋公学；1899年由南洋公学派送日本留学，卒业早稻田大学，回国后鼓吹革命，清廷通缉，再度出国，赴美留学。

钱基博16岁时曾从无锡名儒许国风问业，据基厚回忆，其兄每次从塾师处拿到作文题，就与先生“上下古今，不可一世，抵掌而堂，旁若无人”。

16岁时读到梁启超的《中国地理大势论》，钱觉得不能满意，于是写了洋洋四万言的《中国舆地大势论》，获梁启超青睐，发表于他所编的《新民丛刊》上。

杨荫杭在日本东京创办《译书汇编》，后回乡创办“理化研究会”宣传西学，并在时事新报社、苏报社任编辑，撰稿鼓吹民生革命，导致清廷通缉。

>>1927年冬摄于苏州庙堂巷老宅的一张全家福。七妹杨黍、八妹杨必站立母亲两旁，小弟保俶站在父亲身边。后排左起为三姐闰康、杨绛、大姐寿康和大弟宝昌

钱基博虽无留学背景，却也在西学东渐的风气下，与其弟基厚自习《代数备旨》《几何备旨》，并偷偷将家中经史书籍取出，去书铺换上海江南制造局所出理化类书籍，还组织了理科研究会。

书生侠气

辛亥革命前两年，钱基博23岁，江西按察使陶大均读了钱文大为赞赏，以月薪白银百两，邀请他参与司法改良。

陶为曾国藩再传弟子，通晓外交事务，又好诗古文辞，不免沾染旧时名士习气，某夜与幕僚宴饮，招来一靓妆女子，对钱说："此花榜状头（'花魁'之意），驰誉久矣！……君不可不一盼睐！"不料遭到钱不留情面的指斥："你以行政长官身份长夜招妓，何以作下属的表率？"一座皆惊，笑钱迂腐，陶则尊钱为君子，翌日还专门向他致歉。

杨绛回忆其父在北洋公学时，有学生闹风潮，学校掌权的洋人出来镇压，带头闹的一个广东人被开除了。洋鬼子说，谁跟着闹一起开除。大家面面相觑，默不作声。

闹风潮本为改善伙食，杨并未参与，可是看到那伙人缩着脑袋就冒火了，挺身而出，说：“还有我！”他真的陪着那个广东同学一起被开除了。风潮就此平息。（杨绛《回忆我的父亲》）

辛亥后，钱基博慷慨从戎，在军中服务，但宋教仁的被刺，二次革命的失败，都令他觉得凭一己之力难挽颓势，遂萌去意，立志在教学中作出奉献。

钱以文章盛誉奔走大江南北，月薪常在两百金以上，回归故里，任无锡县第一小学国文教员，月薪只有20元，校长顾祖瑛颇有歉意，钱基博却毫不在意：“你不要小看我，我家三世为童子当启蒙师，这是我家传之业，我很以之为荣！”此时，冯国璋慕名要招他为秘书，被他婉拒。

杨荫杭二次出洋，先获早稻田大学法学士（1907年），又于1910年获美国宾夕法尼亚大学法学硕士，1911年在北京政法学校任教。辛亥革命后，辞职回南，在上海《申报》馆任职，同时兼任律师，发起组织上海律师公会，并先后任江苏高等审判厅长（1913年）、浙江高等审判厅长（1914年），1919年调北京，历任京师高等审判厅长、京师高等检察长等职务。1920年任上海《申报》馆副总编，兼营律师事务。

任高等审判厅长时，为判处一名杀人恶霸死刑，杨荫杭坚持司法独立，与庇护杀人犯的省长和督军顶牛，直至袁世凯把他调任。

当时也有律师向当事人索取贿赂：两支雪茄就是两百元，“一记耳光”就是五百元。杨荫杭出于义愤，自告奋勇为请不起律师的穷人辩护。也时有一些并不贫困、打胜官司后赖掉公费的事发生。据杨绛回忆，其父大约有三分之一的公费被赖掉。她笑父亲：作为一个律师，却连自己的权益也不会保障。

除了精通法学，杨荫杭还是一位诗人，爱读杜诗，于音韵学钻研很深，把各时代的韵书一字字推敲。杨绛取笑说：“爸爸读一个字儿、一个字儿的书。”

文章高手

抗战时期，钱锺书和杨绛、杨父同住。钱锺书自幼喜读字典，杨父发现后大乐，对女儿说："哼哼！阿季，还有个人也在读一个字、一个字的书呢！"

博学的钱锺书常感到缺乏"相谈手"，但与杨荫杭在一起，翁婿之间谈得十分投机。

任《申报》馆副总编时，杨荫杭曾逐日在《申报》上发表"时评"和"社语"，篇幅很短，一般四五百字，有《老圃遗文辑》行世。辑中所作，虽系时评，却旁及法律、历史、经济、社会、文化，以至古代地理、民族源流……无所不包，信手拈来。晚年倾力于《诗骚体韵》一书，可惜书稿未能留下。

说到渊博，钱基博几乎不让其子，除了西文上钱锺书占了优势，其父对经史子集的通览与精研在国内是罕见的。

钱基博的著述，除散见于报刊的序跋、论说、碑传、书牍，成书出版的专著竟达五十余种。其中，《经学通志》《中国文学史》《现代中国文学史长编》《近百年湖南学风》等至今翻印不断。陈平原对他的评价是："钱先生以硕学高文孚海内众望，其文章笔势雄健，意气凌云，典雅古劲，事理通明，其学熔裁经史，旁涉百家，堪为天下通儒。"

正是如此雄厚的功力，让自学成才的钱基博登上圣约翰大学、清华大学、光华大学等名牌大学的讲坛。

学术专著外，钱基博和儿子一样，也是小说创作的高手，当年在《小说月报》上所发武侠小说《技击余闻补》，引来读者赞誉，盛称其"笔墨劲峭苍古，在林琴南之上"。

（参考书目：《钱基博年谱》《无锡时期的钱基博与钱锺书》《大家国学——钱基博卷》《钱基博学术研究》《钱基博学术论著选》《老圃遗文辑》。实习记者王杨卡佳对本文亦有贡献）

钱瑗：我和爸爸最哥们儿

“人生在世，应爱惜光阴。我因住院躺在床上，看着光阴随着滴滴药液流走，就想写点父母如何教我的事：从识字到做人，也算不敢浪费光阴的一点努力。”

1996年，钱锺书与杨绛的独女钱瑗，患脊椎癌，住院时已是晚期。这年10月，她想起母亲说过要写《我们仨》的事，就要求把这个题目让给她，由她来写。当时，她只能仰卧，写字很困难，由护工移动纸张协助书写。

11月，医院报病危，钱瑗还在“爱惜光阴”，至1997年2月26日她写完前5篇，杨绛劝她“养病要紧，勿劳神”，而她实在也已力竭，就听话搁笔，5天后于沉睡中去世。

钱瑗走时，杨绛还得守着这个秘密去照料病榻上的钱锺书。白发人送黑发人，心里必是一片冰凉。待钱锺书走后，她只得一人续完《我们仨》，在一场时空错置的“万里长梦”中：“阿圆一再对我说：‘娘，不要愁，有我呢。咱们明天就能见到爸爸了。’”（《我们仨》）

“颖悟如娘创似翁”

“我不要儿子，我要女儿——只要一个，像你的。”

杨绛怀孕时，钱锺书说了这么句痴话。

1937年5月19日，英国牛津妇产医院，杨绛果然诞下一女。出生那日，她被医生用产钳夹了出来，护士对杨说：“She's all black and blue.（她浑身青紫。）”是她使劲拍拍拍，才给拍活的。婴孩“哇”

（左）20岁的钱瑗，拍摄于新北大中关园26号

（右）钱锺书和女儿钱瑗在北京大学中关园（杨绛摄）

地一声特别嘹亮，护士们称她Miss Sing High，杨绛意译“高歌小姐”，音译“星海小姐”。据说，这是在牛津出生的第二个中国婴儿。

护士把孩子抱了出来，钱锺书看了又看：“这是我的女儿，我喜欢的。”

钱瑗小名圆圆、阿圆、阿瑗，自小聪颖绝伦，颇多故事。

3岁时，圆圆见一个“朋”字，就对妈妈说：“这两个‘月’在亲热呢！”杨绛惊喜于女儿“两月相暱（昵）”的妙思，遂作诗一首：“颖悟如娘创似翁，正来朋字竟能通。方知左氏夸娇女，不数刘家有丑童。”夸赞女儿像父母一样聪慧有创意，既有左思之女的貌，又有神童刘宴的才。（注：神童刘宴貌丑）

1941年钱锺书自外地回上海，父女两年没见，4岁的圆圆注视着有些陌生的爸爸，见他把行李放妈妈床边，发话道：“这是我妈妈，你的妈妈在那边。”钱锺书不禁感到好笑：“我倒问问你，是我先认识你妈妈，还是你先认识？”圆圆答：“自然我先认识。我一生下来就认识，你是长大了认识的。”令这位大学问家父亲哑然失笑。

1948年夏，11岁的钱瑗随父母来到老家无锡，见了爷爷钱基博，老先生当年给她取名健汝，但多年来从未见过这个孙女。钱瑗自小爱读书，那天在爷爷屋里找到一小柜《少年》杂志，边翻边看，弄得满地是书，小学毕业的她此前已读过《西游记》《水浒传》等古典小说，爷爷当场考问她一番，大为惊奇："吾家读书种子也！"

钱瑗从小体弱，经常休学。1949年随父母离沪北上时就曾在家休了一年。考上高中后，读了3学期又因病休学。杨绛当时已调入文学研究所，常读18、19世纪的英国小说，钱瑗在家，闲来无事，就拿妈妈从图书馆借来的这一摞洋书消遣。年仅15岁的她初读原文，不免生吞活剥，但为她后来的语言教学打下了扎实基础。

1979年公派留学英国时，一次参观夏绿蒂·勃朗特的家，厅里挂了幅大画像，她说这是萨克雷，陪同者都疑惑：不会吧？一问管理人员，果然是！大家都感到惊讶，却不知眼前这位中国学生高中休学在家时已从那些洋书中见过萨克雷的像，还读过评论家文章，说勃朗特暗恋萨克雷，且《简·爱》里的罗彻斯特写的就是萨克雷！

"刚正，像外公；爱教书，像爷爷"

论及女儿个性，钱锺书说："刚正，像外公；爱教书，像爷爷。"两位祖父迥然不同的性格，在钱瑗身上都很突出。

钱瑗生前是北京师范大学英语系教授，她治学严谨，在教育与学术领域的贡献主要体现在英语文体学方面，这是一门涉及语言学与文学、政治学、媒体研究等相邻学科的交叉学科。

20世纪80年代，文体学在中国还是块处女地，钱瑗却是位辛勤耕耘的拓荒者。授课之外，她在教材建设上也下足了功夫。她编写的《实用英语文体学》（上），自1981年出版已被反复使用过9遍，1989年全国高校外语教材编审认为它"既是一部出色专著，又是一本实用教材，且是同类教材中第一本用英文写作的"。该教材上册已于1991年出版，然而，由于钱瑗多年授课太多，积劳成疾，下册只完成一部分就病倒了。

平时，钱瑗脸上常挂着温和的微笑，但她也会拍案而起，敢于直言，是非分明。

“文革”中期，她因参加编写《英汉词典》出席某全国性的语言学大会。当时“左”风大行，会上有人说凡“女”字旁的字都不能用。对此谬论，大家默然。谁知当时还只是一名小助教的钱瑗竟大胆反问：“那毛主席的词‘寂寞嫦娥舒广袖’怎么说呢？”弄得那些“左将”无言以对。

1980年代中期，钱瑗兼任全国外语教学英语教材编审委员会委员。一次，一名委员在评审会上推荐一本文学史教材，说此书已有钱锺书等先生的肯定和推荐。话音刚落，钱瑗腾地站起来，满脸通红大声道：“我父亲没有推荐！”对方甚感难堪，便掏出几封信放在桌上，表示这是真的。当时气氛有点紧张，委员们翻读信件后发现，钱锺书的信多半是客套话，最后还留有“容后再读”四字，才发现：“确实没有推荐，钱先生还没有看呢。”

“天堂就在人的心里”

“我们仨，却不止三人。每个人摇身一变，可变成好几个人……阿瑗长大了，会照顾我，像姐姐；会陪我，像妹妹；会管我，像妈妈。阿瑗常说：‘我和爸爸最哥们儿，我们是妈妈的两个小顽童，爸爸还不配做我的哥哥，只配做弟弟。’我又变为最大的。锺书是我们的老师。我和阿瑗都是好学生……”

在这个民主祥和之家，无论钱瑗如何变换角色，她都是父母贴心懂事的好女儿。

1966年“文革”，钱杨夫妇先后被“揪”出，成了“牛鬼蛇神”。钱瑗担心他们，很想回去看看，但自己是党员，必须站稳“立场”……她心事重重，走过众目睽睽的大院时，贴出事先写好的大字报。回家后，她告诉自己的父母她已贴出大字报表态了，然后一言不发，紧挨着妈妈坐下，取出针线为妈妈缝制睡衣，又取出一包爸爸最爱吃的夹心糖，剥去一颗颗糖纸，把糖放入瓶里，将糖纸藏入自己的书包，生怕

“红卫兵”发现“牛鬼蛇神”家倒出的垃圾里有“高级”糖纸，给父母惹来麻烦……真是无微不至，用心良苦！

钱瑗依恋她的Dear Mom和Dear Pop（这是她和父母通信写便条时一贯的称谓），也相当孝顺，大学毕业后8年，她才迈入婚姻生活。

1967年12月，她与1955年同入北师大的王德一结婚。在校读书时，钱在俄语系，王在历史系，但在同一幢文史楼学习，两人都酷爱绘画，一起在校美工队活动，毕业后都留校任教。当时他们59届搞美术的有号称“妖魔鬼怪”四员大将。王德一是领头的“妖”，因为人们常把“一”念作“Yao（妖）”，物理系一位会变“魔”术，生物系那位早有“小鬼”之称。四人中，钱瑗是惟一的女性，本无绰号，既然排行第四，人们就把“怪”安在她头上。“妖”和“怪”经多年交往、恋爱，终成眷属，被人戏称为“妖怪联姻”。然而，这段美满婚姻遭到“文革”的“剿杀”：1970年5月北师大围剿“五一六”，王德一被诬“炮打林副统帅”，隔离审查、反复批斗后，不堪受辱，悬梁自杀，给钱瑗烙下了一生的伤痛。

心灰意冷的钱瑗，此后有段时间对婚姻不是很积极，“我陪着爸妈！”

“文革”期间，钱瑗帮助了一位被“红卫兵”勒令扫街的老太太唐云，钱瑗的热心和善良让她感动，唐把儿子杨伟成介绍给钱瑗和钱杨二老，希望能组成新的家庭。“我们都要走的，我们不放心你……”经父母的嘱托，钱瑗决心再婚，此后担起了孝女、贤妻和良母的责

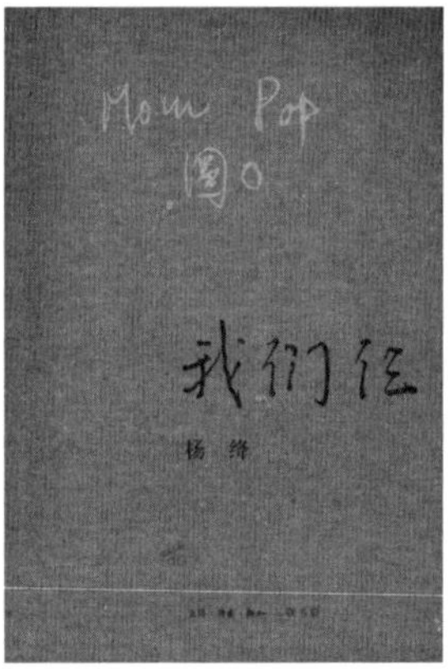

（上）杨绛和女儿钱瑗
（下）杨绛《我们仨》书封

任，对她的继子、继女关爱有加，据那两位回忆，钱瑗和他们的交往“像大朋友似的”，“不是亲娘胜似亲娘”。

“阿瑗是我平生惟一杰作”，女儿走得早，为母的不免唏嘘：只可惜“可造之材”未能成才，“读书种子”只发了一点点芽……告别会上，钱瑗的学生和同事都悲伤不已，外语系的师生恳请杨绛留下她的部分骨灰，埋在北师大一棵雪松的土下，春风化雨，以纪师恩。

钱瑗的一位学生曾对她说，世界在宇宙中太微不足道了，人更渺小，比蜉蝣强不了多少。钱瑗不同意这个说法——“人其实很了不起，天堂就在人的心里。”

（参考书目：《我们的钱瑗》《我们仨》《听杨绛谈往事》等。感谢章廷桦、罗毓珙、王蔷、黎虎等接受专访，实习生郁琳、宋娜参与录音整理）